« Lire en psychanalyse »
Collection dirigée par Christian Fierens et Guy Mertens

La collection

On ne dépasse ni ne résume les grands textes. On peut tout au plus choisir de les lire et de se laisser altérer par eux. Lire c'est entrer dans la mouvance de la lettre. C'est la prendre et la faire travailler comme signifiant, c'est-à-dire lui donner une nouvelle signifiance, en prolonger le sens, et lui ouvrir la voie pour qu'elle trace son chemin vers sa destination renouvelée. Loin de chercher à fixer ou à collationner les significations de l'écrit, il s'agit au contraire de mettre en vibration les équivoques du texte pour l'amener à parler. Une telle pratique c'est déjà s'inscrire en psychanalyse. Lire en psychanalyse consiste à ouvrir l'avenir des textes fondateurs en leur donnant la puissance de signifiant, c'est-à-dire de signifier au-delà de ce qu'ils signifient grâce à l'acte de lecture.

Adressez les commandes à votre libraire ou directement à

Éditions L'Harmattan

5,7 rue de l'École Polytechnique
F - 75005 Paris
Tél : 00[33]1.40 46 79 20
Fax : 00[33]1.43 25 82 03
commande@harmattan.fr
http://www.editions-harmattan.fr

ISBN : 978-2-8066-3705-5 D/2020/9202/3

---

www.eme-editions.be

Christian Fierens

Le principe de jouissance

Critique de la raison pratique (Kant)
Kant avec Sade (Lacan)

Du même auteur

Logique de l'inconscient
Lacan ou la raison d'une clinique,
De Boeck, Bruxelles, 1999 – L'Harmattan, Paris, 2007

Lecture de l'Étourdit
Lacan 1972,
L'Harmattan, Paris, 2002

Comment penser la folie ?
Essai pour une méthode
Érès, Toulouse, 2005

Lecture de Encore
Le séminaire XX de Lacan
EME, Fernelmont, 2008

La relance du phallus
Le rêve, la cure, la psychanalyse,
Érès, Toulouse, 2008

Lecture des quatre concepts fondamentaux de la psychanalyse
Le Séminaire XI de Lacan,
EME, Fernelmont, 2010

Le discours psychanalytique,
Une deuxième lecture de L'Étourdit de Lacan,
Érès, Toulouse, 2012

Lecture d'un discours qui ne serait pas du semblant
Le séminaire XVIII de Lacan
EME, Fernelmont, 2012

L'âme du narcissisme
Presses universitaires du Midi, Toulouse, 2016

avec Frank Pierobon
Les pièges du réalisme
Kant et Lacan
EME, Louvain-la-Neuve, 2017

Lecture du sinthome
Érès, Toulouse, 2018

INTRODUCTION

La jouissance et l'inconscient

I. La jouissance : un concept (théorique) ou un principe (pratique)

Le *concept* de jouissance apparaît d'emblée non seulement comme équivoque, mais comme contradictoire dans le champ de la psychanalyse. Tantôt égalé au concept de plaisir, tantôt opposé au principe de plaisir, il reste non questionné tout en étant employé comme si tout le monde savait parfaitement de quoi il s'agissait quand nous parlons de « jouissance ».

Nous ne pouvons aucunement définir la jouissance une bonne fois pour toutes. Le *concept* reste indéfiniment problématique. Qu'est-ce que la jouissance ? reste une question sans réponse définitive. Nous ne pouvons que relancer la question, non seulement au niveau le plus général du concept de jouissance pour l'observateur et pour le théoricien, mais surtout au niveau d'une jouissance singulière : qu'est-ce qui m'amène à dire que ça jouit à tel moment et dans telle situation ? Où cela me mène-t-il ? Quel est le processus engagé dans cette jouissance singulière ? Quel en est le *principe* de fonctionnement, qui seul pourra répondre à la question de la jouissance tout en la relançant indéfiniment ?

Le concept de jouissance égalé au plaisir

« Jouir » c'est « tirer plaisir, agrément, profit de quelque chose » et « l'agrément est la qualité de ce qui plait »[1]. Tout semble tourner indéfectiblement autour du plaisir. Tout le monde cherche son plaisir et sa jouissance.

[1] Définitions du Littré, *Dictionnaire de la langue française.*

Quelles que soient les embrouilles de cette quête infinie, le patient impatient vient toujours demander une augmentation de son plaisir et de sa jouissance. Freud répond patiemment à cette quête commune de la jouissance, de la jouissance (*Genuss*) comprise comme satisfaction (*Befriedigung*) et comme un accomplissement des souhaits (*Wunsch*). Tel est le principe de plaisir : il faut éviter le déplaisir et il faut procurer le plaisir. Non sans tenir compte de la réalité qui impose bien des détours dans cet évitement et cette procuration (le principe de plaisir implique le fonctionnement du principe de réalité).

Réjouissons-nous donc de la réponse favorable qu'il serait possible d'apporter à la demande générale de plaisir ou de jouissance. « Réjouir » c'est « donner de la joie ». La joie ne serait ainsi que la répétition à l'identique du plaisir. Le plaisir, le plaisir et encore le plaisir. On n'en a jamais fini.

Mais pourquoi revient-elle insatiablement cette demande de jouissance et de plaisir ? L'insatisfaction foncière inhérente à la répétition nous assure cependant que l'activité psychique ne répond pas à des concepts, mais à des principes, et pas seulement au principe de plaisir, mais aussi à un principe qui ne recherche pas le plaisir et pour lequel on pourra désormais réserver le terme de « jouissance ».

La scission entre le principe de plaisir et le principe de jouissance

Nous comprenons d'abord le *concept* de jouissance comme un équivalent du plaisir. Freud n'échappe pas à cette équivalence. Ce n'est qu'après 1920 (*Au-delà du principe de plaisir*) qu'il peut introduire un coin dans la *conception* monolithique qui semblait gérer toute la réalité psychique en fonction du plaisir. Or cette scission entre le plaisir et ce qui n'est pas le plaisir (la « jouissance ») n'est pas faite une fois pour toutes : plaisir et jouissance ne sont pas les concepts de deux réalités ou deux plaques tectoniques du monde psychique qu'une grande brisure aurait séparées définitivement et qui dériveraient chacune de leur côté dans l'océan psychique.

Plaisir et jouissance ne peuvent s'approcher que parce qu'ils déterminent notre agir *sans être eux-mêmes des concepts* (qui nous offriraient une prise théorique sur ce qu'ils sont). Ils fonctionnent toujours déjà ensemble avant même que nous nous en apercevions, *a fortiori* avant même que nous en fassions la théorie. Ils ne peuvent donc s'approcher que comme *principes* (et non comme concepts), principes de fonctionnement : comment ce qui m'agite est-il déterminé par le principe de plaisir ? Mais aussi : comment ce qui m'agite est-il déterminé par un tout autre principe, celui de la jouissance ? Chacun, pour son propre compte, doit indéfiniment répéter l'articulation et la scission entre ces deux principes.

Pourquoi cette scission ? Nous examinerons, dans la deuxième partie de cette introduction, comment elle dérive nécessairement du *travail de l'inconscient.* C'est ce qui motive le propos de ce livre, en même temps que le travail exigé du lecteur. C'est aussi ce qui permet de donner une nouvelle vie à la pratique psychanalytique, autant qu'à sa théorie.

Avant de reprendre ce travail de séparation entre le principe de plaisir et le « principe de jouissance », il est utile de préciser quelles sont les différentes acceptions – souvent contradictoires entre elles – du concept de jouissance dans le champ lacanien de la psychanalyse et comment elles dérivent de l'inconscient.

L'équivoque de la jouissance

Du fait même du langage – nous le verrons : du fait même que « l'inconscient est structuré comme un langage » –, on peut distinguer le *plaisir* comme satisfaction d'un besoin apportée par un objet qui le comblerait et la *jouissance* comme liée au langage et au manque d'objet qu'il implique. La jouissance est ainsi « *interdite,* non pas au sens facile où elle serait barrée par des censeurs, elle est *inter-dite*, c'est-à-dire qu'elle est faite de l'étoffe même du langage où le désir trouve son impact et ses règles[2] ».

La jouissance implique essentiellement une équivoque : l'équivoque *homophonique* entre interdit et inter-dit. Nous verrons comme elle implique en même temps d'une part l'équivoque *grammaticale* entre le signifiant du grand Autre et le signifiant du grand Autre *barré* et d'autre part l'équivoque *logique* entre *concept* de jouissance et *principe* de jouissance[3].

2 Christiane Lacôte, « Jouissance », dans *Dictionnaire de la psychanalyse*, dir. Roland Chemama, Paris, Larousse, 1993, p. 128.

3 La triple équivoque, en jeu potentiellement dans toute interprétation, est présentée par Lacan dans « L'Étourdit », dans *Autre Écrits*, Paris, Seuil, 2000, p. 491-492.

L'équivoque *homophonique interdit/inter-dit* semble d'emblée donner toute l'explication de la jouissance dans l'opposition de ses deux *significations*. Celle facile d'une interdiction : la jouissance c'est ce qu'il faut interdire, couper, supprimer, dévaloriser, castrer. Celle, plus difficile, d'un non-dit : la jouissance se situe dans les espaces blancs entre les dits : « qu'on dise reste oublié derrière ce qui se dit dans ce qui s'entend[4] », plus précisément : *qu'on jouisse* reste oublié derrière ce qui se dit dans ce qui s'entend. Les deux significations coexistent dans le champ de la psychanalyse lacanienne : l'une et l'autre semblent pouvoir s'approcher comme concept (théorique), puis comme principe (pratique). Il est facile de conceptualiser l'interdit et de s'y tenir « par principe ». L'espace blanc de la jouissance échappe à la prise du concept et son principe n'est jamais tracé d'avance.

L'opposition simple de ces deux significations ne saurait cependant suffire (c'est une « parole vide ») : il faut prendre position et donner un sens ou des sens. On pourrait voir la solution de l'équivoque homophonique dans l'équivoque grammaticale, c'est-à-dire dans le *gramma*, dans la lettre, ici dans le trait qui sépare ou non « inter » et « dit » : « interdit/inter-dit ». Mais il *faut* faire fonctionner ce tiret, c'est-à-dire y mettre en jeu le mouvement propre au *sens* (et non la statique d'une signification), autrement dit un principe (et non un concept). C'est la fonction de la grammaire de faire jouer les concepts dans la syntaxe où se déploie la « parole pleine ». Or ce fonctionnement du tiret et de son absence reste lui-même équivoque. L'équivoque grammaticale redouble l'équivoque homophonique plutôt qu'elle ne la résout.

Du côté de l'interdit. Dans quel sens va ce Surmoi ? Vient-il de l'extérieur, du social ou vient-il de l'intérieur de la structure ? Pour garder l'équivoque vivace, il faut l'entendre tout à la fois comme déterminé par la structure familiale et sociale et en même temps comme relevant du plus intime de l'inconscient. On dira le grand Autre. Mais où trouver le grand Autre : dans l'extériorité qui nous surprend et nous effraie ? Ou dans l'intimité de ma parole ?

Du côté de l'inter-dit. Dans quel sens va cet espace blanc inséré entre les dits ? Est-il à dire ? ou à ne pas dire ? Qui le dira ? De nouveau : le grand Autre ?

4 *Ibid.*, p. 449.

La conception lacanienne du grand Autre est essentiellement équivoque chez Lacan. On écrit le grand A (non barré) et on écrit le grand A *barré*. Dans l'interdit aussi bien que dans l'inter-dit, le grand Autre doit être tout à la fois barré et non barré.

Si le grand Autre s'écrit non barré, s'il existe, je n'aurai plus qu'à suivre ses directives et ses *interdits* pour le satisfaire et je peux ainsi, en bon névrosé, me dévouer pour lui assurer la « jouissance » (concept dégénéré où le principe de fonctionnement c'est d'obéir). Et je n'aurai plus qu'à lui faire confiance pour ce qu'il en est de l'*inter-dit* qui m'échappe (position de Descartes par rapport à Dieu).

Si le grand Autre s'écrit barré, si je ne peux me fonder sur son hypothétique existence, il n'y a plus qu'à ouvrir la question de ce qui peut se faire sans lui et sans aucun point de référence qui me dirait ce que je dois faire. Sans aucun concept pour me guider, il ne me reste qu'à questionner le principe de ce qui se joue en moi (et c'est toujours à partir de ce qui m'échappe, « l'inconscient »).

L'équivoque homophonique *interdit/inter-dit* ne prend son sens que par l'équivoque grammaticale *grand Autre barré/grand Autre non barré*. Avec cette dernière équivoque, le *concept* de jouissance sera donc toujours partagé entre d'une part une croyance massive en une jouissance-plaisir sans limites qu'un grand Autre (pourvoyeur de l'opium du peuple ou de la drogue du sujet) pourrait définitivement garantir et d'autre part une jouissance comme place désertée par l'Être lui-même : « Je suis à la place d'où se vocifère que "l'univers est un défaut dans la pureté du Non-Être". Et ceci non pas sans raison, car à se garder, cette place fait languir l'Être lui-même. Elle s'appelle la Jouissance, et c'est elle dont le défaut rendrait vain l'univers[5] ».

Concrètement, dans la pratique clinique, cette place désertée par l'Être lui-même semble inemployable. Aussi dans la pratique, et à sa suite dans la théorie, la jouissance est malheureusement entendue comme un plaisir qui se veut sans limites, comme une recherche de plaisir désarrimée de son conditionnement raisonnable, comme un principe de plaisir qui ne serait plus bridé par le principe de réalité. Il semble aller de soi qu'une telle jouissance doit être dévalorisée, coupée, castrée, réduite ou interdite. Dans cette façon de voir, la jouissance est introduite

5 Lacan, « Subversion du sujet et dialectique du désir », dans *Écrits*, Paris, Seuil, 1966, p. 819.

comme concept premier (une donnée supposée réaliste et évidente de la clinique), pour être ensuite maîtrisée par un principe qui la jugule (une correction thérapeutique ou psychanalytique), pour approcher enfin et secondairement le lieu du Non-Être, voir le désêtre du sujet et le second sens de la jouissance.

Ce parcours est certes possible, mais il dépend encore de son point de départ, à savoir la conception réaliste d'un grand Autre qui sert de fondement au névrosé.

Oui, on peut distinguer différents aspects de jouissance : jouissance comme j'ouïs sens (encore une équivoque homophonique), jouissance phallique (équivoque grammaticale de la lettre phi) et jouissance de l'Autre (qui n'existe pas). Cette tripartition apparemment géométrique laisse supposer que nous avions au départ la grande tarte de la jouissance et que celle-ci se trouve maintenant partagée en trois morceaux. Mais la triade proposée par Lacan dans « La troisième » est à la fois plus complexe et plus simple. Plus complexe parce qu'elle dépend intégralement non seulement de la logique du nœud borroméen, mais encore de sa *mise à plat* pour les besoins de l'exposition imaginaire. Plus simple parce qu'il n'y a fondamentalement qu'*une seule* jouissance que tentent d'arpenter les dimensions imaginaire, symbolique et réelle du nœud borroméen. Il n'y a aucune coupure entre les différents aspects de la jouissance, sinon dans l'exposition qui met à plat le nœud borroméen.

Pour approcher la jouissance, il faut d'abord entrer dans l'équivoque logique qui sous-tend toutes les difficultés inhérentes à l'abord de la jouissance (pratiquement et théoriquement). L'équivoque logique se présente dans le nœud borroméen entre d'une part la statique qui met en évidence différentes figures imagées dans des dessins et d'autre part le mouvement qui fait apparaître ces figures et les transforme (erreurs, réparations, chirurgies diverses sur les nœuds). Je renvoie à ma *Lecture du sinthome*[6]. Nous ne pouvons pas faire le moindre pas dans la compréhension de la jouissance exposée par le nœud borroméen, si nous ne faisons pas jouer cette équivoque logique entre d'une part le dessin qui se présente comme une image et qui serait censé conceptualiser la jouissance et le mouvement, principe de formation et de transformation qui précède l'image et le concept. C'est cette

[6] Fierens, *Lecture du sinthome*, Toulouse, Érès, 2018.

équivoque logique qui justifie et donne son fondement à l'équivoque homophonique de la jouissance. L'approche par le concept (le dessin, l'image) correspond à une recherche de savoir (que puis-je savoir ?). L'approche par le principe (le mouvement de formation) correspond à une recherche du faire ou du fonctionnement (que dois-je faire ?). La première (qui s'accorde avec la *Critique de la raison pure* de Kant) part des *concepts* enracinés dans l'expérience sensible pour arriver à dégager des principes (dans l'analytique transcendantale, l'analyse des concepts précède l'analyse des principes) ; c'est la voie courante pour aborder la jouissance dans la psychanalyse, c'est une voie théorique. La deuxième (qui s'accorde avec la *Critique de la raison pratique*) part du fonctionnement, part du *principe* pour y voir surgir des concepts enracinés cette fois dans l'expérience éthique (dans l'analytique de la raison pratique, l'analyse des principes précède l'analyse des concepts) ; c'est une voie pratique et c'est elle qu'il faudrait mettre en évidence pour s'y retrouver dans la jouissance.

L'inconscient est éthique, c'est une voie pratique. Lui seul peut nous éclairer sur la jouissance.

II. L'inconscient et son principe

En psychanalyse, nous commençons par la voie pratique de l'inconscient : comment fonctionne-t-il ?

L'inconscient ne fonctionne pas selon un principe technique

La *technique* est l'art de réaliser ce que l'on veut ; elle focalise l'action vers un but à atteindre, elle est tendue entre un état actuel de la question et la modification voulue de cet état. Toute technique peut se modéliser comme une fonction mathématique qui, par le truchement d'une flèche, associe un point de départ donné à un but, à un point à atteindre. Le point de départ est donné dans la perception, on peut cerner le problème ou en faire le diagnostic. Le point à atteindre n'est pas encore donné dans la réalité, il se présente comme une réponse parfaitement déterminable dans la technique. Elle *pense* à son but, elle *calcule* les moyens pour y parvenir, elle *juge* des décisions à prendre. La technique concerne tout à la fois le travail physique ou matériel de l'ouvrier, de l'artisan ou de la machine, le travail abstrait ou intellectuel du penseur, de l'ordinateur. Mais encore un certain travail psychique des affects : à partir d'un état psychique pénible ou désagréable comme point de départ, comment *penser* un point d'arrivée heureux, comment *calculer* les moyens pour y parvenir et comment *juger* des décisions à prendre (comportementalisme) ? L'humain répondrait ainsi à une série de principes techniques.

Il n'en est rien pour ce qui concerne l'inconscient. Nous n'en connaissons ni le point de départ ni le point d'arrivée. Et notre ignorance à ce propos est telle qu'on peut se demander s'il y a jamais eu un point de départ déterminé et un point d'arrivée à espérer. L'inconscient ne pense pas à un but qu'il s'agirait d'atteindre, il ne calcule pas les moyens pour y parvenir et il ne juge d'aucun résultat. L'inconscient ne fonctionne aucunement comme une technique mathématisable. Il fonctionne comme une relance de mouvement qui nous échappe fondamentalement. C'est l'étude du rêve (la *Traumdeutung*) qui a conduit Freud à la constatation de l'absence radicale de ces processus techniques (penser, calculer, juger) dans le fonctionnement du rêve. Le travail de l'inconscient « ne pense, ne calcule, ne juge absolument pas, mais il se borne à ceci : donner une autre forme (*umformen*)[7] ». Le fonctionnement de l'inconscient se passe de tout principe technique (il « ne pense, ne calcule, ne juge absolument pas »), sa façon de procéder sera tout autre : « donner une autre forme ». Ce principe de fonctionnement de l'inconscient est fondateur pour la psychanalyse. Dès sa fondation, Freud a compris qu'il ne pouvait faire mieux que d'emprunter la méthode de l'interprétation au mode opératoire de l'inconscient (chapitre II de la *Traumdeutung*) et la psychanalyse elle-même emprunte à son tour sa méthode à l'interprétation. Chaque fois, il s'agit de « donner une autre forme ».

L'opération de donner une autre forme est mise en œuvre par le truchement des quatre grands mécanismes que sont la condensation, la métaphore, la prise en compte de la présentabilité et l'élaboration secondaire[8] (chapitre VI de la *Traumdeutung*).

La tentation est pourtant grande de reverser la méthode de l'inconscient, de l'interprétation et de la psychanalyse dans le cadre des prin-

---

7 Freud, *L'interprétation du rêve*, dans Œuvres Complètes IV, Paris, PUF, 2003, p. 558.

8 Ce travail de transformation se joue très concrètement dans le langage et, comme l'inconscient ne nous est connu que par le filtre de son travail de transformation, il nous apparaît nécessairement « structuré comme un langage ».

cipes techniques. On imaginerait alors une matière donnée qui regrouperait tout à la fois représentations, idées, perceptions, intuitions, tendances, contenus psychiques quelconques, y compris les pensées, les calculs, les jugements conscients ou préconscients. Par la technique appropriée (il faudrait penser, calculer les effets et juger du moment opportun), on pourrait arriver aux résultats escomptés (la guérison, la prise de conscience, l'épanouissement personnel, etc.). La matière du rêve serait première et ce n'est que secondairement, par la technique, qu'elle pourrait recevoir mille et une nouvelles formes dans le travail du rêve, mais aussi dans le résultat final de la psychanalyse.

Pourtant, non seulement les matières du rêve ne sont jamais données indépendamment des transformations propres à l'inconscient[9], mais bien plus, avec insistance, elles mettent toujours déjà en scène la donation d'une nouvelle forme qui contredit toute technique (l'inconscient « ne pense, ne calcule, ne juge absolument pas »). La matière elle-même semble bien n'exister qu'en fonction de l'inconscient, qu'en fonction d'un principe non technique. Si nous prêtons quelque attention aux quatre sources ou quatre matières du rêve (chapitre V de la *Traumdeutung*) – 1) le récent et l'indifférent dans le rêve, 2) l'infantile comme source du rêve, 3) les sources somatiques du rêve et 4) les rêves typiques –, nous remarquons que la *consistance* même de ces matières c'est de pouvoir *donner une autre forme* : 1) les souvenirs indifférents de la veille sont choisis comme matériels, parce qu'ils sont éminemment malléables pour cette trans-formation, 2) l'infantile nous emmène dans la dynamique du sexuel, « l'Œdipe » où tout peut se transformer, 3) les sources somatiques du rêve nous plongent dans le travail erratique de la pulsion, 4) les rêves typiques renvoient inlassablement au travail de relance de l'inconscient sans aucun point d'appui technique[10]. Bref, la matière est systématiquement prédéterminée par le travail de l'inconscient qui consiste à donner une autre forme ; ce n'est pas ici la matière qui précède la forme, c'est la forme qui précède la matière. C'est la transformation et seulement la transformation qui donne consistance aux différentes matières[11].

---

9 Cf. Fierens et Pierobon, *Les pièges du réalisme*, Louvain-la-Neuve, EME, 2017.

10 Cf. Fierens, *La relance du phallus*, Toulouse, Érès, 2005.

11 « L'âme à tiers », disait Lacan : « pour ce qui est du Réel, on peut l'identifier à la matière – je proposerai plutôt de l'écrire comme ça, "l'âme à tiers" (...) il faudrait pour ça une logique tertiaire (...) c'est bien ce qui m'autorise à parler de "l'âme à tiers", comme de quelque chose qui nécessite un certain type de rapports logiques » (Lacan, Séminaire XXIV, *L'insu que sait de l'une bévue s'aile à mourre*, leçon du 11

« L'autre forme » donnée par le travail de l'inconscient ne peut plus être pensée comme une forme qui viendrait s'ajouter à une matière préexistante. L'autre forme ne peut plus être pensée comme l'une des mille et une formes qu'une boule de pâte à modeler peut adopter sous la technique du plasticien. L'autre forme n'est pas l'une ou l'autre des traductions techniques de signifiants déjà donnés avant la mise en jeu des condensations, déplacements, prises en considération de la présentabilité et élaborations secondaires. L'autre forme crée et détermine la matière signifiante dans son mouvement de « formation » et de « transformation ».

Si la machine à donner une autre forme « ne pense, ne calcule, ne juge absolument pas », si elle ne répond à *aucun* principe technique, faut-il en conclure qu'elle fonctionne purement au hasard, à l'aveuglette et sans aucun principe ? Les transformations propres à l'inconscient conduiraient alors à la dégradation systématique de tout sens. La psychanalyse, en tant qu'elle tire sa méthode de la façon de procéder de l'inconscient, serait alors elle-même insensée.

Mais il existe d'autres principes que les principes techniques.

L'inconscient fonctionne, entre autres, selon le principe du plaisir

Le rêve n'a aucune technique pour produire une histoire. L'interprétation n'a aucune technique pour découvrir la vérité de l'inconscient. La psychanalyse n'a aucune technique pour déclencher les rêves, pour trouver l'interprétation ou pour guérir. Cela n'empêche que le rêve a un sens et, avec lui, toutes les formations de l'inconscient et leurs interprétations. Si le rêve n'a pas un sens technique parmi d'autres, il paraît bien avoir un sens unique et obéir à un principe absolument général : « le rêve est un accomplissement de désir » (chapitre III de la *Traumdeutung*). Dans « l'autre forme », le travail de l'inconscient rechercherait toujours un intérêt, un gain, une satisfaction, un plaisir à court terme ou à long terme. Le travail de l'inconscient (au niveau des formations de l'inconscient et au niveau des formations de la psychanalyse) ne viserait rien d'autre que d'obéir à un principe de plaisir généralisé. Toutes les transformations dans la psychanalyse viseraient le

janvier 1977, inédit, ALI p. 51). Le « tiers » implique précisément de donner une autre forme.

bonheur. Elles s'inscriraient ainsi parfaitement dans la ligne de toutes les éthiques (hormis celle de Kant) commandées par la recherche du bonheur sous l'une ou l'autre modalité, sous l'une ou l'autre moralité. Certes, ce qui plait d'un côté ne plait pas toujours d'un autre. En raison de la divergence des systèmes et des instances, la recherche du bonheur ou du plaisir entraîne d'inévitables conflits : le plaisir qui se gagne d'un côté déclenche le déplaisir d'autre côté. C'est pour respecter le plaisir de l'un que le plaisir de l'autre doit être déguisé et refoulé ; le principe général doit donc être précisé : « le rêve est un accomplissement *déguisé* de désir *refoulé* » (chapitre IV de la *Traumdeutung*).

Ce sens n'est pas fini ou arrêté dans une interprétation figée. Il s'échappe et nous échappe dans une interprétation de relance continuelle : toujours un autre sens, une autre forme qui n'est pas déterminée par un but, une finalité précise ou un principe technique (au sens large). Mais le but général resterait conforme au principe de plaisir. Chaque instance psychique (conscient, préconscient, inconscient) fonctionnerait bien selon son propre petit principe de plaisir tout en évitant autant que possible de heurter le principe de plaisir des autres instances.

Toutes nos actions seraient commandées en fonction du plaisir sous une forme ou sous une autre, et la pratique psychanalytique consisterait à confronter les différents types de plaisir recherché (au niveau conscient, inconscient ou préconscient) dans le champ de la conscience qui en jugerait selon un principe du plaisir généralisé fédérateur de tous les plaisirs. Le principe étendrait son empire sur toute pensée (commune, critique ou philosophique) : nous penserions sous la tutelle de la recherche du plaisir. L'utilité de la psychanalyse et de tous ses développements serait elle-même tributaire de cette recherche de plaisir ou de bonheur pour le patient comme pour le praticien, pour l'individu et pour la société. D'un point de vue pragmatique, le but serait toujours et sans exception la diminution du déplaisir.

Mais le principe de plaisir n'est pas un caractère spécifique de l'inconscient ; c'est un principe tout à fait général.

L'inconscient fonctionne spécifiquement selon le principe de « jouissance ». Ce que l'on nomme « inconscient » en psychanalyse est le « principe de jouissance »

Le déguisement du désir (« accomplissement déguisé de désir refoulé ») peut se comprendre de deux façons différentes et opposées : est-ce le plaisir qui se déguise en déplaisir ? Ou est-ce le déplaisir qui se déguise en plaisir ? D'une part, en *accord* avec le principe de plaisir, on peut penser que c'est le plaisir omniprésent qui est déguisé, que le rêve est toujours un plaisir, quelle que soit la grimace qui le défigure. D'autre part, en *opposition* avec le principe de plaisir, on peut aussi penser que le plaisir n'est qu'apparent et que le rêve n'est jamais qu'un déguisement (sous forme de plaisir) de toute autre chose, d'une tout autre forme. Sous le déguisement de l'accomplissement d'un désir se cacherait un « Réel » irréductible au plaisir : tout rêve ne serait qu'un cauchemar déguisé sous les apparences d'un accomplissement de désir. Le rêve révèlerait ainsi un fonctionnement radicalement différent du principe de plaisir et avec lui, la création d'une nouvelle forme irréductible à la finalité du plaisir. La nouvelle forme donnée par l'inconscient serait fondamentalement *autre que le plaisir*, non conforme, non formatée par le principe de plaisir. *Au-delà du principe de plaisir* (1920) règnerait la « pulsion de mort ». Ladite mort, qui justifierait « l'autre forme », ne peut cependant pas se réduire à l'inexorable décrépitude de tout vivant qui finira d'une façon ou d'une autre par retourner à l'état informe. Comme véritable pulsion donnant une nouvelle forme, la « pulsion de mort » indique une force vivante, qui aurait pour spécificité de chercher toute autre chose que le plaisir, toute autre chose que l'accomplissement des désirs ou l'obtention du bonheur. La pulsion de mort ne viserait pas la mort de l'individu, mais *la mort du monopole ou de l'hégémonie du principe de plaisir* au profit d'une autre forme, au profit d'un autre principe de fonctionnement du psychisme, au profit de ce qu'on nommerait la *jouissance*.

Cependant, nommer la « jouissance » ne suffit pas. Car elle se comprend trop facilement comme l'exacerbation du plaisir, comme la réalisation d'un plaisir dépouillé de tous ses mécanismes raisonnables de régulation. Normalement (c'est-à-dire dans la norme du plaisir), le plaisir se régule de lui-même : trop de plaisir tue le plaisir et il faut que je mette un frein à mon plaisir de manger pour ne pas tomber dans le déplaisir de l'indigestion (le principe de réalité est un corolaire du principe de plaisir). La « jouissance » ne serait rien d'autre qu'une aspiration au plaisir déconnecté de ses mécanismes de contrôle. Déconnectée du principe de réalité, la jouissance ne serait rien d'autre qu'un plaisir débridé. Prise dans ce sens, la « jouissance » se présente comme une variante pathologique du plaisir. Pour la ramener au plaisir bien tempéré, il suffirait de « castrer » la « jouissance », de la limiter, de la juguler, de l'accorder avec la partie raisonnable du principe de plaisir qu'est le principe de réalité. Cette façon d'entendre la « jouissance » ne change strictement rien à une méthode fondamentalement focalisée sur le principe de plaisir. Il nous faudra introduire un tout autre sens de la jouissance.

Tout principe technique est censé pouvoir aboutir à une réalisation concrète. Le principe du plaisir n'arrive jamais à se réaliser complètement. Un troisième principe possible semble encore plus problématique ; peut-être n'arrive-t-il à *aucune réalisation*. Cette éventualité ne supprime pas pour autant la pertinence du principe ; car un *principe* ne repose pas sur ce qui est ou sur ce qui est déjà réalisé, mais ce qui *doit* être, sans aucune garantie d'avoir été réalisé, d'être réalisé ou de se réaliser dans le futur. Le « devoir être » du principe technique est déterminé par la finalité de l'action : la réalisation concrète est pensée comme possible, calculée concrètement et jugée objectivement opportune. Le « devoir être » du principe de plaisir est déterminé par le bien-être subjectif des personnes ou des instances concernées et il ne se réalise que très partiellement. Le « devoir être » du troisième principe ne se réalise peut-être jamais, sans cesser pour autant d'être un principe et de fonctionner comme principe.

Nous rencontrons régulièrement l'ombre d'un tel principe dans la *culpabilité*. Elle survient à la suite d'un « devoir être » qui ne s'est pas réalisé et qui ne pourra plus jamais se réaliser. On tente généralement d'expliquer la culpabilité par une erreur technique (« je n'ai pas fait ce qu'il fallait pour aboutir à mon but ») ou par le conflit entre deux plaisirs conflictuels. Contrairement à cette explication naïve, réaliste et mécaniciste, nous rencontrons régulièrement dans la clinique des culpabilités qui ne proviennent d'aucune faute technique et qu'une dysharmonie entre plaisir et déplaisir n'explique pas davantage. Nous rencontrons régulièrement des culpabilités qui vont jusqu'à produire des fautes pour justifier le sentiment coupable[12]. La culpabilité est d'ailleurs très généralement sans proportion aucune avec la faute commise. Pourtant la culpabilité n'est pas une réalisation de notre troisième principe. Au contraire, elle est l'évidence même de la *non-réalisation* de ce principe, en même temps qu'elle insiste *sur le principe comme principe*. Pour peu que nous y prêtions attention, nous rencontrons l'écart abyssal entre le « devoir être » et « l'être concret », entre le principe et sa réalisation, dans toutes les formations de l'inconscient. Il fait partie intégrante de tout travail de l'inconscient, mais aussi de la méthode même de la psychanalyse.

Examinons l'exemple princeps de la méthode psychanalytique (chapitre II de la *Traumdeutung*) tiré de la vie même de Freud. Le *rêve de l'injection faite à Irma* est rapporté pour exposer la méthode des associations libres : il s'agirait d'abord de raconter le rêve et ensuite d'associer librement à partir de chacun des éléments du rêve. On peut vérifier cette méthode à partir de n'importe quel morceau de rêve ou même de n'importe quel événement psychique. La méthode devrait conduire à la thèse générale : « le rêve est un accomplissement de désir » (chapitre III de la *Traumdeutung*) ou « tout événement psychique se joue sous le primat du principe de plaisir ».

Pourtant, le rêve princeps conduit à tout autre chose. Si le rêve apparaît bien comme un plaidoyer d'innocence (plaisir)[13], Freud ne peut faire autrement que d'y reconnaître tout autre chose que l'innocence : ce plaidoyer « rappelle vivement la défense de l'homme qui était accusé par son voisin de lui avoir rendu un chaudron en mauvais état. Premièrement, il l'avait rapporté intact, deuxièmement, le chaudron était déjà troué lorsqu'il l'a emprunté, troisièmement, il n'a jamais emprunté de chaudron à son voisin »[14]. Dans l'acte même de démontrer l'innocence de

12 « Ce fut une surprise de découvrir qu'un accroissement de ce sentiment de culpabilité ics puisse faire d'un être humain un criminel. Mais c'est indubitablement ainsi. On peut mettre en évidence chez beaucoup de criminels, ceux qui sont jeunes particulièrement, un puissant sentiment de culpabilité, lequel existait avant l'acte, et qui n'est donc pas la conséquence mais le mobile de celui-ci, comme s'il était éprouvé comme un soulagement de pouvoir rattacher ce sentiment de culpabilité inconscient à quelque chose de réel et d'actuel » (Freud, *Le moi et le ça*, dans Œuvres complètes XVI, Paris, PUF, 1991, p. 295).

13 Rappelons que Freud avait envoyé sa patiente Irma se faire charcuter le nez chez son collègue et ami Fliess et qu'il désirait manifestement être innocenté dans cette pénible affaire.

14 Freud, *L'interprétation du rêve*, *op. cit.*, p. 155.

Freud selon le principe de plaisir, le plaidoyer démontre bel et bien une autre forme, à savoir la culpabilité éclatée de Freud qui correspond *de facto* à un principe opposé au principe de plaisir, même si Freud ne le reconnaîtra que bien plus tard (cf. *Au-delà du principe de plaisir*, 1920). Tout rêve pourrait et devrait se développer selon la méthode qui dévoile la culpabilité sous-jacente. La culpabilité ou l'écart entre le troisième principe et sa réalisation concrète sont toujours déjà en jeu derrière l'apparence d'une recherche d'accomplissement de désir ; cela vaut pour tout rêve et pour toute formation de l'inconscient. Tout rêve déguise une culpabilité foncière sous l'aspect d'un accomplissement de désir.

Freud a très vite compris que l'inconscient ne fonctionnait pas selon un principe technique, mais bien selon le principe de plaisir (*L'interprétation du rêve*, 1900). Il lui a fallu vingt ans de plus pour entrevoir que le travail de l'inconscient échappait largement au principe de plaisir (*Au-delà du principe de plaisir*, 1920). Et il aura fallu à Lacan quelques décennies de plus pour nous conduire à comprendre que la *spécificité* du travail de l'inconscient n'est autre que ce que nous appelons ici le « principe de jouissance ».

* * *

L'examen du fonctionnement spécifique de l'inconscient passe donc par la prise en considération de ce troisième principe.

Kant le premier a pu distinguer très clairement les trois types de principes qui commandent toute action humaine, les principes « techniques », le principe « pragmatique » de plaisir et un troisième type de principe « pratique », celui du « devoir » qui sert de sous-bassement à la culpabilité. Ce troisième principe est abordé dans les *Fondements de la métaphysique des mœurs* (1785) et il est l'enjeu de la deuxième critique kantienne, consacrée à la moralité ou à l'éthique, *La critique de la raison pratique* (1788). Si la question de ce troisième principe est fondamentale dans l'abord du fonctionnement de l'inconscient, il va cependant de soi que Kant ne pouvait tenir compte de l'inconscient et du refoulement.

L'étude de l'inconscient freudien démontre cependant que le statut de l'inconscient est fondamentalement éthique. Pour démontrer la spécificité de l'inconscient, Lacan lit donc très sérieusement la deuxième critique kantienne dans *L'éthique de la psychanalyse* (1959-1960) et dans *Kant avec Sade* (1963). Comme on le verra, la convocation de Sade comme outil pour approcher Kant servira à dévoiler la vérité de Kant, c'est-à-dire l'enjeu du troisième principe pour la psychanalyse, pour l'inconscient et pour le refoulement. Autrement dit, le troisième principe, celui de la moralité ou de l'éthique chez Kant, trouve ainsi sa vérité dans le principe de jouissance commandant le fonctionnement de l'inconscient. Le principe de jouissance (Lacan) répond et correspond strictement au principe de la moralité (Kant).

Dans une première section, nous lirons les *Fondements de la métaphysique des mœurs* (1785) et *La critique de la raison pratique* (1788) de Kant (le deuxième ouvrage reprenant le premier trois ans plus tard, en lui donnant sa structure).

Dans une deuxième section, nous lirons *L'éthique de la psychanalyse* (1959-1960) et *Kant avec Sade* (1963) de Lacan (le deuxième ouvrage reprenant le premier trois ans plus tard, en lui donnant sa structure). Ces deux derniers ouvrages nous proposent essentiellement *aussi* une lecture de Kant (avant la nôtre bien entendu), si bien que les deux premières sections de notre ouvrage sont consacrées respectivement à notre lecture de Kant et à notre lecture de la lecture de Kant par Lacan.

Dans la première section, nous tentons de restituer aussi fidèlement que possible la structure de la *Critique de la raison pratique*. Et cette tentative est d'autant plus importante que ce que Lacan attribue à Kant diverge sur plusieurs points et est même en contradiction avec ce que Kant écrit lui-même. Il faut d'abord noter ces divergences et contradictions, ce qui implique de lire soigneusement tant la *Critique de la raison pratique* que *Kant avec Sade*.

Nous écartons d'emblée la position du fanatique lacanien qui se contente de faire confiance au seul Lacan et se dispense de lire Kant lui-même : il est indispensable de lire soigneusement le texte de Kant (notre première section). Nous écartons également d'emblée la position qui consisterait à condamner les erreurs de Lacan pour revenir tout simplement au texte de Kant. Car le rapport de Lacan au texte de Kant n'est pas simple : il a effectivement pratiqué le texte de Kant (un seul exemple : il corrige la traduction française de tel passage sur le bonheur[15]). Il est indispensable de lire soigneusement le texte de Lacan et de prendre note des divergences et corrections, pour pouvoir

15 Lacan, « Kant avec Sade », dans *Écrits*, Paris, Seuil, 1966, p. 785 note. Nous discuterons plus loin la pertinence de cette correction.

nous interroger sur leur pourquoi et leur comment. Ceci dans la perspective de mettre en évidence le fonctionnement spécifique de l'inconscient et de la psychanalyse, selon le principe de jouissance.

Bien avant Lacan, la raison pratique de Kant a très généralement fait l'objet d'une lecture fondamentalement biaisée. Le problème de la raison pratique se réduirait ainsi à celui d'un sujet-individu confronté au choix possible entre deux actions objectives : que doit faire cet individu pour bien faire ? Et la réponse devrait être donnée d'une façon purement formelle : il s'agit de correspondre à la loi et à son universalité. Dans cette façon de comprendre erronément Kant, la morale est encore comprise comme un ensemble de règles techniques à observer pour la meilleure réalisation des objectifs d'une société ou de l'humanité, organisé autour d'une quête de bonheur.

Une telle lecture n'a bien sûr rien à voir avec l'inconscient, où il ne s'agit ni d'individu, ni de deux actions objectives, ni de faire le bien, ni d'universalité. Elle n'a rien à voir non plus avec la morale de Kant, où il ne s'agit ni d'un individu déterminé (un tel sujet a été critiqué radicalement dans les paralogismes de la raison pure), ni de deux actions objectives (ou techniques ?), ni d'une recherche de correspondance avec un bien prédéterminé, ni de la correspondance avec une loi universelle donnée de l'extérieur. Pourtant, comme nous allons le voir, Lacan prend bien la morale kantienne comme si elle concernait fondamentalement un individu qui devrait se déterminer dans son choix d'action en fonction du bien à atteindre et en fonction d'une universalité. On pourrait congédier tout simplement la lecture lacanienne comme inadéquate tout à la fois au fonctionnement de l'inconscient et au texte de Kant.

Mais cette lecture faussée n'est autre que la lecture faussée de *tout lecteur* de Kant, immanquablement poussé à adopter la perspective d'un sujet-individu cherchant le Bien par le truchement d'une loi universelle purement formelle. Nous n'analyserons pas maintenant le pourquoi de cette mauvaise lecture si fréquente de Kant, même si nous pouvons déjà y soupçonner le rôle du refoulement.

Contentons-nous de remarquer que ces trois bévues, auxquelles Lacan n'échappe pas dans sa lecture de Kant, sont aussitôt contrées chez le même Lacan par l'introduction de *Sade*, supposé les corriger 1) en laminant le sujet-individu, 2) en promouvant le Mal à la place du Bien et 3) en fabriquant toute autre chose qu'une universalité morte. Sade permettrait ainsi de rétablir la vérité à propos de Kant.

Fort de cet appui sur Sade, Lacan peut ensuite, toujours dans son *Kant avec Sade*, affronter Kant dans un combat à mort et, ce faisant, déployer le fonctionnement de la pulsion de mort comme nous le verrons. De ce combat, dont nous suivrons les tenants et aboutissants dans le détail, le but n'est pas de déclarer un vainqueur, même si Lacan fait mine de s'y croire. Le but est de mettre en jeu un combat bien plus fondamental, en deçà des individus, en deçà du Bien et du Mal, en deçà d'une universalité légale. C'est le combat inhérent à l'*inconscient* plus particulièrement articulé par le *refoulement* comme conflit.

Kant connaissait bien le désir radical (« la faculté de désirer supérieure ») et la loi. Le combat que Lacan mène avec Kant vise à montrer comment la loi n'est rien d'autre que le désir refoulé, autrement dit il montre *le refoulement et l'inconscient à même la problématique kantienne*, alors même que Kant ne pouvait bien entendu que les ignorer.

Quant à l'inconscient et au refoulement, le lecteur d'aujourd'hui n'est souvent guère plus avancé que Kant, il est même en retard. Même s'il a entendu parler de l'inconscient freudien, il n'a aucune idée de son fonctionnement spécifique. Pour mettre celui-ci en évidence, il faut partir non pas de l'inconscient descriptif, mais du *principe* même de l'inconscient, qui se développe à partir du *principe pratique* (chez Kant) jusqu'à sa nouvelle forme comme *principe de la jouissance* (chez Lacan).

Dans sa lecture de Kant, Lacan a délaissé la place primordiale du principe comme principe (alors que c'est bien le premier mot du premier chapitre de la *Critique de la raison pratique* chez Kant). C'est ce qui lui permet, à la place, de promouvoir son *objet a*. Mais celui-ci ne fonctionne justement pas comme un objet ordinaire, mais bien comme ce qui articule le principe de jouissance, à condition d'entendre l'*objet a* non pas seulement comme un objet oral de frustration, mais aussi tout à la fois comme un objet anal de conflit et d'opposition, et encore comme un objet scopique où s'ordonne le fantasme, et surtout comme un objet vocal qui dynamise l'inconscient dans la jouissance. La lecture de l'*objet a* (du côté de Lacan) ne pourra être juste qu'à partir du *principe* de son fonctionnement (du côté de Kant). Inversement, le principe kantien ne trouvera sa vraie valeur que par le tranchant de l'objet *a*.

Dans une troisième section, nous montrerons brièvement comment ce principe de jouissance éclaire la pratique de l'inconscient.

PREMIÈRE SECTION

LECTURE DE KANT

Grâce à la lecture de Kant, il s'agit de suivre rigoureusement le questionnement de ce principe de jouissance qui s'oppose tout à la fois aux principes techniques, au principe de plaisir et à l'obéissance à une autorité extérieure. Ou encore de questionner la « jouissance » (comme au-delà ou mieux *en deçà* du principe de plaisir) en tant qu'elle vaut comme le principe au cœur du fonctionnement de l'inconscient.

L'autre forme donnée par le travail de l'inconscient n'est pas sans devoir pactiser avec le principe de plaisir, mais elle répond fondamentalement au principe de jouissance. Ces deux principes se mêlent. Pas de plaisir sans jouissance et pas de jouissance sans plaisir. Comment préciser l'enjeu de la jouissance si le plaisir s'impose comme une réalisation toujours possible et partielle, alors que la jouissance semble bien ne se réaliser que comme plaisir dégénéré ?

Les conséquences de ce troisième principe s'imposent sous forme de culpabilité, de Surmoi, d'angoisse ou d'inhibition, dans toutes les pathologies et chez l'homme dit normal, malgré toutes les dénégations possibles. Mais il ne suffit pas de relever ces formations phénoménales. Il faut tenir compte que ce principe relève d'une « autre forme » que les choses qui sont et qui donc peuvent être constatées. L'apologue du chaudron[16] démontre cette autre forme, non pas comme un ensemble de choses (que le chaudron est intact, qu'il a toujours été troué, qu'il n'a pas été emprunté), mais comme ce qui *aurait dû* être, ce qui *doit* être ou ce qui *devrait* être. La clinique ne consiste pas d'abord à constater ce qui est. Elle consiste à tenir compte de ce qui s'impose comme devenir (*werden*) et *devoir* être (*sollen*), devoir qui s'appuie sur un manque à être, bien représenté dans la culpabilité.

Nous ne pouvons donc pas partir de ce qui se fait, de ce qui est ou de ce que l'on constate dans une clinique d'observation ; mais de ce qui *doit* se faire, de ce qui *doit* être, de ce qui *doit* devenir dans une clinique engagée à partir d'un manque de l'être. Pour saisir la jouissance, on ne peut partir d'une anthropologie des mœurs ou d'une éthologie humaine constatable et observable dans telle culture, dans telle pathologie, etc., mais de ce qui doit être, de ce qui ne se fait pas encore pleinement et qui pourtant *doit* se faire. Autrement dit, la méthode qui tiendra compte de la jouissance (et de l'inconscient) ne peut commencer à partir d'un donné acquis (ce qui est), mais à partir de *principes* (ce qui *doit* être). L'*objet a* en témoignera.

16 Freud, *L'interprétation du rêve*, *op. cit.*, p. 155.

PREMIÈRE PARTIE

FONDEMENTS DE LA MÉTAPHYSIQUE DES MŒURS (1785)

La loi morale

INTRODUCTION : LE PRINCIPE COMME PRINCIPE

La « loi morale » (celle visée par Kant), qui devrait nous éclairer sur « l'autre forme » inhérente à l'inconscient, semble pouvoir être abordée en se différenciant du principe de plaisir (« au-delà du principe de plaisir ») par deux voies distinctes. La première déduirait la loi morale d'un principe transcendant (« au-delà »). La deuxième l'induirait de constatations cliniques empiriques (« en deçà »). Or, ces deux voies constituent précisément les deux fausses pistes qui échouent à déterminer ce qu'est la « loi morale » et son enjeu, à savoir qu'elle vaut elle-même comme le « principe » premier, donc indépendant de tout au-delà et de tout en deçà.

La première fausse piste (« au-delà ») suppose que la « loi morale » puisse découler logiquement du savoir, il suffirait de la déduire d'un principe supérieur (ce principe pourrait être trouvé dans l'existence d'un Être suprême, dans une certaine organisation du Monde ou encore dans un Sujet déjà constitué). Si la « loi morale » ou la culpabilité fondamentale sont vraiment premières, si elles valent vraiment comme *le principe* qui dirige les choses plutôt que d'en être une conséquence, elles ne peuvent trouver leur existence qu'à partir d'un trou dans le savoir, à partir d'un manque de savoir (*Aufhebung* du savoir[17]). Ce trou dans le savoir veut dire tout à la fois que ladite « loi morale » et ladite culpabilité ne peuvent se baser ni sur un Être suprême comme idéal de la raison pure, ni sur une organisation du monde déjà déterminée dans laquelle il faudrait s'insérer, ni sur un sujet ou une âme individuelle subsistante et préexistante qui devrait secondairement se poser des questions éthiques[18]. Autrement dit : *primo*, il n'y a aucun

---

[17] Kant devait « supprimer (*aufheben*) le savoir, pour trouver une place pour la foi », sans laquelle il n'y a pas de moralité (Kant, *Critique de la raison pure*, Préface à la deuxième édition, dans Œuvres philosophiques, Paris, Gallimard, « Bibliothèque de la Pléiade », T I, 1980, p. 748, BXXX).

[18] Le trou dans le savoir implique ainsi l'ensemble de la Dialectique transcendantale de la raison pure : la déconstruction du sujet cartésien dans les paralogismes de la raison pure, la critique radicale du monde dans les antinomies de la raison pure et l'absence radicale de preuve de l'existence de Dieu dans l'idéal de la raison pure.

grand Autre pour m'indiquer ce que je devrais faire, *secundo*, il n'y a aucune loi du monde pour déterminer la « loi morale », *tertio*, il n'y a aucun sujet préalable qui chercherait une loi morale pour le diriger dans ses actions. La « loi morale » c'est la « loi morale » de l'inconscient et la culpabilité fondamentale c'est la culpabilité de l'inconscient, avant tout savoir d'un Dieu, d'un monde ou d'un sujet.

La deuxième fausse piste (« en deçà ») suppose que la « loi morale » et la culpabilité dépendent des coutumes déjà existantes (l'éthique se réduirait à une éthologie). Certes, on peut observer les mœurs, les lois et coutumes de telle ou telle société et une telle observation peut conduire à une anthropologie pratique ou une éthologie humaine (ce qui se fait). Mais l'observation de ce qui se fait ne peut conduire à déterminer l'éthique de ce qui *doit* se faire. Si l'éthologie servait de fondement à l'éthique, ce qui doit se faire ou ce qui doit être se réduirait à la duplication de ce qui se fait déjà et de ce qui est[19]. La soi-disant « morale », tirée d'une anthropologie pratique, n'est qu'une tentative d'adaptation empirique à une éthologie humaine purement empirique, contingente et sans nécessité absolue. Il faut d'emblée nous défaire de toute conception contingente de la Loi morale et du Surmoi, pour prendre en compte la nécessité absolue avec laquelle Loi et Surmoi s'imposent[20].

L'intérêt de la lecture des *Fondements* est précisément la prise en compte du caractère absolument principiel, premier, impératif du « devoir être », du « devoir faire », de la « loi morale » et pour nous du Surmoi. La radicalité de principe du « devoir » implique qu'il est impossible de réduire la « loi morale » à un fait empirique et à une pure observation clinique. Pour soutenir une véritable éthique, il faut

---

19 Cette question résonne entre autres dans le drame d'Antigone, confrontée à des coutumes ou règles déjà existantes, les lois de Créon — lois « humaines » comme on dit — qui s'imposent dans la perspective d'une anthropologie pratique comme ce que chacun devrait faire, à savoir dupliquer les lois. Mais la Loi qui s'impose à Antigone est tout autre. Elle ne se fonde aucunement sur une législation préexistante. Elle se présente comme « impératif catégorique », autrement dit comme non prédéterminée par cette législation.

20 Penser qu'il s'agirait d'assouplir cette radicalité, de desserrer l'étau du Surmoi, de déculpabiliser le sujet, etc. relève d'une technique où la question du troisième principe a complètement disparu. Sous prétexte du principe de plaisir qui devrait tout commander, la stratégie du psychothérapeute est alors dirigée exclusivement par des principes techniques et la question de « l'autre forme » de l'inconscient est complètement passée sous silence.

l'expurger de tout ce qui appartient de près ou de loin à l'anthropologie pratique, toujours fondée sur une série de faits empiriques. L'éthique ne peut pas se fonder sur une éthologie de l'homme ou sur un humanisme. « Le principe de l'obligation ne doit pas être cherché dans la nature de l'homme ni dans les circonstances où il est placé dans ce monde, mais *a priori* dans les seuls concepts de la raison pure[21]. » Les soi-disant « éthiques » (celle de Mendelssohn, contemporain de Kant par exemple, et celles de la majorité des « éthiques » contemporaines) virent vers l'éthologie à la mesure même où l'empirique se mêle au rationnel dans la détermination de la « loi morale ». L'éthique doit reposer intégralement sur la raison pure de tout être raisonnable (humain ou non-humain). « Toute philosophe morale repose entièrement sur sa partie pure, et, appliquée à l'homme, ne fait pas le moindre emprunt à la connaissance de ce qu'il est (anthropologie) ; elle lui donne, au contraire, en tant qu'il est un être raisonnable, des lois *a priori.* »

Cependant, concrètement, notre moralité est exposée à toutes sortes de « corruptions » – c'est « humain » dit-on –, et les motivations égoïstes dans la détermination de ce que nous devons faire ne manquent jamais de corrompre la pureté de la loi morale. Où trouver cette pureté ? « Lorsqu'il s'agit de ce qui doit être moralement bon, ce n'est pas assez qu'il y ait conformité à la loi morale ; il faut encore que ce soit pour la loi morale que la chose se fasse[22]. » C'est l'*intention* qui compte. Vouloir rester fidèle à la *lettre* de la loi par principe, c'est déjà une corruption de la loi morale, puisque la prescription littérale ne nous donne jamais qu'un schéma à dupliquer tout en faisant glisser l'intention au second rang. D'emblée, Kant met en place la primauté d'un *principe* qui ne dépend pas de ce qui serait déjà donné. Mais quel est-il donc ce principe de la loi morale qui pourra produire une « autre forme » et non une conformité ?

La psychologie et une certaine tendance dans la psychanalyse ne manquent pas d'analyser les motivations, les déterminations et surdéterminations qui expliqueraient le vouloir humain et les actions qui

---

21 Kant, *Fondements de la métaphysique des mœurs*, dans Œuvres philosophiques, T II, Gallimard, « Bibliothèque de la Pléiade », 1985, p. 246. La raison, dans son usage pratique, est ici d'abord évoquée par le truchement des *concepts*. La *Critique de la raison pratique* accentuera plus précisément que c'est *le principe comme principe* qui compte pour la raison pratique.

22 Kant, *Fondements de la métaphysique des mœurs*, *op. cit.*, p. 247.

en découleraient consciemment ou inconsciemment. Mais toutes ces explications sans exception – y compris les explications faisant appel à une lettre donnée et cryptée dans l'inconscient ou ailleurs – ne prennent pas la mesure du principe qui donne une autre forme (et non une conformité), qui imprime une nouvelle loi. Le Surmoi freudien lui-même vu comme sédiment d'une réglementation familiale ou sociale ne relève pas de la pureté de la « loi morale », mais de sa corruption par toute une série de motivations secondaires relevant de l'éducation familiale ou plus largement sociétale. En contrepoint, Lacan définira le Surmoi comme l'impératif radicalement épuré : « Jouis[23] » (mais comme nous l'avons vu, l'évocation du concept de « jouissance » ne saurait suffire tant que nous n'avons pas éclairé davantage notre troisième principe).

Les lectures de la morale kantienne dérivent presque systématiquement vers une éthique individuelle ou encore une éthique appliquée à l'individu. Or, le trou dans le savoir (*Aufhebung*) implique, comme on l'a vu, non seulement l'absence d'un Dieu et d'un Monde qui détermineraient la loi morale, mais aussi l'absence de tout sujet préalable qui appliquerait la loi. Évacuation donc du sujet spirituel ou de l'âme, mais aussi évacuation du sujet empirique. La « loi morale » s'impose donc, disions-nous, comme loi *de l'inconscient*, et ce n'est qu'à partir d'elle comme principe, troisième principe ou principe de jouissance, que peuvent apparaître le grand Autre (et son inexistence), le Monde (et son fonctionnement phallique) et le sujet (sa division et son désêtre).

Les *Fondements* n'ont d'autre but que « la recherche et l'établissement du principe suprême de la moralité »[24]. Dans notre lecture des *Fondements*, notre but est d'éclairer l'inconscient par ce principe suprême, autre que le principe du plaisir.

Les *Fondements de la métaphysique des mœurs* comportent trois subdivisions. Dans la première subdivision, Kant part de la connaissance rationnelle commune de la moralité, à savoir de la volonté de bien faire ; en l'*analysant*, il y découvre le principe de la loi morale dans sa pureté (il n'est déduit d'aucun principe supérieur, il n'est pas non plus induit à partir d'expériences particulières, il est constaté dans la singularité de chacun). Dans la deuxième subdivision, Kant *analyse* ce principe de la

---

23 Lacan, *Le séminaire, livre XX, Encore*, Paris, Seuil, 1975, p. 10.

24 Au dire de Kant, ce problème n'a pas encore été traité de façon satisfaisante avant lui (Kant, *Fondements de la métaphysique des mœurs*, *op. cit.*, p. 249).

loi morale pour en tirer les conséquences pour tout être moral. Dans la troisième subdivision, Kant esquisse le mécanisme de *synthèse* ou de construction, toujours en jeu dans la moralité ; cette thématique sera reprise et pleinement développée dans la *Critique de la raison pratique*. Nous ne commenterons pas la troisième subdivision des *Fondements* ; après la lecture des deux premières subdivisions, nous passerons directement à l'examen de la deuxième critique kantienne.

Le point de départ kantien dans la volonté de bien faire indique que la morale kantienne relève d'une philosophie populaire. Elle s'adresse effectivement à tous. Pourtant, malgré ce point de départ populaire, elle ne cède en rien sur la rigueur de sa méthode. Il ne s'agit nullement d'un amalgame de positions pour diriger l'action (comme dans la « philosophie populaire » d'un Mendelssohn, contemporain de Kant). Au contraire, Kant part du « populaire » ou de la connaissance rationnelle commune de la moralité pour y révéler *le principe*, la pureté de l'impératif catégorique, de la loi morale en tant qu'ils concernent tout un chacun.

CHAPITRE 1

LA VOLONTÉ DE BIEN FAIRE, LE DEVOIR ET LA LOI MORALE

(à partir de la philosophie morale populaire)

La première subdivision des *Fondements de la métaphysique de mœurs* montre comment la simple analyse de la *volonté de bien faire* comme éthique de la raison commune conduit à découvrir successivement le *devoir* et la *loi morale.*

I. LA VOLONTÉ DE BIEN FAIRE[25]

Kant part d'un concept universel, admis par tous les êtres raisonnables (humains ou non-humains) : le bien (*gut*). Qu'est-ce qui est absolument bien ?

Le Bien n'est que l'un des trois grands universaux supposés transcender toutes les catégories : le Bien, le Vrai, le Beau. Comment pourrait-il permettre de découvrir la loi morale chez tous les hommes ?

---

[25] Nous traduisons *gut* par « bien » (bien moral à rapprocher de notre troisième principe) et non par « bon » (bon plaisant à rapprocher du principe de plaisir) qui traduit l'allemand *wohl.* La traduction de *guter Wille* par « bonne volonté » fait problème ; car elle associe la volonté au bon, alors que l'allemand oppose *guter Wille* et *wohl.* En français, faute d'adjectif correspondant à l'adverbe *bien,* nous pourrions traduire par « volonté du bien ». Mais cette traduction qui convoque le *nom* « bien », ne convient pas non plus, car elle laisse entendre que la volonté est déterminée par un « bien » (comme *concept* premier), ce qui n'est justement pas le cas dans la loi morale kantienne. La volonté implique cependant toujours *d'abord* le « faire » comme *verbe* (le principe) et le « bien » n'arrive que comme *adverbe* ; nous traduirons *guter Wille* par « volonté de bien faire ». On peut certes remarquer que la « volonté de bien faire » peut aussi s'entendre comme une volonté dirigée par des principes techniques (ce qui n'est pas le cas). L'équivoque reste inévitable. Notre traduction a pourtant le mérite de garder clairement la distinction *gut* (bien)/*wohl* (bon) et de la fonder sur le « faire ».

Comment pourrait-il donner un accès à notre troisième principe, à « l'autre forme » propre à l'inconscient, à « la jouissance » ? Car malgré le consensus populaire autour du Bien, la volonté de bien faire apparaît étrangère à notre vie concrète, illusoire et naïve. D'une part, le Bien comme Bien semble délié des conditions empiriques de l'expérience et apparaît comme une « transcendance » imaginaire et déracinée de toute réalité concrète. D'autre part, notamment depuis l'avènement de la psychanalyse et la découverte de l'inconscient, il se révèle comme le déguisement de toute autre chose que le bien, jusques et y compris d'une férocité meurtrière à l'opposé de tout bien. Kant pose déjà la question : la volonté de bien faire ne se réduit-elle pas « une transcendante chimère[26] » ? Ne doit-on pas poursuivre et dire que le Bien n'est qu'une forme de résistance devant la complexité des instances (conscient, préconscient, inconscient) qui toutes fonctionneraient selon le principe de plaisir ? La volonté de bien faire ne se réduit-elle pas en fin de compte à la volonté du *bon*, à la recherche du plaisant comme seule visée imposée à l'homme de par sa nature ?

Si « bien » il y a, on doit déjà dire que c'est toujours un bien en défaut, en tant qu'il n'existe pas. De même pour « la jouissance » : « *il y aurait eu faute quant* à une certaine jouissance ». « Faute, défaut, quelque chose qui ne va pas, quelque chose qui dérape dans ce qui manifestement est visé, et puis ça commence comme ça tout de suite – le bien et le bonheur. Du bi, du bien, du benêt[27] ». Et le benêt n'est que le dérapage du Bon vers une illusion de bien.

Comme le bien est toujours pris dans ce naïf dérapage, il n'est jamais donné ou acquis. « Bien » se dit toujours en fonction d'une *volonté* et non d'une réalité, volonté d'accomplir une action technique (au sens large), volonté de trouver du plaisir (pour soi ou pour les autres) ou volonté morale. La *volonté* vaut comme la faculté des fins et elle implique toujours déjà « une activité, une efficace de l'intellect, elle est la *raison pratique* elle-même[28] ». Cependant, dans la volonté en général, le Bien est toujours déjà contaminé par le Bon, à moins de ne retenir que la pure *volonté* (de bien faire) : « De tout ce qu'il est possible de concevoir dans le monde, et même en général hors du monde, il n'est rien qui puisse sans restriction être tenu pour bien (*gut*), si ce

26 Kant, *Fondements de la métaphysique des mœurs*, *op. cit.*, p. 252.

27 Lacan, *Le Séminaire, Livre XX, Encore*, *op. cit.*, p. 52.

28 Eisler, *Kant-Lexikon*, Paris, Gallimard, « NRF », 1994, p.1078.

n'est seulement une volonté de bien faire (*ein guter Wille*)[29] ». Rien n'est bien sauf la volonté de bien faire. Ainsi, les différents talents de l'esprit – « l'intelligence, la vivacité, la faculté de juger <...> le courage, la décision, la persévérance dans les desseins » – ne sont « bien » qu'en fonction de la volonté qui les emploie (ils peuvent être « extrêmement mauvais et funestes si la volonté qui en fait usage <...> n'est pas la volonté de bien faire[30] »). Il en va de même pour « le pouvoir, la richesse, la considération, même la santé », qui peuvent être employés indifféremment pour le bien ou le mal. La prudence elle-même, qui valait pour Aristote comme le summum de l'intellect pratique, n'est pas le bien : « le sang-froid d'un scélérat ne le rend pas seulement beaucoup plus dangereux ; il le rend aussi immédiatement à nos yeux plus détestable encore que nous ne l'eussions jugé sans cela ». Ce qui est bien dans une action, nous ne le trouverons ni dans ses résultats, ni dans l'aptitude à atteindre le résultat, mais seulement dans le vouloir. Seule la volonté, seule l'intention profonde compte dans l'évaluation du bien. Et comme elle échoue *toujours* à se purifier (cf. la surdétermination), ne doit-on pas conclure que la nature de l'homme dépend uniquement du principe de plaisir et que notre troisième principe n'est qu'une chimère ?

Comme le fait remarquer Kant, si la nature de l'homme ne visait que le bon et le bonheur selon le fonctionnement du seul principe de plaisir, elle aurait pu être construite intégralement à partir des instincts (les pulsions seraient des instincts). Les êtres raisonnables seraient intégralement dirigés par ces instincts et la « raison » qui leur est allouée serait purement spéculative ou contemplative du fonctionnement instinctif. La raison n'aurait aucune place dans la pratique. Or, c'est un fait, la raison a une place dans la pratique : la volonté de bien faire et l'inconscient se présentent comme irréductibles à l'instinct et à la recherche du bon. Le bien s'oppose au bon, mais c'est un bien en négatif, un bien inatteignable, une jouissance en défaut. Il apparaît toujours couplé à une *culpabilité fondamentale* de n'avoir pas fait le bien.

La raison, dans son usage pratique, gêne le fonctionnement du principe de plaisir. Du point de vue de la recherche du bon correspondant au principe du plaisir, la raison pratique qui recherche le bien sans

29 Kant, *Fondements de la métaphysique des mœurs*, *op. cit.*, p. 250.
30 *Ibid.*, p. 251.

pouvoir l'atteindre apparaît haïssable. Et, en fonction du principe de plaisir, on trouve chez tout un chacun un certain degré de « misologie », de haine de la raison.

La vraie destination de la raison dans son usage pratique est « de produire une *volonté de bien faire*, non pas *comme moyen* en vue de quelque autre fin, mais *de bien faire en soi-même*[31] ». Cette volonté est le bien suprême (*höchste Gut*) en tant que « la condition dont dépend tout autre bien, même toute aspiration au bonheur ». Elle est toujours en défaut de bien et de jouissance, c'est la jouissance qu'il faudrait et qui n'est pas là. Elle est toujours déjà dans la culpabilité fondamentale, antérieure à toute faute, qui vaut comme son envers indépassable.

II. Le conflit des principes et le devoir (*Pflicht*)

La volonté de bien faire se présente toujours avec son envers, la culpabilité et elle est toujours contaminée par la recherche du bonheur ou le principe de plaisir. Toutefois, elle s'oppose toujours au principe du bonheur non sans impliquer des conflits d'intérêts dont il faut tenir compte. Le *devoir* c'est identiquement le concept de volonté de bien faire en tenant compte de ces conflits.

C'est le *conflit* comme conflit qui nous intéresse ici. C'est parce que la « volonté de bien faire » est toujours prise dans le conflit des principes qu'il faut la développer comme *devoir*. Le devoir est ainsi la position de la volonté de bien faire par rapport au conflit qui l'oppose à d'autres principes (principe technique et principe de plaisir). Cette position peut s'expliciter en trois propositions. Les deux premières sont négatives : *primo*, le moteur de l'action morale ne peut pas être l'inclination (*Neigung*) vers le bonheur (principe de plaisir) ; *secundo*, le moteur de l'action morale ne s'explique pas par le but à atteindre (principe technique). La troisième proposition explicite la motivation positive de l'action morale : « *Le devoir est la nécessité d'accomplir une action par respect de la loi* (*Achtung fürs Gesetz*)[32] ». En dehors de l'influence du plaisir et de la technique, « il ne reste plus rien pour la volonté qui puisse la déterminer, si ce n'est objectivement la *loi*, et subjectivement

31 *Ibid.*, p. 254 (trad. modifiée). Kant précise bien ici que la volonté de bien faire ne doit pas être prise dans un sens technique (« comme moyen en vue de quelque autre fin »).

32 *Ibid.*, p. 259.

un *pur respect* pour cette loi pratique, par suite la maxime d'obéir à cette loi, même au préjudice de toutes mes inclinations ». Le respect – *Achtung,* attention ! danger ! – c'est la focalisation subjective, positive de principe sur la loi objective. Comme cette loi ne peut être tirée de l'inclination ni non plus du but sensible à accomplir, elle ne relève pas de la sensibilité, elle « *ne peut avoir lieu que dans un être raisonnable*[33] » et cet « être raisonnable » se réduit à être le point de fonctionnement de notre troisième principe (qui doit expliciter le fonctionnement spécifique de ce que nous nommons « l'inconscient »). Nous avons acquis le principe du devoir : c'est un respect de la loi *par principe.* Le respect apparaît comme un sentiment, mais c'est un sentiment unique en son genre en ceci qu'il n'est pas reçu par la sensibilité, mais qu'il provient directement de la considération du troisième principe, en tant qu'il est produit par la raison.

III. La loi morale

Pour déterminer le principe de la loi, il faut exclure toutes les déterminations particulières qui viendraient de la sensibilité et notamment l'idée des résultats qui pourraient suivre l'observance de la loi. « Il ne reste plus que la conformité universelle des actions à la loi en général, qui doit lui servir de principe (*Prinzip*) ; en d'autres termes, je dois toujours me conduire de telle sorte *que je puisse aussi vouloir que ma maxime devienne une loi universelle*[34]. » La volonté de bien faire doit correspondre à une *loi.*

En est-il de même pour l'inconscient ? Comme l'inconscient ne se plie pas aux particularités données, s'ensuit-il qu'il doit fonctionner selon une loi universelle ?

Remarquons que la « loi universelle » n'est pas donnée (ni dans la morale kantienne, ni bien sûr pour le fonctionnement de l'inconscient), elle doit *devenir* à partir d'une maxime. Dans l'attention commune, l'assentiment subjectif se plie à ce qui est donné objectivement dans les sens. Dans le respect (*Achtung*) *de la loi,* l'assentiment se plie à la loi parce que la loi vient de la raison, autrement dit parce qu'elle tire son objectivité de l'exercice de la raison indépendamment de la sensibilité.

---

33 *Ibid.,* p. 260.
34 *Ibid.,* p. 261.

L'objectivité de la loi vient donc du vouloir lui-même : « peux-tu vouloir (*wollen*) aussi que ta maxime devienne une loi universelle ?[35] »

Pour la loi morale kantienne, ce vouloir n'est tout simplement pas possible lorsque la maxime se détruit elle-même par contradiction logique dès qu'elle est érigée en loi universelle, par exemple dans le cas d'une promesse faite avec l'intention de ne pas la tenir, ou dans le cas du « mensonge ». Ce critère d'universalité, qui juge de telle maxime en fonction du principe suprême de tous les jugements analytiques[36], n'est jamais qu'un critère *d'exclusion* : en analysant la maxime pour y déceler éventuellement la contradiction logique, il permet d'exclure toutes les maximes qui ne peuvent pas devenir des lois. Mais ce critère ne suffit pas à faire une loi.

La loi morale kantienne n'est pas fondamentalement dépendante de l'universalité analytique. Car la valeur morale de la loi ne se fonde qu'à partir de l'*exercice* de la raison et elle se présente à partir du *questionnement* de l'universalisation de la maxime : « peux-tu vouloir (*wollen*) aussi que ta maxime devienne une loi universelle ? » La loi universelle n'est pas donnée, elle dépend du vouloir qui en détermine le devenir. Elle doit être synthétisée, fabriquée par la raison. Nous reviendrons sur cet exercice de la raison dans la suite de notre lecture de Kant et sur ce questionnement de l'universalité dans notre lecture de *Kant avec Sade* (Lacan).

Si la raison commune est d'emblée en prise sur la loi morale, elle est aussi en prise sur les multiples inclinations. « De là résulte une dialectique naturelle, c'est-à-dire un penchant à sophistiquer contre ces règles strictes du devoir, à mettre en doute leur validité, tout au moins leur pureté et leur rigueur, et à les accommoder davantage, dès que cela se peut, à nos désirs et à nos inclinations, c'est-à-dire à les corrompre dans leur fond et à leur faire perdre toute leur dignité[37]. » C'est bien en raison de cette dialectique naturelle (qui se présente

---

35 *Ibid.*, p. 263.

36 « Ce principe : À nulle chose ne convient un prédicat qui la contredise, s'appelle le principe de contradiction, et il est un critère universel, quoique purement négatif, de toute vérité ; mais il appartient uniquement à la logique, parce qu'il vaut des connaissances considérées simplement comme connaissances en général et indépendamment de leur contenu, et dit que la contradiction les anéantit et les supprime entièrement » (*Critique de la raison pure*, *op. cit.*, p. 893-892 ; A151 ; B190).

37 *Ibid.*, p. 265.

spontanément et comme indépendamment de toute philosophie) que la raison commune doit développer une critique complète de la raison pratique.

* * *

Volonté de bien faire, devoir, loi morale. Contre chacune de ces trois idées s'élèvent des objections majeures. La *volonté de bien faire* est supposée donnée à tous et ce n'est qu'à partir de cette hypothèse que l'on peut déduire le devoir et la loi morale, mais n'est-ce par là un pur préjugé dépendant justement de la façon commune de voir les choses, sans portée révolutionnaire, une habitude de la raison commune qui se protège par dénégation contre la pulsion de mort, contre des tendances foncièrement destructrices vis-à-vis des autres et de soi-même ? L'idée de résoudre le conflit ou de faire quelque chose « *par devoir* » n'est-elle pas un leurre et, qui plus est, un leurre contradictoire avec le principe du narcissisme, selon lequel toute la force libidinale qui motive n'importe laquelle de nos actions est essentiellement narcissique ? Aucune action ne pourrait être faite « par devoir », puisque, fondamentalement, elle est toujours faite par égoïsme narcissique. Enfin, la *loi morale* suppose que l'on puisse déterminer la maxime de notre action à l'exclusion de toutes les autres ; or, avec l'inconscient, n'apprend-on pas que toute action est surdéterminée, c'est-à-dire provoquée par une multitude de déterminations qui rendent impossible toute quête de la cause dernière de l'action en question ? Dans l'interprétation du rêve, nous butons nécessairement sur un « ombilic », c'est-à-dire sur une pelote de sens qui se complexifient au fur et à mesure qu'on essaie de les démêler. N'en est-il pas de même pour l'interprétation des maximes plurielles de chacune de nos actions ?

Oui, la volonté de bien faire cache la pulsion de mort et il nous faudra dans la critique dégager cette volonté de toutes les tendances du moi à se présenter sous un aspect flatteur. Oui, faire quelque chose « par devoir » relève toujours du narcissisme, pour autant que celui-ci est toujours tendu entre le moi idéal de son passé et l'idéal du moi d'un futur impossible à rejoindre, et il nous faudra, dans la critique, différencier le « par devoir » de toutes les règles pragmatiques qui s'imposent à partir d'une réglementation ordinaire, et élever le narcissisme à la hauteur d'un « devoir » de la structure (*Wo Es war soll Ich werden*). Oui, la loi morale vaut comme point de focalisation exclusif de toute autre motivation ; en tant que telle, elle vaut comme un lieu vide qui rend possible le mouvement de surdétermination et il nous faudra, dans la critique, dégager la loi morale non pas comme une nouvelle maxime, qui s'opposerait à la multiplicité des maximes pragmatiques déjà existantes, mais comme ce troisième principe inhérent à l'inconscient, ce principe de jouissance qui ne cesse d'agir et qui consiste à « donner une nouvelle forme ».

CHAPITRE 2

ANALYSE DE LA LOI MORALE

(Dégagement de la métaphysique des mœurs à partir de la philosophie morale populaire)

La volonté de bien faire, le devoir et la loi morale se trouvent directement dans la morale commune. Il n'en faut nullement conclure que ce sont des concepts empiriques touchant une réalité factuelle. Avec eux, nous tombons sur des contradictions et autres formes d'impossibilités, amplifiées par les découvertes de la psychanalyse, qui entraînent que ces concepts ne pourront en aucune façon se réduire à l'observation clinique d'une réalité donnée.

I. IL N'EXISTE *AUCUN* EXEMPLE DE MORALITÉ

En raison de ces impossibilités inhérentes à la bonne volonté, au devoir et à la loi morale, il n'existe aucun exemple concret d'action morale. On peut sans doute trouver des actions plus au moins conformes à la lettre de tel « devoir » particulier, mais aucune action morale concrète ne peut servir de modèle ou d'exemple. Il n'est pas possible qu'une action puisse avoir été faite uniquement « par devoir » en raison même de la surdétermination qui règne sur toutes nos actions. Kant n'a pas attendu Freud pour l'expliciter. L'amour-propre risque bien d'être toujours le motif de nos actions les plus nobles en apparence. Il est « absolument impossible d'établir par expérience avec une entière certitude un seul cas où la maxime d'une action d'ailleurs conforme au devoir ait uniquement reposé sur des principes moraux et sur la représentation du devoir[38] ». D'ailleurs, ajoute Kant, « nous ne pouvons jamais, même par l'examen le plus rigoureux, pénétrer entièrement jusqu'aux mobiles secrets de nos actes ». « Il suffit d'être un observateur de sang-

[38] *Ibid.*, p. 267.

froid qui ne prend pas immédiatement pour le bien même le vif désir de voir le bien réalisé » pour douter « que quelque véritable vertu se rencontre réellement dans le monde[39]. »

Le fait même de se fonder sur des exemples, sur l'expérience sensible ou sur l'observation des faits nous engage dans une anthropologie empirique ou une éthologie humaine et nous écarte définitivement des fondements de la métaphysique des mœurs.

Même le Christ de l'Évangile n'est pas un exemple à imiter : « En quoi* m'appelez-vous bien*, moi (que vous voyez) ? Nul n'est bien* (le type du bien) que Dieu seul (que vous ne voyez pas)[40] ». En citant Marc X, 18 et Luc XVIII, 19, et par son commentaire entre parenthèses, Kant indique clairement que le concept de bien moral ne peut aucunement être présenté par quelque chose de visible, à savoir un exemple ou un modèle empirique (relevant de la sensibilité). Dans la citation, la référence à l'invisible « Dieu » (et non au Christ) renvoie au fonctionnement de la raison en tant que raison. Nous verrons que l'appel au Bien invisible ne suffit pourtant pas à fonder la moralité ; car il ne s'agit pas de présenter la moralité à partir de l'idée de Dieu (idée qui peut être symbolisée dans la religion par exemple), mais à partir du seul *principe* (la volonté de bien faire et la culpabilité concomitante fondent directement ce principe sans s'appuyer sur aucun Dieu). C'est en ce sens qu'il faut fonder la métaphysique des mœurs sur le pur fonctionnement de la raison.

Les exemples qui peuvent se présenter n'ont qu'une seule utilité possible, celle de nous ramener pédagogiquement au fondement, au principe de la moralité, qui dépend de la raison pratique et non de ce qu'on peut observer de la nature humaine. On prend faussement comme but de l'action morale un mélange de déterminations, « tantôt la perfection, tantôt le bonheur, ici le sentiment moral, là la crainte de Dieu, un peu de ceci, mais un peu de cela également, le tout singulièrement mêlé[41] ». Au contraire de cette diversité observable dans la nature humaine, au contraire de cet humanisme, il faut trouver une métaphysique des

39 *Ibid.*, p. 268. Trad. modifiée (*) : nous traduisons *was* par « en quoi » (et non par « pourquoi ») et *gut* par « bien » (et non par « bon ») : « *was nennt ihr mich (den ihr sehet) gut, niemand ist gut (das Urbild des Guten) als der einige Gott (den ihr nicht sehet)* » (Kant, *Grundlegung zur Metaphysik der Sitten*, Frankfurt am Main, Suhrkamp, 1974, p. 36).

40 *Ibid.*, p. 269.

41 *Ibid.*, p. 271.

mœurs « qui n'est mélangée ni d'anthropologie, ni de théologie, ni de physique ou d'hyperphysique, encore moins de qualités occultes (qu'on pourrait appeler hypophysiques) » et cette métaphysique (non humaniste, mais purement rationnelle) a « une influence beaucoup plus puissante que celle de tous les autres mobiles[42] ».

* * *

La méthode psychanalytique elle-même ne se fonde sur aucun exemple. Car tout exemple est déjà pris dans le cadre de celui qui pense l'exposer objectivement. Il corrobore immanquablement le plaisir de celui qui l'expose. Autrement dit, il a déjà exclu la question du troisième principe, la question de l'autre forme que donnerait l'inconscient ou alors il l'a déjà ramené au bien connu d'un principe de plaisir tout-puissant. Le seul usage possible des exemples réside au contraire dans la mise en question.

Il faut donc reprendre la question de la moralité en amont de tout exemple : à partir des principes de l'action.

II. LA MORALITÉ EST UNE QUESTION DE *PRINCIPE*

Les lois morales (qui ne s'accomplissent jamais dans les exemples) sont tout autres que les lois à l'œuvre dans la nature y compris dans l'anthropologie empirique. Les premières ne sont jamais que représentées comme *devant* être, comme un *devoir* et agissent par leur *représentation*, tandis que les secondes sont d'emblée agissantes dans la nature telle qu'elle est réalisée effectivement.

Nous devons distinguer soigneusement ce qui *doit* être (et commande l'action en général) et ce qui *est* (et peut éventuellement être constaté), avant même que de pouvoir distinguer les lois morales et les lois de la nature. Et nous devons saisir les différents principes possibles de l'action en fonction de ce devoir être.

Le verbe « devoir » (*sollen*) exprime un impératif. Tous les impératifs supposent un *rapport* entre le devoir et la non-réalisation de ce de-

42 *Ibid.*, p. 272.

voir : je dois faire ce qui n'est pas encore fait. Là où n'existe aucun écart entre la représentation du but visé par le devoir et sa réalisation, là où le but n'est pas associé à une absence au moins provisoire de réalisation de ce but, il n'y a aucun impératif. Par exemple, la volonté divine ne connaît aucun devoir et aucun impératif, puisque le vouloir divin est en même temps sa réalisation. Le manque (précisément le manque de réalisation actuelle) est ainsi fondamental pour la question de l'impératif ou du « devoir ».

Il faut maintenant distinguer différents types d'impératifs ou de devoirs en même temps que différents types de *principes* commandant l'action en général.

Trois types d'impératifs, trois types de principes

1) *Si* je veux atteindre tel but, si je veux arriver à telle fin concrète, je dois prendre les bons moyens. Ce devoir dépend de mon hypothèse de départ, c'est un impératif *hypothétique*. L'hypothèse en question, c'est qu'il s'agit de trouver les bons moyens pour résoudre le *problème technique* au sens large (la technique inclut aussi le domaine de la pensée et les problèmes qui s'y posent). L'impératif hypothétique est ici *problématique*, c'est-à-dire relatif à un *problème* à résoudre. « Les prescriptions que doit suivre le médecin pour guérir radicalement son homme, celles que doit suivre un empoisonneur pour le tuer à coup sûr, sont d'égale valeur, en tant qu'elles leur servent les unes et les autres à accomplir parfaitement leurs desseins[43]. » Ce sont des questions d'habilité (*Geschicktlichkeit*) et c'est ce que vise l'éducation et la formation des compétences en général. Ce sont des impératifs techniques. Les contraintes imposées par ce genre d'impératif sont des *règles* (*Regeln*) de l'habilité.

2) Le deuxième impératif est lui aussi *hypothétique*. Mais l'hypothèse dont il dépend n'est pas liée à tel ou tel problème particulier à résoudre. Elle est au contraire absolument générale, c'est la recherche de bonheur, bien plus large que les problèmes particuliers : « si je veux m'approcher du bon ou du bonheur, je dois vouloir les moyens ». Le principe du plaisir fait *pragmatiquement* partie de l'essence de l'homme. Le deuxième impératif est un impératif *pragmatique* (au sens d'un pragmatisme visant le bien-être). Mais je ne connais pas les règles

[43] *Ibid.*, p. 277.

qui assurent le bonheur : les contraintes de cet impératif se réduisent à n'être que des conseils (*Ratschläge*) de prudence (*Klugheit*), des conseils « dans le choix des moyens qui nous conduisent à notre plus grand bien-être[44] ».

3) Le troisième impératif n'est pas hypothétique, car il n'est pas déterminé par le but à atteindre (tel résultat possible d'une action ou l'acquisition du bonheur). « Cet impératif est *catégorique.* Il concerne, non la matière de l'action ni ce qui doit en résulter, mais la forme et le principe dont elle résulte elle-même ; et ce qu'il y a en elle d'essentiellement bien consiste dans l'intention, quelles que soient les conséquences. Cet impératif peut être nommé l'impératif de la moralité (*Sittlichkeit*)[45]. » C'est l'impératif moral. Les contraintes sont ici des commandements (*Gebote*) ou des lois (*Gesetze*).

Les deux impératifs hypothétiques se présentent fondamentalement comme *analytiques* ; il suffit d'*analyser* l'hypothèse pour découvrir l'impératif. Ceci va de soi pour l'impératif problématique. Son principe est *technique.* Pour ce qu'il en est du bonheur ou du principe de plaisir, l'analyse bute d'emblée sur une limite indépassable, car « personne ne peut jamais dire en termes précis et cohérents ce que véritablement il désire et veut[46] ». Où est le bonheur ? « *Che vuoï ?* » La question reste sans réponse définitive. Dans les deux cas, « qui veut la fin, veut les moyens » comme dit l'adage. « L'impératif qui ordonne de vouloir les moyens à qui veut la fin est dans les deux cas analytiques[47]. » Ces positions analytiques ne font aucune difficulté théoriquement, à ceci près que l'analyse de l'impératif de bonheur (le principe de plaisir) n'aboutit à aucune solution concrète, faute de savoir ce qui est vraiment désiré.

L'impératif technique est *possible* (il dépend de son hypothèse). L'impératif pragmatique se présente comme *réel* ; le fonctionnement du principe de plaisir est une donnée de fait, même si les moyens pour atteindre ce plaisir nous échappent. Le troisième impératif, l'impératif catégorique, est à la fois *synthétique* (il faut le faire) et *nécessaire* ; il correspond au principe de la moralité chez Kant et notre « principe de jouissance » (qui « ne cesse de s'écrire », même quand nous l'ignorons).

44 *Ibid.*, p. 278.
45 *Ibid.*, p. 279.
46 *Ibid.*, p. 281.
47 *Ibid.*, p. 282.

Les trois impératifs se répartissent ainsi selon les trois catégories de la modalité et de ses principes, « les postulats de la pensée empirique en général ». « 1. Ce qui s'accorde avec les conditions formelles de l'expérience (quant à l'intuition et aux concepts) est possible. 2. Ce qui est en cohésion avec les conditions matérielles de l'expérience (la sensation) est réel. 3. Ce dont la cohésion avec le réel est déterminée suivant les conditions générales de l'expérience est nécessaire (existe nécessairement)[48]. » Le principe de l'impératif technique est problématique parce qu'il est soumis à la contingence du but à atteindre et l'analyse détermine aisément les moyens pour arriver à cette fin. Le principe de l'impératif pragmatique (de bonheur) est réel et assertorique ; on le rencontre réellement chez tout un chacun, mais l'analyse échoue à déterminer ce qu'il faut faire pour obtenir le bonheur. Le principe de l'impératif moral (y comprendre le principe de jouissance) est catégorique et apodictique (nécessaire), mais il n'y a *aucune analyse* qui puisse le déterminer parce qu'il n'a aucune matière concrète, aucune condition préalable que nous puissions analyser. Il faut donc le construire, le « synthétiser », il faut le faire. Il se trouve par « *synthèse* ».

III. DÉTERMINATION DE L'IMPÉRATIF MORAL

*La formule de l'*universalité

Comment arriver à préciser ce troisième principe, celui de la moralité (et de la jouissance), qui relève de la nécessité, alors que nous n'avons aucune supposition de départ (c'est un impératif sans hypothèses préalables) ? Kant insiste sur le fait que nous ne pouvons partir d'aucun exemple et ni d'aucun but pour notre action. La difficulté de saisir le comment et le pourquoi de la formation de cet impératif est considérable ; elle tient au fait que « cet impératif est une proposition pratique synthétique *a priori*[49] ». Il était déjà difficile de comprendre le principe du jugement synthétique théorique (une proposition synthétique comme un théorème de mathématique dépend de l'action qui la démontre : « il faut le faire »). Pour un jugement synthétique pratique, « la difficulté ne sera pas moindre ».

---

[48] Kant, *Critique de la raison pure, op. cit.*, p. 948 ; A218 ; B265-266.

[49] *Ibid.*, p. 283-284.

Kant part cependant de la pure « formule » générale, nécessaire (mais non suffisante) pour qu'il y ait un impératif catégorique. Puisqu'un tel impératif ne contient aucune condition (il n'est pas hypothétique), qu'il impose absolument de se conformer à la loi, aucune matière, aucune particularité ne peut être utile, « il ne reste que l'universalité d'une loi en général, à laquelle la maxime de l'action doit être conforme, et c'est seulement cette conformité que l'impératif nous représente proprement comme nécessaire ». Pas moyen d'éviter cette condition nécessaire (*et non suffisante*) pour qu'il y ait impératif catégorique correspondant à l'intention de bien faire. L'impératif catégorique s'énonce donc : « *Agis uniquement d'après la maxime qui fait que tu puisses vouloir en même temps qu'elle devienne une loi universelle*[50]. » Tous les impératifs de devoir doivent répondre à ce critère d'universalité.

Cette loi universelle pose pourtant question. Il n'y a aucun exemple, aucune action morale, aucune réalisation concrète de ce principe ; le concept de devoir – même s'il se veut universel – n'est-il donc pas radicalement vide ?

Reprenons la question de l'universalité à nouveaux frais. Nous avons des lois universelles dans la nature. L'existence des objets « est déterminée selon des lois universelles ». Nous n'avons aucunement les lois (prétendument universelles) de la moralité. Comment faire ? Il ne nous reste plus qu'à nous mettre à la place du créateur de lois. Nous pouvons ainsi nous appuyer sur l'universalité des lois de la nature, non pas pour les copier, mais pour nous mettre dans la position du créateur de ces lois : « *Agis comme si la maxime de ton action devait être érigée par ta volonté en* LOI UNIVERSELLE DE LA NATURE ». Cette position du « sujet[51] » moral comme créateur de la loi est possible en fonction de la solution de la troisième antinomie, à savoir : si le monde est certes entièrement déterminé selon les principes d'une causalité phénoménale, il reste encore la place pour une causalité extraphénoménale (celle qui serait le point de départ d'une nouvelle série causale phénoménale), une causalité nouménale créatrice d'un nouveau monde, une liberté divine. Mais de nouveau, il ne s'agit pas ici d'imiter Dieu ou de se calquer sur les lois universelles de la nature ; le sens du « devoir » (*sollen*)

50 *Ibid.*, p. 285.

51 Rappelons que ce « sujet » n'est en rien un individu, mais bien le point d'émergence de la loi morale et ce point est proprement inconscient. Il est convoqué non par les paralogismes (qui concernent l'âme ou le sujet cartésien), mais par les antinomies (qui concernent l'idée de monde).

s'y perdrait dans la simple duplication de ce qui est déjà. C'est bien pourquoi il n'y a aucun exemple qui puisse valoir pour développer le devoir moral.

En deçà de cette création de la loi par le « sujet » moral, le critère de l'universalité ne sert qu'à éliminer un certain nombre de volontés subjectives qui ne peuvent *en aucune façon* valoir comme devoirs. Kant examine ainsi quatre contre-exemples bien organisés « d'après la division ordinaire des devoirs en devoirs envers nous-mêmes et devoirs envers les autres hommes, en devoirs parfaits et en devoirs imparfaits ».

Quatre contre-exemples ou quatre maximes qui ne peuvent être des devoirs (comment le critère de l'universalité analytique permet d'écarter les faux devoirs).

1) *L'euthanasie* ne peut valoir comme devoir « parfait » envers soi-même. La maxime (ou la volonté subjective) de l'euthanasie serait celle-ci : « par amour de moi-même, je pose le principe d'abréger ma vie, si en la prolongeant j'ai plus de maux à en craindre que de satisfactions à en espérer. La question est donc seulement de savoir si ce principe de l'amour de soi peut devenir une loi universelle de la nature[52] ». Non, cette loi serait la destruction de la vie en général. Une nature fonctionnant selon ce principe est *en contradiction avec elle-même*. La mort est destructrice de la vie. L'euthanasie ne peut en aucune façon constituer un devoir moral. (*Ce qui ne veut pas dire qu'il y ait une loi morale qui interdit l'euthanasie*).

2) *L'abus de confiance* ne peut valoir comme devoir « parfait » envers les autres. La maxime de l'abus de confiance serait celle-ci : « quand je crois être à court d'argent, j'en emprunte, et je promets de le rendre, bien que je sache que je n'en ferai jamais rien ». Une telle maxime serait la destruction de l'emprunt et du pacte qui lie les humains. Une nature humaine fondée sur ce principe de fausse promesse est *en contradiction avec elle-même* et se détruit. (*Ce qui ne veut pas dire qu'il y ait une loi morale qui interdit l'abus de confiance*).

3) *L'oisiveté et la consommation des plaisirs* (*Genuss*) ne peuvent valoir comme devoir « imparfait » envers soi-même. Il n'est absolument pas possible de « VOULOIR que cela devienne une loi universelle de la na-

52 *Ibid.*, p. 285-286.

ture, ou que cela soit implanté comme tel en nous par un instinct naturel. Car, en tant qu'être raisonnable, il veut nécessairement que toutes les facultés soient développées en lui parce qu'elles lui sont utiles et lui sont données pour toutes sortes de fins possibles[53] ». Cette maxime n'est sans doute pas contraire à la vie de l'homme. Mais elle est *en contradiction avec le vouloir de la raison* qui articule *toutes* les facultés. (*Ce qui ne veut pas dire qu'il y ait une loi morale qui interdit l'oisiveté*).

4) *Le repli sur soi identitaire* ne peut valoir comme devoir « imparfait » envers les autres. « Que chacun soit aussi heureux qu'il plaît au Ciel ou que lui-même peut l'être de son fait ; je ne lui déroberai pas la moindre part de ce qu'il a, je ne lui porterai pas même envie ; mais je ne me sens pas le goût de contribuer en quoi que ce soit à son bien-être ou d'aller l'assister dans le besoin ». Cette maxime n'est certes pas contraire à la vie de la société humaine. Mais elle est *en contradiction avec le vouloir de la raison* elle-même : « il est impossible de VOULOIR qu'un tel principe vaille universellement comme loi de la nature[54] ». C'est ici de nouveau la volonté qui se contredirait elle-même en excluant la solidarité entre les humains. (*Ce qui ne veut pas dire qu'il y ait une loi morale qui interdit le repli sur soi*).

Les deux premières maximes ne peuvent être « conçues » comme loi universelle en raison d'une contradiction *conceptuelle* (le principe suprême de tous les jugements analytiques interdit l'universalisation de ces maximes). Les deux dernières maximes ne peuvent devenir lois universelles, ne peuvent être « *voulues* » comme lois universelles en raison d'une contradiction dans ce que *fait* la raison. « La maxime des premières est contraire au devoir strict ou étroit (rigoureux), tandis que la maxime des secondes n'est contraire qu'au devoir large (méritoire). »

Certes, aux yeux de l'homme Kant, les maximes opposées (respect de la vie, respect de la parole donnée, travail de toutes les facultés et solidarité) sont des devoirs réels, mais il ajoute très finement « du moins tenus par nous pour tels ». Car si Kant a déterminé « le contenu de l'impératif catégorique qui doit renfermer le principe de tous les devoirs[55] », il ajoute tout aussi finement « *s'il y a des devoirs* », s'il y a des devoirs déterminés concrètement. S'il est bien tenté d'admettre subjectivement quatre maximes opposées aux quatre contre-exemples

53 *Ibid.*, p. 287.
54 *Ibid.*, p. 288.
55 *Ibid.*, p. 289.

comme des *devoirs*, il ne les a nullement démontrés comme tels, il n'en a montré aucune déduction (*Abteilung*). Par contre, leur division (*Ableitung*) quadripartite « tombe clairement sous les yeux » selon la double dichotomie d'une part des devoirs envers soi ou envers les autres, d'autre part des devoirs relatifs à la possibilité ou impossibilité conceptuelle (devoir « parfait » ou « rigoureux ») ou à la possibilité ou impossibilité du *vouloir* (devoir « imparfait » ou « méritoire »)[56].

Remarquons déjà que si la jouissance est un impératif (« jouis ! »), nous ne sommes pas non plus arrivés à déterminer le moindre *devoir* de jouissance, la moindre application concrète du troisième principe dans la réalité.

De l'impossibilité de la détermination du devoir à la deuxième formule de l'impératif catégorique : le respect de la fin en soi

Comment arriver à déterminer le devoir ? Nous ne pouvons en aucune façon partir de la constitution particulière de la nature humaine, parce que le devoir n'existe que comme conflit où la volonté humaine est toujours partagée entre l'inclination et la pleine conformité à la raison. Mais nous pouvons déterminer le *principe* de la loi morale qui vaut pour toute volonté humaine. Pour déterminer la loi morale, nous devons trouver « une position ferme sans avoir, ni dans le ciel ni sur la terre, un point où se suspendre et un point où s'appuyer[57] ». Faute de ce point d'appui dans un principe supérieur (le ciel) ou dans la réalité phénoménale (la terre), nous ne pouvons que compter sur la raison ou sur la volonté elle-même : « la volonté est conçue comme une faculté de se déterminer soi-même à agir *conformément à la représentation de certaines lois.* Et une telle faculté ne peut se rencontrer que dans des êtres raisonnables[58] ».

56 La traduction française des Œuvres philosophiques suit la traduction de Delbos et se permet de remplacer *Abteilung* (division) par *Ableitung* (déduction) (*Ibid.*, p. 288 et note p. 1454). On peut constater dans le texte que les devoirs correspondant à ces maximes positives n'ont pas été déduits. Par contre, leur *division* architectonique est bien accentuée dans le cours de l'exposé. Il n'y a donc aucune raison de « corriger » le texte de Kant.

57 *Ibid.*, p. 290.

58 *Ibid.*, p. 292.

La « représentation des lois » se joue en se représentant la fin de l'action. Mais « fin » peut avoir deux sens différents, selon que la fin est extérieure à l'action ou lui est intérieure. *Primo*, pour arriver à telle fin particulière ou pour arriver à mon bien-être, je dois employer tel moyen (impératif technique ou impératif pragmatique). Cette « volonté » ou ce « désir » dépend de ma situation *subjective* par rapport à telle fin particulière et l'on parlera de « mobile » de mon action : « le principe subjectif du désir est le *mobile* (*Triebfeder*) » ou le ressort de la pulsion (la pulsion est ici orientée vers le plaisir et en dehors de l'action). *Secundo*, si j'écarte toute fin particulière, il reste *objectivement* la fin *inhérente* à la volonté elle-même *indépendamment du reste* ; une telle fin est une « fin en soi » (*Zweck an sich selbst*) ; l'objectivité est ici déterminée par la raison elle-même : « le principe objectif du vouloir est le *motif* (*Bewegungsgrund*)[59] », le fondement du mouvement à l'intérieur de l'action.

L'homme se caractérise précisément par un fondement de son mouvement à l'intérieur même de son acte. « L'homme, et en général tout être raisonnable, *existe* comme fin en soi, et *non pas simplement comme moyen* dont telle ou telle volonté puisse user à son gré ; dans ses actions, aussi bien dans celles qui le concernent lui-même que dans celles qui concernent d'autres êtres raisonnables, il doit toujours être considéré *en même temps comme fin.* » Dans la recherche de l'application de l'impératif catégorique à des devoirs particuliers et donc à la détermination de fins pour l'action, nous arrivons non pas à déterminer des devoirs concrets, mais à une nouvelle formulation de l'impératif : « *Agis de telle sorte que tu traites l'humanité aussi bien dans ta personne que dans la personne de tout autre toujours en même temps comme une fin, et jamais simplement comme un moyen*[60] ». On peut voir comment les quatre contre-exemples, évoqués dans le cadre de l'universalité, ne répondent pas non plus à la deuxième formule de l'impératif catégorique : ils ne traitent jamais la personne comme une fin en soi.

À partir de cette nouvelle formulation de l'impératif, on comprendra que la jouissance doit nécessairement relever du traitement de l'humanité comme une fin en soi. Les quatre contre-exemples ne peuvent pas non plus servir d'exemple de « jouissance » au sens fort du terme.

---

59 *Ibid.*, p. 293.
60 *Ibid.*, p. 295.

La troisième formule de l'impératif catégorique : **l'autonomie** *de la loi morale*

La troisième formule n'est pas énoncée par Kant sur le mode « Agis de telle sorte que... ». Une telle formulation équivaudrait à dire « Agis de telle sorte que tu n'obéisses pas à un commandement donné » ou encore « Agis de telle sorte que tu sois spontané ». Si la fin doit être « en soi », c'est la volonté elle-même qui doit l'instituer. La première formulation de l'impératif catégorique énonçait la condition nécessaire (mais non suffisante) pour qu'une maxime puisse devenir une loi morale (l'universalité analytique, ne contenant aucune contradiction dans la formule). La deuxième formulation énonçait que l'action morale doit correspondre à l'essence de l'homme ou de tout être raisonnable (la fin en soi et le respect de la personne). La troisième formulation pratique de la volonté n'énonce ni une formule logique ni une formule en accord avec la dignité de l'homme. Elle dit le *faire*, ce que *fabrique* la volonté morale. C'est « l'idée *de la volonté de tout être raisonnable conçue comme volonté instituant une législation universelle* <...>. La volonté n'est donc pas simplement soumise à la loi ; mais elle y est soumise de telle sorte qu'elle doit être regardée également comme législatrice, et c'est seulement en ce sens (elle peut s'en considérer elle-même comme l'auteur) qu'elle doit être tenue pour soumise à la loi[61] ».

L'autonomie de la volonté législatrice est complète non seulement par rapport à toutes les inclinations, mais aussi par rapport à toute autre volonté (Dieu par exemple) et par rapport à tout intérêt.

Toutes les tentatives qui, avant Kant, ont été faites pour découvrir le principe de la moralité ont échoué parce qu'elles ont ignoré cette autonomie au profit d'un autre principe ou un autre intérêt, extérieur à la loi morale. « Que cet intérêt fût un intérêt personnel ou un intérêt étranger, l'impératif affectait toujours alors nécessairement un caractère conditionnel et ne pouvait en rien être apte* pour le commandement moral[62]. » C'est la *troisième* formulation de l'impératif moral qui manquait à toutes ces « morales » prékantiennes, bien plus que la première ou la deuxième.

61 *Ibid.*, p. 297.

62 *Ibid.*, p. 299. Traduction modifiée (*) : nous traduisons *taugen* par « être apte » (et non par « être bon »).

Le règne des fins

L'autonomie conduit au concept d'une liaison systématique de toutes les fins (fins en soi et objectives, mais aussi fins particulières et subjectives) : le règne des fins (*Reich der Zwecke*). Tout individu raisonnable appartient au règne des fins, en tant que *membre* soumis aux « lois universelles », mais surtout en tant que *chef* qui donne les lois sans être soumis à aucune volonté étrangère[63].

« Dans le règne des fins, tout a un PRIX (*Preis*) ou une DIGNITÉ (*Würde*) »[64]. Ce qui a un prix peut être remplacé par quelque chose d'équivalent (et est donc susceptible de rentrer dans une économie marchande), tandis que ce qui a une dignité n'a rien d'équivalent et ne peut être remplacé (reste non commercialisable). « L'habilité et l'application dans le travail ont un prix marchant ; l'esprit, la vivacité d'imagination, l'humour ont un prix de sentiment ; en revanche, la fidélité à ses promesses, la bienveillance par principe (non la bienveillance d'instinct) ont une valeur intrinsèque[65] ». Elles n'ont pas de prix, car elles ne peuvent être échangées contre quelque chose d'équivalent. Telle est leur *dignité* : non monnayable. Ce qui détermine toute valeur morale suppose la dignité, c'est-à-dire « une valeur inconditionnée, incomparable, que traduit le mot de *respect* (*Achtung*) »[66].

* * *

Articulation des trois formulations de l'impératif catégorique.

Les trois manières de déterminer le principe de la moralité s'impliquent l'une l'autre : la première consiste dans la forme universelle, la deuxième présente la fin en soi comme la matière de la moralité, la troisième trouve la raison de sa détermination dans l'autonomie de la volonté. Ces trois manières correspondent aux trois sous-catégories de la quantité : la première correspond à l'unité de la forme de la volonté, la deuxième traite de la pluralité des matières, la troisième traite de

63 Mais il ne peut prétendre à cette qualité de chef « que s'il est un être pleinement indépendant, sans besoins, et avec un pouvoir qui soit sans restriction adéquat à sa volonté » (*Ibid.*, p. 300).

64 *Ibid.*, p. 301.

65 *Ibid.*, p. 302.

66 *Ibid.*, p. 303.

la totalité à partir de la singularité de la raison autonome. Sans doute pourrions-nous aussi rapporter ces trois manières aux autres triades de sous-catégories pour chaque catégorie. Ainsi nous aurions la forme comme réalité (qualité), comme substance (relation) et comme possibilité (modalité). Nous aurions la fin en soi comme négation (qualité), comme causalité (relation) et comme existence (modalité). Nous aurions la détermination autonome comme limitation (qualité), comme causalité réciproque (relation) et comme nécessité (modalité).

Si nous voulons porter un *jugement* (*Beurteilung*) sur la qualité morale *possible* de telle ou telle maxime[67], c'est l'universalité de la forme qui conviendra le mieux (c'est le seul critère retenu chez Sade et, d'une certaine façon, chez Lacan dans sa lecture de Kant, comme nous le verrons). « Pourtant ; si l'on veut en même temps ménager à la loi morale l'accès des âmes, il est très utile de faire passer la même action par les trois concepts indiqués (universalité, respect de la fin en soi et autonomie) et de la rapprocher par là, autant que possible de l'intuition[68]. » Autrement dit, il faut passer par l'ensemble des trois formulations (donc par l'ensemble des douze catégories).

Par la première manière (la forme universelle), on donnerait une consistance *symbolique* à la maxime. Par la deuxième manière (la matière des fins et notamment de la fin en soi, le respect), on donnerait une consistance *imaginaire* à la maxime. Par la troisième manière (l'autonomie), on donnerait accès au mécanisme *réel* de détermination de la loi morale, car c'est l'autonomie de la volonté qui est le « principe suprême de la moralité[69] ».

IV. L'HÉTÉRONOMIE DE LA VOLONTÉ, SOURCE DE TOUS LES FAUX PRINCIPES DE LA MORALITÉ

L'hétéronomie de la volonté – c'est-à-dire une volonté déterminée par autre chose qu'elle-même – est la « source de tous les principes illégitimes de la moralité[70] ». Tous les principes hétéronomes de la volonté sont soit empiriques soit rationnels. Dans le premier cas, la volonté

[67] *Ibid.*, p. 304.
[68] Mes parenthèses.
[69] *Ibid.*, p. 308.
[70] *Ibid.*, p. 309.

est déterminée par l'expérience empirique, en fonction de la recherche du bonheur et en employant les moyens techniques adéquats. Dans le deuxième cas, la volonté est déterminée par l'idée rationnelle de perfection, perfection comme effet possible d'une action ou perfection comme existant dans la volonté de Dieu.

On peut bien entendu repérer ces principes hétéronomes chez Sade, à la fois comme empiriques (dans les mises en scène) et comme rationnels (la perfection impliquée dans *Français encore un effort pour être républicains*). Comme on le verra, Lacan reconnaîtra à Sade le mérite d'avoir fait prononcer la maxime « de la bouche de l'Autre[71] ».

Or, c'est l'hétéronomie, c'est l'Autre qui est au cœur de la mécompréhension de la moralité kantienne (et de la jouissance ?). Faut-il renvoyer tout simplement l'autonomie de la loi morale pour faire la place au grand Autre de la psychanalyse ? Dans l'examen kantien de l'hétéronomie de la volonté, nous trouvons au contraire un catalogue des fausses compréhensions du grand Autre en psychanalyse. Dans la première mécompréhension, l'Autre est pris comme un personnage empirique (le père, la mère, le psychanalyste, etc.). Dans la deuxième, il prend la place d'une pure idée de perfection[72]. Comment éviter ces deux mécompréhensions sinon en situant la question du grand Autre *dans l'autonomie*, dans le mouvement et le devenir du sujet (*Wo Es war soll Ich werden*).

Mais comment comprendre l'autonomie ?

On ne peut le faire qu'en quittant la démarche analytique (analyse de la « bonne volonté » telle qu'elle a été développée dans les deux premières subdivisions des *Fondements de la métaphysique des mœurs*) et en passant à la démarche *synthétique* : il faut marcher avec la raison, se plonger dans ce qu'elle *fait*. C'est la troisième subdivision des *Fondements*. Cette question est mieux développée dans la *Critique de la raison pure*. Aussi, sans nous attarder à cette troisième subdivision des fondements, nous abordons directement la deuxième grande *critique* kantienne.

71 Lacan, « Kant avec Sade », dans *Écrits*, Paris, Seuil, 1966, p. 770.

72 Remarquons que les quatre contre-exemples de Kant étaient divisés selon les critères de perfection et de l'opposition individuel vs social.

DEUXIÈME PARTIE

CRITIQUE DE LA RAISON PRATIQUE (1788)

Le principe de la raison pratique

INTRODUCTION : LA PLACE ET LA STRUCTURE DE LA RAISON PRATIQUE

(et de l'inconscient)

Dans les *Fondements*, Kant partait pédagogiquement de la conception populaire de la moralité centrée sur le bien (*gut*) pour montrer que le bien comme bien est toujours dépendant de la *volonté* (et non l'inverse), autrement dit que le Bien n'est pas premier. On partait du *concept* (le Bien) pour remonter (par analyse) vers le *principe* (la volonté) qui est en la condition nécessaire. Dans son fonctionnement pratique et dans la *Critique de la raison pratique*, la raison s'occupe *d'abord* du *principe* déterminant de la volonté.

La Critique de la raison pratique, comme la *Critique de la raison pure*, commence par exposer les éléments (doctrine élémentaire) pour ensuite montrer comment ceux-ci fonctionnent ensemble (méthodologie).

La doctrine élémentaire de la *critique de la raison pure* commençait par la question de savoir comment nous recevons ce qui *est* (esthétique transcendantale) pour ensuite exposer comment nous le concevons (analytique transcendantale). La *critique de la raison pratique* ne part pas de ce qui est (et qu'il suffit de recevoir), elle impose ce qui *doit être* ; il n'y a pas d'esthétique (de ce qui est) dans la raison pratique et tout commence avec l'analytique de la raison pratique.

Dans les deux critiques, l'analytique est suivie d'une dialectique. « Une *analytique*, qui donne la règle de la vérité, et une *dialectique*, qui contient l'exposition et la solution de l'apparence...[73]. »

---

[73] Kant, *Critique de la raison pratique*, dans Œuvres philosophiques, T II, Gallimard, « Bibliothèque de la Pléiade », 1985, p. 624.

L'analytique dans la première et la deuxième critique

Dans son usage *spéculatif* (théorique), la raison (qui doit déterminer ce qui est et non pas ce qu'elle veut) se fonde sur l'expérience sensible, sur quelque chose d'autre qu'elle-même enraciné dans la sensibilité. C'est pourquoi la *Critique de la raison pure* commence par « l'esthétique transcendantale », l'examen des formes préalables à toute sensibilité (l'espace et le temps) ; puis, elle étudie les *concepts* (les catégories) dont la fonction est de comprendre les sensations données dans la sensibilité et elle en déduit ensuite seulement les *principes* de son fonctionnement, principes qui dépendent donc de la sensibilité et des concepts. L'esthétique transcendantale consacrée à la sensibilité vient d'abord, puis vient l'analytique des concepts suivie de l'analytique des principes et enfin la dialectique.

Dans son usage *pratique*, l'esthétique est absente et l'ordre de l'analytique est inversé ; la raison (qui doit déterminer ce qu'elle veut, ce qui doit être et non pas ce qui est) ne se fonde que sur elle-même (l'analytique n'est pas précédée par une esthétique transcendantale). Puisque la *Critique de la raison pratique* ne se fonde en rien sur ce qui *est*, sur la sensibilité ou sur une esthétique, les « concepts » (Bien, Mal) ne sont pas déterminés par la sensibilité, ils dépendent intégralement des principes (loi morale, liberté). L'équivalent de l'esthétique dans la deuxième critique kantienne, la sensibilisation à la loi morale, ne pourra que découler du principe via les concepts. L'analytique de la raison pratique expose d'abord les principes, puis les concepts et enfin les mobiles sensibles.

La dialectique dans la première et la deuxième critique

La raison risque toujours de s'égarer. La *dialectique* analyse et traite de ces possibilités inhérentes à la raison. Dans l'usage *spéculatif*, la raison doit correspondre à ce qui *est*, c'est-à-dire aux phénomènes donnés dans la sensibilité ; poussée par son propre élan, la raison risque bien de se perdre au-delà de ces phénomènes parmi des idées inaccessibles (l'âme, Dieu) ou même apparemment contradictoires (le monde) ; la raison spéculative doit prendre position par rapport à ces idées qui sont radicalement inconnaissables et qui pourtant se présentent nécessairement à elle (*Dialectique de la raison pure*). Dans l'usage *pratique*, l'égarement est tout autre. Dans ses réalisations concrètes, la raison reste nécessairement confrontée à la sensibilité et la vertu (le bien découlant du principe de la raison) s'oppose nécessairement au plaisir (le bon) ; la raison doit prendre position par rapport à cette opposition fondamentale (*Dialectique de la raison pratique*). C'est la question de l'opposition du principe de plaisir au principe de jouissance : comment traiter leur articulation ?

Contrairement à la raison spéculative qui doit correspondre à *ce qui est*, la raison pratique détermine sa volonté ou ce qui *doit être*. La seule question reste de savoir si ce qu'elle veut ou ce qu'elle pose comme ce qui doit être correspond au principe de la loi morale. La raison pratique est-elle capable de déterminer à elle seule la volonté ? Ou la volonté est-elle aussi toujours conditionnée empiriquement par ce qui est ? La surdétermination de nos motivations, découverte par la psychanalyse, semble exclure radicalement la première branche de l'alternative. S'il en est ainsi, la raison pratique ne sera jamais pure, au sens d'une autonomie, d'une indépendance par rapport au déterminisme.

Quel que soit l'impact des surdéterminations sur la volonté, voire leur déterminisme absolu, il n'est pourtant pas exclu que la raison puisse jouir d'un tout autre type de causalité, une nouvelle causalité non déterminée, une causalité par liberté, sans que nous puissions préciser ce que serait cette liberté phénoménologiquement. Cette question d'une liberté capable de créer une tout autre forme que celles déterminées par ailleurs reprend la *troisième antinomie de la raison pure* (contradictions inhérentes à l'idée de Monde). La *thèse* de cette troisième antinomie s'énonce : « la causalité suivant les lois de la nature n'est pas la seule d'où puissent être dérivés les phénomènes du monde dans leur ensemble. Il est encore nécessaire d'admettre, pour les expliquer, une causalité par liberté[74] ». L'*antithèse* s'énonce : « il n'y a pas de liberté, mais tout dans le monde arrive suivant les lois de la nature[75] ».

Dans la dispute entre les partisans de la thèse et les partisans de l'antithèse, chacun s'appuie sur l'affirmation de l'autre. Pourtant, comme Kant l'a démontré dans la *Critique de la raison pure*, thèse et antithèse de la troisième antinomie doivent toutes les deux être tenues pour *vraies*, selon des modalités différentes (d'une part, la foi en la possi-

74 Kant, *Critique de la raison pure*, *op. cit.*, p. 1102 ; A444; B472.
75 *Ibid.*, p. 1103 ; A445; B473.

bilité de changer fondamentalement les choses, de donner une autre forme et, d'autre part, le programme de développer le savoir des lois de la nature). Nous ne reprendrons pas le développement de Kant ici. Contentons-nous d'en indiquer les équivalences pour la pratique d'écoute du psychanalyste. Antithèse : « il n'y a pas de liberté, mais tout arrive suivant les lois de la surdétermination » ; nous devons effectivement, sans cesse, laisser venir le savoir infini des surdéterminations commandant toute notre vie psychique. Thèse : « le fait que tout arrive dans le psychisme avec une infinité de surdéterminations n'empêche pourtant pas qu'il soit encore nécessaire d'admettre une liberté, non seulement un point de surgissement où le mécanisme a commencé, mais encore un point de surgissement où une nouvelle histoire peut recommencer » ; nous pouvons et nous devons croire en la possibilité de créer un nouveau sens, une nouvelle forme, une nouvelle histoire qui échappent aux surdéterminations et à leur savoir. Et ce point de surgissement est l'inconscient, dont c'est la propriété essentielle (créer une nouvelle forme). Sans cette *thèse* venant contrebalancer l'antithèse, la psychanalyse serait réduite à la duplication indéfinie des surdéterminations.

Notre lecture de la *critique de la raison pratique* a pour but de mettre en évidence cette possibilité de créer du nouveau, cette liberté, non pas pour dénier la causalité effective des innombrables surdéterminations, mais pour refuser d'en rester à ces surdéterminations et de tout réduire à elles. Elle suit le dessein même de la deuxième critique kantienne[76].

Pour la mise en évidence de ce *principe* de liberté et de cette possibilité de donner une nouvelle forme (c'est le propre de l'inconscient), on ne saurait trop insister sur l'ordre des chapitres dans l'examen de la raison pratique : c'est le *principe* de l'autonomie de la loi morale qui vient d'abord (chapitre 1) pour ensuite produire et déterminer le *concept* moral de bien et de mal (chapitre 2) et ses conséquences sensibles : le *respect* de la loi et du bien (chapitre 3). Viendront ensuite les chapitres consacrés à la *dialectique* (chapitre 4) et à la *méthodologie* de la raison pratique (chapitre 5).

---

[76] « La critique de la raison pratique en général a donc pour tâche d'éloigner la raison conditionnée empiriquement de la prétention de vouloir constituer seule et exclusivement le principe déterminant de la volonté » (*Critique de la raison pratique*, *op. cit.*, p. 624).

CHAPITRE 1

LE PRINCIPE D'AUTONOMIE DE LA LOI MORALE

(... et de la jouissance)[77]

Le premier chapitre de la *Critique de la raison pratique* est structuré selon une forme apparemment empruntée à la géométrie. L'exposition contient essentiellement trois types d'énoncés : les *définitions* donnent le sens des mots sans supposition d'existence, les *axiomes* ou *principes* sont des énoncés contraignants des relations entre concepts, les *propositions* ou *théorèmes* sont déduits des définitions et des axiomes (ce sont des contraintes dérivées)[78]. Remarquons qu'un quatrième type d'énoncés – les postulats – comme énoncés plausibles, mais non contraignants[79] – sont absents de ce chapitre ; ils constitueront la majeure partie de la Dialectique de la raison pratique.

Ce mode d'exposition géométrique était déjà présent chez Descartes, dans les réponses aux objections des *Méditations métaphysiques*, et chez Spinoza, dans *L'Éthique, « ordine geometrico demonstrata »*. Il est adapté au fonctionnement de la *raison* ; car à l'époque de Descartes, de Spinoza et de Kant, la raison trouve son paradigme dans la géométrie.

Descartes et Spinoza commencent par définir des concepts (par exemple pensée, idée, substance, Dieu, etc. chez Descartes[80] et cause de soi, substance, Dieu, etc. chez Spinoza[81]). Kant au contraire ne définit d'abord aucun concept (notamment pas celui de « bien »), il commence

77 « Chapitre I de l'analytique de la raison pure pratique : Des principes de la raison pure pratique ».

78 Voir par exemple Badiou, *Le Séminaire, L'Un, Descartes, Platon, Kant 1983-1984*, Fayard 2016, p. 58.

79 Dont le postulat d'Euclide : par un point situé hors d'une droite, il passe une et une seule parallèle à cette droite.

80 Descartes, *Méditations métaphysiques*, PUF, « Quadrige », 2000, p. 178

81 Spinoza, *L'Éthique*, trad. Pautrat, Paris, Seuil 1988, p. 14-15.

par une seule et unique définition, celle des « *principes* ». Partir des principes (et non des concepts) est le principe même de la moralité chez Kant.

I. DÉFINITION DES « PRINCIPES »

(§ 1. *Définition des principes pratiques*)

« Des *principes* (*Grundsätze*) pratiques sont des propositions (*Sätze*) renfermant une détermination générale de la volonté dont dépendent plusieurs règles pratiques. Ils sont subjectifs, ou sont des *maximes*, lorsque la condition est considérée par le sujet comme valable seulement pour sa volonté ; mais ils sont objectifs, ou sont des *lois* pratiques, quand cette condition est reconnue comme objective, c'est-à-dire valable pour la volonté de tout être raisonnable[82]. » La définition des principes pratiques implique d'emblée la dichotomie entre principes subjectifs (commandés par le principe de plaisir) et principes objectifs (commandés par la raison). Mais attention, il ne faut pas ramener ce « subjectif » à l'ontologie d'un « sujet » comme individu existant ; un tel sujet n'est qu'une fiction. Le « subjectif » veut seulement dire qu'il s'agit de quelque chose de purement local, pas vraiment objectif, dépendant des conditions de telle ou telle expérience sensible.

Comme le savoir vise essentiellement l'objectivité, on ne retrouve pas cette distinction entre des principes subjectifs (ou maximes) et des principes objectifs (ou lois). Les principes théoriques sont *essentiellement objectifs*, ce sont d'une part les principes de la *physique* (par exemple, le principe de l'égalité de l'action et de la réaction) et d'autre part les *principes a priori* de la *raison pure* (spéculative). Ces principes théoriques sont des principes en ce qu'ils « ne sont pas eux-mêmes fondés sur des connaissances plus élevées et plus générales[83] ». Ils sont prouvés en ceci que sans eux, il n'y aurait pas de possibilité de l'objet (pas de possibilité de l'objet de la physique, pas de possibilité de l'objet de connaissance en général). Pour que l'*objet* soit, il faut nécessairement qu'il soit selon ces principes. Ils sont donc éminemment objectifs, ce sont des lois. Parmi les principes *a priori* de la *raison pure*, il faut compter 1° le principe suprême de tous les jugements

82 Kant, *Critique de la raison pratique*, *op. cit.*, p. 627.

83 Kant, *Critique de la raison pure*, *op. cit.*, p. 892 ; A148; B188.

analytiques – autrement dit le principe de non-contradiction[84] –, 2° le principe suprême de tous les jugements synthétiques[85] et 3° tous les principes synthétiques de l'entendement pur, à savoir les axiomes de l'intuition[86], les anticipations de la perception[87], les analogies de l'expérience[88] et les postulats de la pensée empirique en général[89].

Au contraire des principes théoriques, qui sont tous des *lois*, les principes pratiques sont partagés entre maximes et lois. Les maximes sont purement subjectives (à entendre toujours comme locales, particulières plutôt que relatives à une individualité bien cernée). Elles ne s'imposent pas comme des impératifs (généraux). Les impératifs inhérents à l'action en général ne sont d'ailleurs le plus souvent pas des lois. Ainsi les impératifs techniques et pragmatiques (recherche du plaisir) ne sont pas des lois, parce qu'ils dépendent d'une hypothèse. Ce sont des impératifs hypothétiques ; ce sont des *préceptes ou des prescriptions* (*Vorschriften*), en vue d'arriver à un résultat technique particulier ou d'approcher plus généralement le bonheur.

Y a-t-il des principes pratiques qui ne soient pas hypothétiques ? Y a-t-il au moins un impératif catégorique, c'est-à-dire une loi pratique ? Nous l'avons vu dans les *Fondements* à partir de l'expérience de tout un chacun de « vouloir bien faire », il y a une loi morale. Et pour que la raison soit parvenue à fabriquer cette loi, il faut qu'elle n'ait eu « à présupposer qu'elle-même, parce que la règle n'est objectivement et

---

84 « À nulle chose ne convient un prédicat qui la contredise » (*ibid.*, p. 893 ; A151 ; B190).

85 Ce principe remplace le principe de raison suffisante de Leibnitz et s'énonce : « tout objet est soumis aux conditions nécessaires de l'unité synthétique du divers de l'intuition dans une expérience possible » (*ibid.*, p. 898 ; A158 ; B197).

86 « Toutes les intuitions sont des grandeurs extensives » (*ibid.*, p. 902 ; B202).

87 « Dans tous les phénomènes, le réel, qui est un objet de la sensation, a une grandeur intensive, c'est-à-dire un degré » (*ibid.*, p. 906 ; B207).

88 « L'expérience n'est possible que par la représentation d'une liaison nécessaire des perceptions » (*ibid.*, p. 914 ; B218).

89 « 1. Ce qui s'accorde avec les conditions formelles de l'expérience (quant à l'intuition et aux concepts) est *possible*. 2. Ce qui est en cohésion avec les conditions matérielles de l'expérience (la sensation) est *réel*. 3. Ce dont la cohésion avec le réel est déterminée suivant les conditions générales de l'expérience est *nécessaire* (existe *nécessairement*) » (*ibid.* ; A218 ; B265-266). Ce quatrième principe implique la position de postulats, à savoir de demandes ou de positions non contraignantes : nous ne *devons* pas nous situer dans le réel, ni dans le possible, ni dans le nécessaire. Mais nous *pouvons* choisir une des positions par ailleurs non contraignantes. Nous *pouvons* postuler d'un côté ou de l'autre.

universellement valable que si elle vaut sans conditions contingentes et subjectives qui distinguent un être raisonnable d'un autre[90]. »

Kant donne ici un *exemple* : « faire une fausse promesse » peut-il valoir comme une loi morale ? « Faire une fausse promesse » peut certes fonctionner comme principe pratique dans telle ou telle circonstance. Mais ce ne sera jamais plus qu'un impératif hypothétique suspendu à la recherche de tel résultat technique ou à la visée du bonheur. C'est ainsi un contre-exemple de devoir moral. Il ne s'en suit aucunement que « ne jamais faire de fausse promesse » est un devoir moral.

* * *

À partir de cette seule définition (§1) concernant le principe de la loi morale et la différence entre la loi morale et la maxime subjective, Kant va « démontrer » quatre « théorèmes ». Les deux premiers (§2 et §3) traitent des principes pratiques subjectifs (maximes) qui dépendent d'une hypothèse et ne peuvent donc devenir moraux. Ils relèvent du principe du plaisir ; ils concernent la « faculté de désirer inférieure ». Les deux derniers (§4 et §8) traitent des principes pratiques objectifs (lois) ; ils concernent la « faculté de désirer supérieure ». Ces deux derniers théorèmes concernant la loi morale sont séparés et articulés par deux problèmes symétriques (§5 et §6) et par l'énonciation de la loi morale (§7).

II. LES PRINCIPES PRATIQUES QUI NE PEUVENT ÊTRE MORAUX

(§ 2 et §3 du texte kantien)

Le théorème I consacré aux principes pratiques techniques

« Tous les principes pratiques qui supposent un *objet* (*Objekt*) (matière) de la faculté de désirer, comme principe déterminant de la volonté, sont dans leur ensemble empiriques et ne peuvent servir de

[90] Kant, *Critique de la raison pratique, op. cit.*, p. 629.

lois pratiques »[91]. Le désir d'un objet précède l'énonciation de la règle pratique ; celle-ci est déterminée par le plaisir que le sujet éprouverait si cet objet était acquis techniquement. « Mais aucune représentation d'un objet quelconque, quelle qu'elle soit, ne permet de savoir *a priori* si elle sera liée au *plaisir* ou à la *peine*, ou si elle sera *indifférente*. » Tant du côté technique que du côté du plaisir, nous sommes renvoyés à l'expérience empirique, laquelle vaut localement, dans telle particularité, pour tel contexte « subjectif ». De tels principes ne sont que des maximes purement locales, « subjectives ». Ce sont des impératifs *hypothétiques* ; faute d'objectivité, ce ne sont pas des lois pratiques.

Le théorème II consacré au principe général de plaisir

« Tous les principes pratiques matériels appartiennent comme tels, dans leur ensemble, à une seule et même espèce, et se rangent sous le principe de l'amour de soi ou du bonheur personnel[92]. » Le plaisir se fonde toujours sur la faculté de ressentir du « sujet » (de nouveau à entendre comme telle localisation, tel point particulier et non comme individu), il relève donc de telle sensibilité locale. « Il n'est donc pratique que dans la mesure où la sensation d'agrément que le sujet attend de la réalité de l'objet détermine la faculté de désirer. » L'objet recherché apparaît ici comme la cause finale du désir et c'est un objectif à réaliser sensiblement[93].

Toutes les règles pratiques matérielles mentionnées dans les théorèmes 1 et 2 « placent le principe déterminant de la volonté dans la faculté de désirer inférieure (*im unteren Begehrungsvermögen*) »[94]. La faculté de désirer est dite « inférieure » en fonction même de sa contingence liée à telle particularité de l'objet. Peu importe d'ailleurs l'origine de la représentation de l'objet qui procurerait le plaisir (les sens, l'entendement ou même la raison), le plaisir ou l'agrément que l'on attend de l'objet ou du bonheur en général est toujours de la même espèce, c'est une affaire de la sensibilité et les règles pratiques matérielles sont toujours hypothétiques. « Bien que le concept du bonheur constitue partout le fondement du rapport pratique des *objets* à la fa-

---

[91] *Ibid.*, p. 630.

[92] *Ibid.*, p. 631.

[93] Remarquons que « l'objet *a*, cause du désir » chez Lacan, c'est toute autre chose, puisque l'objet *a* se caractérise précisément par son absence, son impossibilité et son irreprésentabilité.

[94] *Ibid.*, p. 632.

culté de désirer, il n'est malgré tout que le titre général des principes déterminants subjectifs, et il ne détermine rien spécifiquement[95] ». Quelle que soit la nature de l'*objet* désiré, le désir semble s'inscrire intégralement dans le principe de plaisir (c'est la « faculté de désirer inférieure »). Il n'y aurait donc à proprement parler aucune loi pratique, mais seulement des principes purement subjectifs commandés par la recherche du bonheur[96].

Il reste pourtant une autre possibilité, à savoir que la volonté n'est déterminée *par aucune matière*, par aucun objet particulier, mais *par la pure forme* (c'est-à-dire indépendamment de toutes les hypothèses liées à l'objet particulier et à la sensibilité). C'est alors seulement qu'on pourrait parler d'une « faculté de désirer supérieure ». On la dit « supérieure », non pas parce qu'elle dépendrait d'une origine « supérieure » de l'objet ou de la représentation de l'objet (une origine divine par exemple), mais parce qu'elle ne dépend pas de l'objet (donc pas non plus du Bien ou de Dieu). Si toutes les règles pratiques pouvaient être déterminées par l'objet du désir ou la matière, « s'il n'existe pas de lois *purement formelles* de la volonté, qui la déterminent de façon suffisante, on ne pourrait pas admettre une *faculté de désirer supérieure*[97] ».

III. PREMIÈRE APPROCHE DE LA LOI MORALE

Les lois pratiques sont formelles

§4. Théorème III. *Les lois pratiques ne peuvent déterminer la volonté que quant à la forme.*

Les matières – qu'elles soient vues comme but à atteindre (principes techniques) ou recherche subjective ou locale de bonheur (principe de plaisir) – ne déterminent une action qu'en dépendance d'une hypothèse (technique ou pragmatique). Elles ne peuvent rien déterminer nécessairement, elles ne peuvent rien déterminer universellement. Elles ne peuvent donc déterminer aucune *loi* à proprement parler et, par conséquent, pas la loi morale.

---

95 *Ibid.*, p. 636.

96 « Il serait à la rigueur plus légitime de soutenir qu'il n'y a pas de lois pratiques du tout, mais seulement des conseils à l'usage des désirs, plutôt que d'élever des principes purement subjectifs au rang de lois pratiques » (*ibid.*, p. 637).

97 *Ibid.*, p. 632.

Pour trouver le principe déterminant d'une loi morale, il faut écarter toute matière : « il ne reste rien d'autre que la simple forme d'une législation universelle[98] ». La proposition est purement analytique[99] : si ce n'est pas la matière, c'est l'autre de la matière, autrement dit la forme. La forme est ce qui doit déterminer la « loi » nécessaire et universelle, autrement dit l'impératif catégorique.

Kant prétend que l'entendement le plus commun peut discerner facilement « quelle forme, dans la maxime, se prête à la législation universelle et quelle forme ne s'y prête pas[100] ». L'homme le plus simple peut faire le test qui exclut telle ou telle maxime du champ des lois morales. De nouveau, il ne donne que des contre-exemples, à savoir deux exemples de maximes qui *ne* peuvent *pas* valoir comme loi morale. Le premier fonctionne selon des principes techniques, le deuxième selon le principe pragmatique de recherche de bonheur.

Le premier contre-exemple ressemble au deuxième contre-exemple des *Fondements* (qui se situait comme l'antithèse du devoir parfait envers les autres). Il s'agit aussi d'abus de confiance : « j'ai maintenant entre les mains un dépôt dont le propriétaire est décédé sans avoir laissé de note manuscrite à ce sujet » et « j'ai pris pour maxime d'augmenter ma fortune par tous les moyens sûrs ». Cette maxime ne peut revêtir la forme d'une loi, car « un tel principe, pris comme loi, se détruirait lui-même puisqu'il en résulterait qu'il n'y aurait plus aucun dépôt ». On remarque que l'histoire donnée présente bien une maxime (« augmenter ma fortune par tous les moyens ») ; mais ce but détruit le dépôt et la confiance. Une telle maxime se détruit elle-même dès qu'elle prend la forme d'une loi universelle.

Le deuxième contre-exemple est construit sur le fait que la volonté de bonheur de l'un s'oppose nécessairement à celle d'un autre. Certes, « le désir du bonheur est universel et, par suite aussi, la *maxime* en vertu de laquelle chacun pose ce désir comme principe déterminant de sa volonté ». Or cette soi-disant « universalité » reste abstraite et est inapplicable concrètement, parce que ce qui fait le bonheur à un endroit empiète systématiquement sur le bonheur à un autre endroit.

98 *Ibid.*, p. 638.

99 Remarquons que ce n'est pas la forme (universelle) qui est analytique, mais la proposition qui dit que faute de matière, il ne nous reste que la forme pour possibilité de déterminant de la loi morale.

100 *Ibid.*, p. 639.

Non seulement le plaisir de l'un s'oppose au plaisir de l'autre, mais le plaisir d'un endroit du psychisme (l'inconscient) s'oppose au plaisir d'un autre endroit du psychisme (le préconscient et le conscient). Il ne reste donc que la « solution » de compromis (c'est la définition du symptôme pour Freud) et ce n'est pas une loi. Dans le contre-exemple proposé par Kant, c'est la contradiction entre la volonté de l'un et la volonté d'un autre, qui rend impossible l'universalisation. Si nous supposions un accord possible au niveau des « sujets », des individus ou des différents lieux psychiques, il en résulterait « une harmonie semblable à celle que décrit une certaine satire ironique sur la bonne entente de deux époux d'accord pour se ruiner : *O merveilleuse harmonie, ce qu'il veut elle le veut aussi, etc.* ; ou à ce que l'on raconte à propos du défi lancé par le roi *François Ier* à l'empereur *Charles Quint* : Ce que veut mon frère Charles (Milan), je veux l'avoir aussi[101] ». La volonté de part et d'autre c'est d'avoir, mais l'avoir de l'un contredit l'avoir de l'autre. « Chacun fonde son inclination sur son propre sujet ; mais un autre individu la fondera sur un autre sujet[102]. » Kant trouve étrange « qu'il ait pu venir à l'esprit d'hommes sensés d'en faire pour cette raison une *loi pratique* universelle[103]. » Il est étrange aussi que Freud soit resté si longtemps fidèle au monopole de son principe de plaisir, alors qu'il voyait bien que le plaisir de l'inconscient contredisait le plaisir du conscient et alors que Sabina Splielrein avait compris l'importance de la pulsion de mort et d'un autre principe dès 1912[104]. La recherche du plaisir est toujours conflictuelle au niveau intrasubjectif comme au niveau intersubjectif. La volonté est certes toujours là, mais une volonté s'oppose et détruit l'autre. C'est au niveau de la volonté que la contradiction surgit. Il est tout à fait impossible de trouver une loi régissant l'ensemble des inclinations en les accordant.

La loi morale (universelle) ne peut dépendre ni de principes techniques, ni du principe de bonheur. C'est en ce sens qu'elle est « libre ».

101 *Ibid.*, p. 640.

102 *Ibid.*, p. 640.

103 *Ibid.*, p. 639.

104 Voir Plastow, « L'émergence de la pulsion de mort chez Sabina Spielrein », dans *Essaim*, Toulouse, Érès, 2019/2, n° 14.

Rapport entre la forme universelle de la loi morale et la liberté

Ce rapport est introduit par l'examen de deux problèmes inverses l'un de l'autre. Et il sera illustré ensuite par un double apologue.

§5. *Premier problème* : comment sera la volonté qui n'est déterminée que par la forme législatrice ? Comme une telle loi ne peut pas être un objet pour les sens et qu'elle ne peut pas faire partie des phénomènes, « la représentation de cette forme, comme principe déterminant de la volonté, est distincte de tous les principes déterminants des événements de la nature se produisant selon la loi de causalité, parce que, dans le cas de ces événements, les causes déterminantes doivent être elles-mêmes des phénomènes[105] ». La volonté doit donc être pensée comme entièrement indépendante de la loi naturelle des phénomènes. Autrement dit, elle doit être pensée comme *liberté* (selon la thèse de la troisième antinomie de la raison pure[106]). Toute volonté déterminée par la forme législatrice de la loi morale se trouve ainsi être une volonté libre.

§6. *Deuxième problème* (problème inverse du §5) : comment sera la loi qui est déterminée par une volonté libre ? Puisque la volonté libre est complètement indépendante des conditions phénoménales, elle est indépendante de la matière de la loi. En dehors de la matière de la loi, il n'y a que la *forme* législatrice. La volonté libre est ainsi nécessairement une volonté qui se détermine par la seule forme de la loi.

Ces deux problèmes conduisent à deux propositions réciproques : la liberté implique la loi morale (§6) et la loi morale implique la liberté (§5). Il ne s'agit pas ici de savoir s'il faut distinguer loi morale et liberté « dans les faits », c'est-à-dire dans les phénomènes puisque, avec la loi morale et la liberté, nous sommes déjà sortis du niveau phénoménal, en dehors des faits observables. Les questions qui se posent à partir de ces propositions réciproques ne relèvent pas du phénoménal, mais de *principes*. Il ne s'agit pas non plus de comprendre la « loi inconditionnée » comme la pure autoconscience d'une raison pratique où le

105 Kant, *ibid.*, p. 641.

106 Thèse : « La causalité suivant les lois de la nature n'est pas la seule d'où puissent être dérivés les phénomènes du monde dans leur ensemble. Il est encore nécessaire d'admettre, pour les expliquer, une causalité par liberté ». Antithèse : « Il n'y a pas de liberté, mais tout dans le monde arrive suivant les lois de la nature » (*Critique de la raison pure, op. cit.*, p. 1102-1103 ; A444-445 ; B472-473).

« devoir » suppose un « pouvoir », logiquement antérieur au « devoir », la liberté de pouvoir faire le devoir commandé dans la loi morale. Il s'agit de se demander « par où *commence* notre *connaissance* du pratique inconditionné, si c'est par la liberté ou par la loi pratique ?[107] » Le point de départ de la *connaissance* de la raison pratique ne peut être la liberté, parce que la connaissance vient seulement à partir des phénomènes et qu'il n'a aucune connaissance phénoménale de la liberté (cf. *Critique de la raison pure*). Le point de départ vient de la loi morale, « dont nous prenons immédiatement conscience » (cf. *Les fondements de la métaphysique des mœurs*).

C'est donc par la connaissance de la loi morale que nous pouvons avoir accès à une certaine « connaissance » de la liberté. Pour insister et illustrer que la *loi morale* (la culpabilité) vient toujours avant la *liberté* dans l'ordre de la connaissance, Kant imagine deux situations, deux apologues dont le premier est indemne de toute loi morale, tandis que le second tourne intégralement autour de la loi morale. Le premier ne permet donc pas de prendre connaissance d'une liberté quelconque. Le deuxième introduit immanquablement la question de la liberté, même si elle n'est pas exploitée concrètement.

La première histoire suppose que tout est déterminé par l'inclination vers le plaisir, porté à sa puissance extrême de volupté et de luxure, autrement dit, elle reste *hypothétique* de A à Z et aucune loi morale n'y intervient : elle ne conduit donc à aucune liberté. « À supposer que quelqu'un prétende ne pouvoir résister à sa passion luxurieuse (*wollüstige Neigung*) quand l'objet aimé et l'occasion se présentent à lui ; on demande si, un gibet se trouvant dressé devant la maison où cette occasion s'offre à lui, pour l'y pendre aussitôt sa passion satisfaite, il ne contraindrait pas alors son inclination. On n'aura pas à chercher longtemps ce qu'il répondrait.[108] » Cette situation ne met en jeu que le principe de plaisir (y compris ce qu'on pourrait appeler une certaine « jouissance », mais qui ne vaut que comme *plaisir* extrême et débridé). La situation ainsi exposée ne suppose aucune loi morale et s'explique par un dispositif de deux conditions (la luxure et le gibet) ; en fonction d'une généralisation radicale du principe du plaisir, l'une se prétendrait absolument contraignante (la luxure), l'autre contredirait cette

107 Kant, *Critique de la raison pratique*, *op. cit.*, p. 642.

108 *Ibid.*, p. 643. Trad. modifiée : nous traduisons *er alsdenn nicht seine Neigung bezwingen würde* par « il ne contraindrait pas son inclination » et non par « il lui serait dans ce cas impossible de dompter son inclination ».

généralisation, par une sanction bien plus radicale. Un tel dispositif, intégralement construit selon le principe de plaisir, n'implique *aucune* liberté au sens kantien d'une causalité non phénoménale (on est dans une construction d'hypothèses et l'impératif est ici purement hypothétique, à la fois technique et pragmatique). Le « choix » proposé dans cette situation est simplement soumis à une double « contrainte », celle du plaisir de la luxure et celle du contre-plaisir du gibet.

La deuxième situation propose une tout autre structure. Outre les inclinations de plaisir et de contre-plaisir, elle les situe *dans le cadre de la loi morale* (laquelle était radicalement absente du premier cas). « Demandez-lui si, son prince lui intimant, sous menace de la même mort immédiate, de porter un faux témoignage contre un homme honnête qu'il voudrait bien perdre sous de spécieux prétextes, il tiendrait dans ce cas pour possible, quelque grand que puisse être son amour de la vie, de la vaincre malgré tout ? Il n'osera peut-être assurer s'il le ferait ou non, mais il devra concéder sans hésitation que cela lui est possible. Il juge donc qu'il peut quelque chose parce qu'il a conscience qu'il le doit, et il reconnaît en lui la liberté qui, sans la loi morale, lui serait restée inconnue. » Cette deuxième histoire suppose aussi une série d'hypothèses (la dépendance du prince, la menace de mort, le désir de ruiner un adversaire, l'amour de la vie, etc.) ; mais elle diffère fondamentalement de la première histoire en ce que la *loi morale* y est représentée sous la forme de la faute, qui consiste à porter un faux témoignage contre un homme honnête. La question n'est pas de juger si cet exemple de devoir consistant à ne pas porter de faux témoignage est adéquat à la loi morale, nous savons déjà qu'aucun exemple ne convient pour la loi morale. La question c'est de voir qu'à partir de la conscience d'une loi morale et d'un devoir se présente la reconnaissance de la liberté d'accomplir ce devoir : c'est « possible ». La liberté se présente comme quelque chose de possible.

Ces deux histoires illustrent ainsi parfaitement le principe général : *sans la loi morale, nous ne connaîtrions jamais la liberté*. La liberté n'aurait d'ailleurs jamais été introduite dans la raison spéculative (dans la troisième antinomie), « si la loi morale, et avec elle la raison pratique, ne nous y avaient conduits et ne vous avaient imposé ce concept[109] ».

---

109 *Ibid.*, p. 642.

Comme la loi morale précède la liberté, le théorème III qui a montré le principe de la *loi morale* en tant que *formel* précède lui aussi le théorème IV qui montre l'implication de la *liberté* à partir du principe de la loi morale. Avant d'aborder la liberté et l'autonomie (§8), il faut énoncer la loi morale en tant que formelle, la formule de la loi morale qui est universelle (§7).

La formulation universelle de la loi morale (... et de la jouissance ?).

§7. *Loi fondamentale de la raison pure pratique en tant que principe formel.*

« Agis de telle sorte que la maxime de ta volonté puisse en même temps toujours valoir comme principe d'une législation universelle »[110].

La formulation de la loi morale est suivie de deux remarques.

Première remarque (p. 644). Le *factum* (la raison donne la loi morale).

La géométrie suppose des hypothèses (définitions, axiomes, postulats), d'où découlent des résultats (théorèmes). L'impératif de celui qui fait de la géométrie est donc conditionné par ces hypothèses, il est « hypothétique ». La loi morale est inconditionnée et catégorique, elle est indépendante de toutes les conditions empiriques (matière), mais aussi des définitions, axiomes, etc., et elle n'a qu'elle-même (sa forme ou son seul principe) pour se déterminer. « La chose est assez étrange, et l'on ne trouve rien de semblable dans tout le reste de la connaissance pratique[111]. »

Mais la conscience de cette loi fondamentale est un fait (*Faktum*). On ne peut déduire cette loi par rationalisation (*herausvernünfteln*). Il faut l'agir, il faut la produire, il faut la faire. Elle s'impose comme une « proposition synthétique *a priori* ». Les *Fondements* ont analysé la conscience morale commune pour montrer qu'elle contenait toujours déjà, cette production de la loi morale, cette « proposition synthétique *a priori* ». Si l'on dit que la loi morale est « donnée », il faut bien comprendre qu'elle n'est donnée par aucun fait empirique, mais seulement

110 *Ibid.*, p. 643.
111 *Ibid.*, p. 644.

par la raison pure, en tant qu'elle fait, en tant qu'elle proclame la loi. Elle est donnée dans son acte d'énonciation.

Deuxième remarque (p. 645). Le *factum* est donné comme principe déterminant formel et universel de la raison comme raison. C'est pourquoi il s'impose à tous les êtres raisonnables, y compris « à l'Être infini en tant qu'intelligence suprême[112] ». La seule différence entre l'Être infini et les êtres finis, c'est que Dieu a une volonté sainte, absolument « incapable de maximes en opposition avec la loi morale ». Faute de cette opposition, faute de conflit, Dieu n'a *jamais* de *devoir* ; car il n'est nullement affecté pathologiquement (par la sensibilité). Au contraire, les êtres finis sont incapables de sainteté (ils sont *toujours* dans le conflit, car toujours affectés par la sensibilité). La sainteté nous est absolument inaccessible et nous devons nous contenter de devoirs. La sainteté ne peut servir que de modèle (*Urbild*) dont nous devons nous approcher sans jamais pouvoir l'atteindre. La vertu (*Tugend*) ne peut jamais être complètement achevée (*nie vollendet*).

IV. L'AUTONOMIE DE LA LOI MORALE

L'autonomie n'a rien à voir avec la réalisation solipsiste de caprices. Au contraire, il s'agit de créer, de fabriquer une loi universelle, capable de transmuer la matière du monde. Le projet est énorme.

La formule de l'autonomie

§ 8. *Théorème IV*. La première formule de l'impératif catégorique dans les *Fondements*, celle de l'universalité, est reprise par le Théorème III de la *Critique de la raison pratique*. La troisième formule, celle de l'autonomie, est reprise dans le Théorème IV. La deuxième formule, celle du respect de l'humanité et qui concerne ce que serait la matière de l'impératif, sera traitée plus loin, dans le chapitre III de l'Analytique.

L'indépendance de la loi morale à l'égard de toute matière (objet et but) entraîne la formule formelle d'une loi universelle. Cette indépendance, c'est la « liberté » au sens négatif du terme, comme non-dépendance. Mais la liberté a surtout un sens positif, à savoir la *création* de lois, la législation purement formelle de la raison pratique. « La loi morale n'exprime donc pas autre chose que l'autonomie de la raison pure

112 *Ibid.*, p. 646.

pratique, c'est-à-dire de la liberté, et celle-ci est même la condition de toutes les maximes, condition à laquelle seule celles-ci peuvent s'accorder avec la loi pratique suprême[113]. » Autrement dit, la maxime ne peut s'accorder avec la loi pratique que si elle implique en elle-même la liberté ou l'autonomie ou la création de la loi morale. Il faut *fabriquer* la loi morale, elle se donne nécessairement comme un « jugement synthétique *a priori* » (et non comme un jugement analytique).

Notons que, dans le texte de Kant, la troisième formule de l'impératif n'est jamais donnée comme telle. La troisième formule ne peut pas être formulée. Son énoncé contiendrait en effet sa propre négation, il contredirait l'énonciation libre qu'elle promeut : « Agis selon une maxime qui se prendrait en toute autonomie, en toute liberté », autrement dit « Sois spontané ».

Remarque sur le bonheur d'autrui

Il est indéniable que tout vouloir a un objet et une matière et qu'il existe un principe de plaisir général. Le *bonheur d'autrui* pourrait-il servir de principe déterminant la loi morale ? Le bonheur ne vaut pas comme un principe universel. De plus, comme nous l'avons déjà vu, le bonheur de l'un s'oppose au bonheur de l'autre et fait éventuellement son malheur. Plus fondamentalement, au niveau des différences instances psychiques, le plaisir de l'inconscient fait le déplaisir du conscient. Si la recherche du bonheur d'autrui peut s'inscrire dans la loi morale, ce n'est aucunement par le *bonheur* (besoin de sympathie, d'empathie, etc.) ou par la charité, mais par la simple forme légale *universelle*, par laquelle je limite ma maxime fondée sur une inclination (par exemple le bonheur) pour l'ouvrir sur l'*universalité* créée par la raison. « De cette limitation seule (par l'universalité), et nullement de l'addition d'un mobile extérieur (le bonheur), pourrait résulter ensuite le concept de l'*obligation* d'étendre aussi la maxime de l'amour de soi au bonheur d'autrui[114]. » Remarquons déjà la différence de la maxime de la recherche du bonheur d'autrui avec le commandement chrétien « tu aimeras ton prochain comme toi-même », où « l'amour » n'est pas nécessairement lié au « bonheur » et laisse donc une place pour notre troisième principe, le principe de jouissance (même si « l'amour » risque bien de nous reconduire directement à la problématique du

113 *Ibid.*, p. 647.

114 *Ibid.*, p. 649 (mes parenthèses).

bonheur). Le commandement de l'amour du prochain est traité par Kant dans le troisième chapitre de l'analytique de la raison pratique (voir plus loin).

Remarque sur l'opposition radicale entre l'autonomie (la voix de la raison) et l'hétéronomie (le bonheur personnel)

« On obtient juste le contraire du principe de moralité si l'on fait du principe du bonheur *personnel* le principe déterminant de la volonté. » Ce qui se présente comme en opposition radicale au principe du bonheur personnel et de son conditionnement empirique, c'est la « voix » (*Stimme*), *non pas de la conscience, mais de la « raison »* (*Vernunft*) ; elle est absolument « claire » (*deutlich*) et tonitruante, « impossible à couvrir » (*unüberschreibar*). Cette voix céleste (*himmlich*) est « audible » pour tous les hommes sans exception. La voix n'est pas caractérisée par la prise de conscience ni non plus comme la petite voix d'une conscience ou d'un ange gardien qui nous soufflerait ce qu'il faut faire ; elle n'émet pas non plus un son empirique. Elle surgit dans le cadre de l'expérience sensible, mais elle vient radicalement d'ailleurs. Elle correspond à la quatrième forme du rien, au *nihil negativum*, à la forme du rien qui vaut comme impossible parce qu'elle contredit les conditions de possibilité de l'expérience. C'est bien la voix, comme quatrième forme de l'objet *a* de Lacan. Elle introduit l'absolument Autre, ce qu'on ne peut aucunement cerné dans le cadre de l'expérience sensible. C'est d'elle que découle l'universalité de la loi morale.

Contrairement à la voix de la raison, qui se présente comme absolument universelle, le principe du bonheur ne peut donner que des règles « générales », qui correspondent à la moyenne de ce que veulent les gens. Ces règles ne sont pas vraiment « universelles ». Dès lors, « la maxime de l'amour de soi (la prudence) ne fait que *conseiller* ». Seule « la loi de la moralité *ordonne*[115] ». Dans la maxime du bonheur, toutes sortes de forces entrent en ligne de compte et il n'est que rarement possible « de satisfaire au précepte empiriquement conditionné du bonheur ». Au contraire, « satisfaire (*Genüge zu leisten*) au commandement catégorique de la moralité est en tout temps au pouvoir de chacun ». La phrase pourrait sembler contredire l'assertion selon laquelle « il n'y a aucun exemple d'action morale ». Mais il ne s'agit pas de satisfaire ou suffire à la *réalisation* d'une action parfaitement morale ; il s'agit de

[115] *Ibid.*, p. 652.

satisfaire ou suffire à se situer dans le cadre du principe de la moralité, et c'est toujours possible malgré la présence constante du principe du bonheur et malgré l'impossibilité d'une action parfaitement morale.

La transgression de la loi morale va de pair avec son « caractère punissable[116] », sa punissabilité (*Strafwürdigkeit*). Mais la punition ne doit pas être conçue ni comme un mal que le coupable devrait encourir ni comme un moyen dissuasif. Tous ces moyens font oublier l'autonomie et la liberté de la loi morale. « Dans toute punition comme telle, il doit d'abord y avoir de la justice (*Gerechtigheid*), et celle-ci constitue l'essentiel de ce concept. » Autrement dit, c'est en raison de la justice entendue comme *conformité au devoir* qu'une punition s'impose éventuellement. C'est dans ce sens précis que Kant était un partisan de la peine de mort pour ce que l'on pourrait appeler ici les crimes contre l'humanité (voir plus loin).

La voix de la raison ne peut pas être ramenée à un certain *sens* moral particulier. La conscience de la vertu ne se rattache pas au plaisir et la conscience du vice ne se rattache pas à l'inquiétude de l'âme et à la douleur. Il ne s'agit pas de bonheur (ou de malheur) personnel. Certes, nous pouvons « ressentir le contentement que donne la conscience d'un comportement conforme à la loi et l'amertume du remords quand on a à se reprocher une infraction à la loi[117] ». Il convient de cultiver ce « sentiment moral » pour soutenir la moralité. Mais « le concept du devoir ne saurait en être tiré ». Le devoir ne vient que de l'autonomie, de la liberté de la raison.

Principes hétéronomes qui ont servi à fonder (faussement) les différentes morales avant Kant

Avant Kant, toutes les morales sont basées sur des principes hétéronomes. Les principes sont alors tirés soit de l'expérience (et ce sont des principes subjectifs), soit de la raison (et ce sont des principes objectifs).

Les principes empiriques et subjectifs peuvent être tirés soit de l'expérience externe au sujet moral lui-même (l'éducation et la constitution civile), soit de l'expérience interne au sujet moral (le sentiment physique et le sentiment moral). Ces principes empiriques supposent « un

[116] *Ibid.*, p. 653.
[117] *Ibid.*, p. 655.

objet (matière) de la faculté de désirer, comme principe déterminant de la volonté (...) et ne peuvent servir de lois pratiques[118] ».

Les principes rationnels et objectifs se réfèrent à la *perfection,* qui peut encore être comprise comme *qualité* (de l'homme), mais aussi comme *substance* (éternelle). La qualité de perfection est encore hypothétique de même que la perfection suprême, extérieure à l'homme. L'accord avec la volonté de Dieu comme *objet* de notre volonté ne peut servir de cause déterminante que par le *bonheur* que nous en attendons et elle implique ainsi une *matière*[119].

Tous les principes hétéronomes sans exception (empiriques-subjectifs et rationnels-objectifs, internes et externes) sont des principes *matériels* qui ne peuvent servir de loi morale suprême. « Le *principe pratique formel* de la raison pure (...) est le *seul* qui *puisse* fournir des impératifs catégoriques, c'est-à-dire des lois pratiques. »

Explication supplémentaire de la liberté et de l'autonomie

De la déduction des principes de la raison pure pratique

Dans la raison pratique, on part du *factum*, à savoir la détermination d'un monde par la loi morale. « Cette loi doit donner au monde sensible, considéré comme une nature sensible (...), la forme d'un monde de l'entendement, c'est-à-dire d'une nature suprasensible[120]. » *La nature doit ainsi être soumise à l'autonomie de la raison.* La raison donne elle-même la loi du monde suprasensible, la loi d'une nature *archétype* (*natura archetypa*), la loi d'une nature idéale qui devrait avoir ses effets dans le monde sensible, dans la nature *ectype* (*natura ectypa*), dans la nature sensible. « La loi morale nous place en idée dans une nature où la raison pure produirait le souverain Bien, si elle était accompagnée d'un pouvoir physique proportionné à elle, et elle détermine notre volonté à façonner le monde sensible pris comme un ensemble d'êtres raisonnables[121]. » Elle agit « comme si de notre volonté devait naître en même temps un ordre naturel[122] ».

118 *Ibid.*, p. 630.
119 *Ibid.*, p. 657.
120 *Ibid.*, p. 659.
121 *Ibid.*, p. 660.
122 *Ibid.*, p. 661.

D'une part, il existe des lois de la nature (*natura ectypa*) auxquelles notre volonté est soumise ; ce problème relève de la critique de la raison pure spéculative et commence par les intuitions. D'autre part, il existe des lois de la volonté auxquelles la nature *devrait* se soumettre ; ce problème relève de la critique de la raison pure pratique et commence par le principe de la loi morale et de la liberté. Mais la critique de la raison pratique n'est pas focalisée sur la réalisation concrète de ce nouveau monde, elle est un *vouloir de principe* (et la réalisation concrète dépend de principes techniques, extérieurs à la critique de la raison pratique proprement dite). « Si seulement la volonté est conforme à la loi aux yeux de la raison pure, que son pouvoir suffise ou non à l'exécution, que, suivant ces maximes de la législation d'une nature possible, elle produise réellement ou non une telle nature, ce n'est pas chose dont s'inquiète la critique[123]. »

Comment la loi morale et la liberté sont-elles possibles ? Et comment ont-elles des effets sensibles ? On ne peut l'expliquer, « on peut simplement montrer qu'il est possible de l'admettre sans contradiction dans la critique théorique ». On ne peut l'expliquer, car une véritable *déduction* des principes moraux devrait nécessairement partir de l'expérience ; or, l'impératif catégorique qui relève de la raison pure ne peut justement pas partir de l'expérience. La seule chose que nous puissions faire c'est de partir de la loi morale et d'en déduire la liberté. « Cette espèce de crédit qu'on accorde à la loi morale, en la donnant elle-même pour un principe de la déduction de la liberté entendue comme une causalité de la raison pure, suffit parfaitement à défaut de toute justification *a priori*, pour satisfaire un besoin de la raison théorique, étant donné que cette dernière était forcée d'*admettre* du moins la possibilité d'une liberté[124]. » La solution de la troisième antinomie de la raison pure soutient bien, tout à la fois, que nos actions sont intégralement conditionnées dans une causalité déterministe, tout en admettant la possibilité d'une liberté.

De la causalité en question

Kant rappelle d'abord la critique du concept de cause par David Hume. La cause serait un concept mensonger et trompeur, car il serait impossible de connaître une liaison *a priori* et nécessaire entre une chose

123 *Ibid.*, p. 663.
124 *Ibid.*, p. 665.

(la cause) et une autre (l'effet). À la place de la cause conçue comme purement objective, tout le processus de la « cause » se réduirait à une nécessité subjective, à une *habitude* qui relierait la supposée cause avec l'effet attendu. L'erreur de Hume provient du fait qu'il « prenait les objets de l'expérience pour des choses en soi ; il avait tout à fait raison de regarder le concept de cause comme une vaine et trompeuse illusion[125] ». Mais tout change avec la révolution kantienne, car « les objets auxquels nous avons affaire dans l'expérience ne sont nullement des choses en soi, mais de simples phénomènes » et Kant a démontré que la causalité est une catégorie pure *de l'entendement*, autrement dit qu'elle s'impose nécessairement parmi les conditions de l'expérience sensible, qu'elle s'impose pour concevoir n'importe quel objet avant même toute référence à des sources empiriques données.

« Mais qu'en est-il de l'application de cette catégorie de la causalité (…) aux choses qui ne sont pas des objets de l'expérience possible, mais qui sont placées au-delà de ces limites ? » Comme la causalité et les autres catégories sont déduites non pas à partir d'une expérience donnée, mais à partir des conditions *a priori* de l'expérience, elles ont leur place dans l'entendement pur, même en dehors de toute expérience donnée. La réalité objective du concept de causalité « subsiste toujours, et on peut même en user pour les noumènes[126] » à condition de bien garder à l'esprit que cela ne nous conduit à *aucune* connaissance, à aucun objet objectif.

Car l'entendement ne se limite pas à la seule connaissance. L'entendement entretient une relation nécessaire avec les objets dans la connaissance théorique notamment par le truchement de la causalité (*causa phenomenon*) ; le même concept de causalité est repris par la raison pour une relation à la faculté de désirer supérieure et la loi morale. Le concept d'un être doué d'une volonté pure, c'est-à-dire d'une volonté libre « est celui d'une *causa noumenon*[127] ». On ne peut trouver une intuition qui déterminerait sa valeur objective ; « il n'en a pas moins une application réelle qui peut être présentée (*darstellen*) *in concreto* dans des intentions ou des maximes, c'est-à-dire une réalité pratique qui peut être indiquée, ce qui suffit pour le rendre légitime même du point de vue des noumènes[128] ».

125 *Ibid.*, p. 672.
126 *Ibid.*, p. 673.
127 *Ibid.*, p. 675.
128 *Ibid.*, p. 676.

CHAPITRE 2

LE CONCEPT DE BIEN/MAL[129]

I. DÉRIVATION DU CONCEPT DU BIEN/MAL À PARTIR DU PRINCIPE MORAL

« Par concept de la raison pratique, j'entends la représentation d'un objet comme un effet possible de la liberté[130]. » Cet objet qui sera le bien/le mal n'est pas encore réalisé. Il doit être réalisé par l'action morale et ne peut en aucun cas être la cause finale notre vouloir moral ou de notre faculté de désirer supérieure. L'objet n'est pas le déterminant de notre moralité. C'est le principe moral qui est déterminant de l'objet.

En raison même de la primauté du principe moral sur le concept de l'objet, il n'y a que deux objets de la raison pratique, celui qui suit le principe et celui qui s'y oppose : « Les seuls objets d'une raison pratique sont donc le bien (*Gut*) et le mal (*Böse*)[131] ». Le premier est déterminé par la volonté positive, par la faculté de désirer (*Begehrungsvermögen*), le deuxième par la volonté négative, par la faculté d'aversion (*Verabscheuungsvermögen*). Nous ne désirons moralement rien sinon en raison du bien (*bonum*). Nous ne rejetons moralement rien sinon en raison du mal (*malum*)[132]. Les expressions latines *bonum/malum* sont foncièrement ambiguës en raison d'une pauvreté de la langue : *bonum* signifie tout à la fois le bon plaisant et le bien moral et *malum* tout à la fois le douloureux déplaisant (« ça fait mal ») et le mal moral, le mauvais moral. On retrouve la même ambiguïté dans la langue française. Tandis que « la langue allemande a le bonheur de posséder les expressions qui ne laissent pas échapper cette différence (...). Pour le mot *bonum*, elle a deux mots *Gute* et *Wohl* ; pour le mot

129 « Chapitre II de l'analytique de la raison pure pratique : Du concept d'un objet de la raison pure pratique »

130 *Ibid.*, p. 677.

131 *Ibid.*, p. 678.

132 « *Nihil appetimur, nisi sub ratione boni ; nihil aversamur, nisi sub ratione mali* » *Ibid.*, p. 679.

malum, les deux mots *Böse* et Übel (ou *Weh*)[133] ». *Gute* et *Böse* se réfèrent à la moralité objective tirée de la raison universelle, tandis que *Wohl* et Übel (ou *Weh*) se réfèrent à la sensibilité subjective, à ce qui est agréable ou désagréable subjectivement (c'est-à-dire localement).

* * *

Cette équivoque a une importance considérable : elle est en jeu dans toutes les équivoques rencontrées dans l'expérience analytique, pour peu qu'on veuille bien y prêter attention. Ce n'est pas l'équivoque entre le bien et le mal (celle de l'ambivalence) qui est centrale, mais celle entre le bien et le bon (vs entre le mal et le mauvais). L'équivoque du bien et du bon n'est d'ailleurs pas d'abord une question relative à telle ou telle langue : elle existe *aussi* dans la langue allemande, malgré sa richesse : ainsi, nous pourrons dire d'une opération chirurgicale qu'elle est bonne (*gut*) parce qu'elle a réussi, parce qu'elle a atteint son but sensible, à savoir la guérison, qui relève de la technique et non de la moralité. L'équivoque du bien et du bon dépend de l'amphibologie propre au concept lui-même[134], au concept du bien et du bon certes ; mais elle se retrouve à l'intérieur de chaque concept qui apparaît toujours tout à la fois dans la perspective du plaisir et dans la perspective de la loi morale (ou de la jouissance). Dans « L'Étourdit[135] », Lacan a proposé une articulation *ternaire* de toute équivoque que nous pouvons présenter comme suit. Toute équivoque apparaît comme une équivoque de la langue, équivoque homophonique où une même suite de sons renvoie à deux significations différentes (*bonum* voulant dire plaisant et bien moral). Ce premier aspect de l'équivoque dépend d'un autre type d'équivoque, l'équivoque logique où s'entremêlent le niveau de l'entendement (et de la raison) et le niveau intuitif de la sensibilité ; l'équivoque logique est particulièrement évidente dans le cas du *bonum* (vs *malum*), qui oscille entre le bien entendu du côté de la raison et le bon du côté de la sensibilité. Enfin troisièmement, toute équivoque demande à s'inscrire littéralement (dans la « grammaire »), elle demande une prise de position subjective, où l'ambiguïté persistera

133 *Ibid.*, p. 680.

134 « L'amphibologie des concepts de la réflexion » (*Critique de la raison pure*, *op. cit.*, p. 988 et suivantes ; A260 ; B316) concerne l'emploi de n'importe quel concept : entendons-nous le concept comme appliqué dans la sensibilité ou comme structuré dans l'entendement et la raison ?

135 Lacan, « L'Étourdit » *op. cit.*, p. 491 et suivantes.

comme équivoque grammaticale, mais non sans relancer l'équivoque logique ; cette équivoque grammaticale est à nouveau particulièrement évidente dans le cas de la moralité confrontée à devoir prendre position, s'inscrire dans l'équivoque toujours présente entre le bon et le bien (c'est ce qui sera traité dans la *dialectique de la raison pratique*).

L'équivoque omniprésente du langage, de la logique et de la grammaire dépend de l'équivoque de la raison elle-même partagée entre ce qui est (raison pure) et ce qui doit être (raison pratique). Dans l'ordre de la connaissance, tout concept devrait être déterminé avant les principes. Dans l'ordre de la moralité, le principe doit déterminer le concept et non l'inverse. Nous sommes toujours pris entre l'un et l'autre ordre. C'est pourquoi la méthode de la critique de la raison pratique apparaît comme fondamentalement paradoxale : « *le concept du bien (Gute) et du mal (Böse) ne doit pas être déterminé antérieurement à la loi morale (à laquelle, suivant l'apparence, il devrait pourtant servir de fondement), mais seulement (comme il arrive ici) après cette loi et par cette loi*[136] ». Dans l'emploi de n'importe quel concept, nous sommes toujours confrontés à la question « bon ou bien ? » : entendons-nous le concept comme appliqué dans la sensibilité (principe de plaisir) ou comme déjà structuré dans la raison (loi morale ou jouissance).

Malgré la primauté absolue du principe de la loi morale sur le bien, nous sommes toujours tentés de nous donner d'abord la représentation, le concept du but à atteindre (le bien) pour diriger notre volonté vers ce bien. Mais cette stratégie qui cherche l'accord avec le bien dépend du principe de plaisir, parce qu'elle est déterminée par un but extérieur et, avec elle, on s'est déjà ôté la possibilité de penser vraiment une loi pure pratique (et la jouissance). Écartant *a priori* toute équivoque entre le bon et le bien, toutes les philosophies morales avant Kant ont cherché un objet de la volonté, le concept du bien=bon, pour en faire la matière et le fondement de la loi morale. En cela, « leur principe était toujours hétéronome[137] » et elles ne pouvaient que manquer le véritable ressort de la moralité, à savoir l'autonomie.

Le *concept* du bien et du mal (le seul objet de la raison pratique) est la *conséquence* du principe pur pratique, de la causalité de la raison pure. Il ne se rapporte pas originairement à des objets conçus comme donnés dans le cadre de la connaissance ou du savoir. Si les actions morales

136 *Ibid.*, p. 684.
137 *Ibid.*, p. 685-686.

dépendent radicalement du *principe* de la loi morale et de la liberté, elles doivent cependant aussi s'inscrire concrètement dans le monde phénoménal, dans des objets sensibles. Les différents objets sensibles auxquels se rapporte le concept de bien et du mal ne valent que comme des modalités de la loi morale ; ils « sont tous des modes (*modi*) d'une seule catégorie, de la catégorie de la causalité », de la causalité *liberté*[138]. Cette *causalité liberté* doit pouvoir être déterminante dans les phénomènes et, pour ce faire, il est permis d'employer les catégories de l'entendement, non pas « pour ramener le divers de l'*intuition* (sensible) sous une conscience *a priori*, mais seulement pour soumettre le divers des désirs à l'unité de la conscience d'une raison pratique qui commande dans la loi morale. »

Les « catégories de la liberté » se fondent sur « la forme d'une volonté pure, comme donnée dans la raison et par conséquent dans la faculté même de penser[139] » ; par le truchement du cadre catégorial impliqué dans la raison spéculative, « les concepts pratiques *a priori*, dans leur rapport au principe suprême de la liberté, deviennent immédiatement des connaissances, et n'ont pas besoin d'attendre des intuitions pour recevoir une signification, et cela par cette raison remarquable qu'ils produisent eux-mêmes la réalité de ce à quoi ils se rapportent (l'intention de la volonté) ».

Les quatre grandes classes de catégories (quantité, qualité, relation, modalité) comportent trois catégories, dont la troisième « résulte toujours de la liaison de la seconde avec la première » ; mais cela ne veut aucunement dire qu'elle est un concept dérivé ; au contraire, la troisième catégorie est elle aussi « un concept souche de l'entendement pur[140] ». L'*articulation* des éléments, des catégories est toujours déjà là avant chaque élément isolé, *avant chaque catégorie isolée*. Cette remarque prend tout son poids pour les « catégories de la liberté ». Dans chaque classe de catégories, la première présente ce qui apparaît encore comme indéterminé moralement et conditionné sensiblement, la deuxième ce qui apparaît comme inconditionné sensiblement et la troisième ce qui est uniquement déterminé par la loi morale. On l'aura compris, c'est la *troisième* qui est décisive pour la loi morale, même si elle ne se comprend que relativement aux deux autres. Du point de

138 *Ibid.*, p. 687.
139 *Ibid.*, p. 687-688.
140 *Critique de la raison pure*, *op. cit.*, p. 838 ; B110-111.

vue de la quantité, ladite « universalité » de la loi morale doit se comprendre non pas à partir des jugements universels et de la catégorie de l'unité (première catégorie), ni non plus à partir de telle ou telle particularité (deuxième catégorie), mais à partir du *jugement singulier* et de la catégorie de la *totalité* (troisième catégorie) ; il ne s'agira pas seulement de maximes subjectives, ni de préceptes objectifs, mais de principes *a priori* tant objectifs que subjectifs, ce sont les lois de la liberté. Au niveau de la qualité, il ne s'agira pas de règles pratiques d'effectuation (affirmation), ni de règles pratiques d'abstention (négation), mais de règles pratiques d'*exception* (limitation), la liberté se présente ainsi non pas comme l'affirmation ou la négation d'une réalité, mais en posant une *limit*e radicale dans la suite phénoménale comme une autre ouverture, une autre création, c'est-à-dire toujours comme une exception. Au niveau de la relation, la liberté ne concerne pas d'abord ni la personnalité qui vaudrait comme substance de la loi morale, ni comme le résultat d'une causalité, mais comme la *relation réciproque* entre des dynamiques articulées les unes aux autres. Enfin, au niveau de la modalité, la liberté ne se réduit ni au couple permis/défendu (ce qui est possible) ni au couple du devoir/contraire au devoir (qui se présente comme existant) ; c'est la question de l'*engagement* dans l'action nécessitée par le devoir qui est centrale, la *nécessité* du devoir en tant qu'elle ne dépend pas d'abord de la chose (« devoir imparfait »), mais de la seule volonté, de la liberté elle-même (« devoir parfait »)[141].

La loi morale doit toujours être pensée dans ses applications empiriques, concrètes. Dans cette application, ce sont toujours les troisièmes catégories de chaque classe qui s'imposent, en tant précisément qu'elles créent, qu'elles fabriquent du neuf, de l'inédit.

Mais comment juger concrètement du concept de bien ou mal et de ses catégories, les « catégories de la liberté » ? Quel est l'algorithme ? Quel est le test qui permet de les *présenter* concrètement ? C'est la « typique » qui y répond.

[141] Kant, *Critique de la raison pratique*, *op. cit.*, p. 688-689. La perfection est ici la perfection inhérente à l'engagement de la liberté.

II. PRÉSENTATION DU CONCEPT DE BIEN/MAL PAR LA TYPIQUE DE LA FACULTÉ DE JUGER PURE PRATIQUE

La faculté de juger (*Urteilskraft*) a entre autres la charge de présenter (*darstellen*) les concepts de façon concrète, de les schématiser. Il y a quatre types de concepts fondamentalement différents.

a) Pour schématiser ou pour présenter un *concept empirique*, il suffit de proposer un *exemple*. Comme nous l'avons vu, la loi morale, qui n'a rien à voir avec un concept empirique, ne peut en aucune façon se présenter, se schématiser par un exemple ; il n'y a aucun exemple d'action morale.

b) Pour schématiser ou pour présenter les *concepts de l'entendement pur* (les catégories), la faculté de juger a recours à l'intuition pure du *temps* (la quantité était schématisée selon la ligne du temps, la qualité selon le temps vide ou rempli, la relation selon l'ordre du temps, la modalité selon les conditions du temps en général). La loi morale ne se réduit ni ne se déduit des catégories de la connaissance : elle ne peut être schématisée par le temps, car nous nous situons complètement en dehors des conditions de l'expérience sensible et d'une temporalité déjà donnée. Au contraire, la loi morale peut commander la construction d'une nouvelle temporalité.

c) Pour schématiser ou pour présenter les *concepts de la raison pure*, les idées abstraites (Dieu, l'âme, le monde), la faculté de juger a recours au *symbole*. La loi morale ne se déduit pas des idées comme hypothèses de la raison (elle ne serait plus catégorique, mais hypothétique).

d) Pour les concepts de la moralité, il ne s'agit pas de trouver le « schème d'un cas qui a lieu d'après des lois[142] », mais le schème d'une loi comme loi. Le schème du concept pur de la loi morale (le bien/le mal) « doit correspondre à la loi naturelle (...). Mais on ne peut soumettre aucune intuition, partant aucun schème, à la loi de la liberté (...) et au concept du bien absolu, pour l'appliquer *in concreto* ». Pour présenter les concepts empiriques, les concepts de la raison pure (catégories) et les idées, la faculté de juger pouvait avoir recours à l'*imagination*. Pour présenter le concept de la loi morale (bien/mal), l'imagination n'est

142 *Critique de la raison pratique*, *op. cit.*, p. 691.

pas directement à notre disposition, nous devons nous rapporter au fonctionnement de la raison – au symbolique et non pas à l'imaginaire – pour juger si l'action en vue peut s'inscrire dans une loi comme loi. « La règle de la faculté de juger sous des lois de la raison pure pratique est celle-ci : demande-toi toi-même, si considérant l'action que tu as en vue comme devant arriver d'après une loi de la nature dont tu serais toi-même une partie, tu pourrais encore la regarder comme possible pour ta volonté. » Le schématisme du concept moral consiste ainsi à se placer dans la position de créateur de la loi et à vérifier, par l'entendement et la raison, si cette loi peut vraiment être une loi. De fait, c'est ainsi que chacun juge si telle action est moralement bonne ou mauvaise : « qu'en serait-il si tout le monde se permettait de faire cette action », autrement dit si c'était une loi ? Mais cette comparaison avec la création d'une loi universelle de la nature n'est pas le principe déterminant de la volonté. Elle n'est que le moyen concret de présenter et de vérifier que l'action envisagée *peut* correspondre au principe de la loi.

La présentation de la loi morale par la « typique » (comparaison avec une loi naturelle possible), nous préserve tout à la fois de l'*empirisme* de la raison pratique (ou de la présentation par des exemples) et du *mysticisme* de la loi morale (ou d'une présentation de la loi morale par des symboles). Dans le mysticisme, la loi morale dépend encore des *idées* et non du principe ; le mysticisme cependant « n'est pas encore absolument incompatible avec la pureté et la sublimité de la loi morale[143] », *puisqu'il ne se fonde pas sur la sensibilité*. En ce qui concerne l'empirisme (et le schématisme des exemples), on doit reconnaître qu'il est absolument incompatible avec la moralité véritable, parce qu'il fait tout dépendre de la sensibilité et du principe de plaisir. L'empirisme « extirpe jusqu'aux racines de la moralité dans les intentions (...) il introduit en elle subrepticement, au lieu du devoir quelque chose de tout autre, à savoir un intérêt empirique dont se nourrit le commerce qu'entretiennent entre elles les inclinations ».

La jouissance elle aussi ne pourra jamais être présentée ni par des exemples (comme les concepts empiriques), ni par le schématisme temporel (comme les concepts purs de l'entendement), ni par des symboles (comme les idées pures de la raison) : elle ne pourra être présentée que comme le questionnement de l'invention d'une loi, d'une forme nouvelle.

143 *Ibid.*, p. 694.

CHAPITRE 3

LE RESPECT

(*Achtung*)[144]

Les mobiles ou ressorts pulsionnels (*Triebfeder*), qui relèvent de la sensibilité, ne sont pas le motif, le fondement moteur (*Bewegungsgrund*) de la loi morale. La volonté en effet détermine immédiatement la volonté sans intervention de sentiments. Si l'action est déterminée par des mobiles sensibles, elle peut certes avoir un caractère légal, elle peut être conforme à la lettre (*Buchstabe*) de la loi, mais elle n'est absolument pas morale, car elle n'est pas faite selon l'esprit (*Geist*) de la moralité.

Il reste maintenant à déterminer avec soin de quelle manière la loi morale peut et doit devenir un « mobile », un ressort pulsionnel sensible, c'est-à-dire *comment elle embraye sur la réalité sensible*. La loi morale produit deux types d'effets sur la sensibilité, un effet négatif : la douleur, et un effet positif : le respect.

La loi morale porte préjudice aux inclinations sensibles qui pourraient déterminer la volonté ; elle provoque ainsi nécessairement une certaine peine, une certaine douleur. Mais la provocation de douleur n'a rien à voir avec la recherche masochiste, puisque la douleur n'est aucunement le mobile, mais l'effet *non désiré*[145] de la loi morale. « Toutes les inclinations ensemble (...) constituent l'égoïsme[146] » et celui-ci peut se présenter comme « l'amour de soi, qui consiste dans une bienveillance envers soi-même par-dessus toutes choses » ou comme la satisfaction de soi qui n'est que présomption (*Eigendünkel*). La raison pratique s'attaque à l'amour de soi (*Selbstliebe*) qui correspond au narcissisme,

---

144 « Chapitre III de l'analytique de la raison pure pratique : Du mobile de la raison pure pratique »

145 La douleur comme telle n'est désirée ni par la faculté de désirer supérieure, ni par la faculté de désirer inférieure.

146 *Ibid.*, p. 697.

non pas pour le supprimer, mais pour le limiter, plus précisément pour le mettre en accord avec la loi morale. Elle transforme ainsi le narcissisme en « amour de soi raisonnable », tandis qu'elle terrasse la présomption. La véritable estime de soi (*Selbstachtung*), le véritable narcissisme ne repose en effet que sur la moralité (*Sittlichkeit*). L'effet négatif de la loi morale sur le sentiment (la douleur) est ainsi directement contrebalancé par l'effet positif, la véritable estime, le véritable respect de soi (*Selbstachtung*) ou pour faire bref le respect (*Achtung*). La douleur n'est que la contrepartie ou l'envers du respect. Le sentiment de respect est « produit par une cause intellectuelle » et il est « le seul que nous connaissions parfaitement *a priori*, et dont nous puissions apercevoir la nécessité ». Le simple fait de se situer dans la loi morale produit sur le sentiment un effet, qui, d'un côté, est purement négatif, la douleur ou l'humiliation (*Demütung*) allant de pair avec un « mépris intellectuel[147] » (*intellektuelle Verachtung*), et de l'autre, un sentiment positif, le respect (*Achtung*). Le mépris intellectuel, qui consiste à ne pas prendre en compte la question du plaisir et de la douleur, favorise la causalité par liberté. Ce sentiment – qui est à la fois négatif et positif – peut être appelé « sentiment de respect pour la loi morale » ou « sentiment moral ». Le sentiment moral ou le « respect » suppose ainsi indissociablement *Achtung* et *Verachtung*, respect (pour la loi morale) et le mépris (pour l'obstacle de la sensibilité empirique). Mais le respect n'est en aucune façon une cause déterminant la loi morale : « il est la moralité même considérée subjectivement comme mobile »[148] ; il est le ressort pulsionnel, « le mobile unique et en même temps incontesté »[149] de la raison pratique. On peut le rencontrer chez tout homme[150].

Le respect ou le sentiment moral (*moralisches Gefühl*) se présente comme une « conscience » ou une prise de conscience de la loi morale en tant qu'elle détermine concrètement le bien et qu'elle s'inscrit dans la sensibilité. « La conscience d'une *libre* soumission de la volonté à la loi, mais accompagnée pourtant d'une *coercition* inévitable exercée sur toutes nos inclinations, mais seulement par notre propre raison, est donc le respect pour la loi. »

---

147 *Ibid.*, p. 699.

148 *Ibid.*, p. 700.

149 *Ibid.*, p. 703.

150 La voix (*Stimme*) de la raison pratique présentant la loi morale « fait trembler même le plus hardi scélérat et le contraint de se soumettre à son regard » (*Ibid.*, p. 705).

Ne doit-on pas pourtant pouvoir imaginer qu'une action morale pourrait être exécutée selon le principe de la loi morale, mais indépendamment du sentiment moral qu'est le respect ? Et ne doit-on pas aussi pouvoir imaginer que d'autres sentiments, d'autres mobiles, d'autres ressorts pulsionnels que le respect pourraient intervenir dans la mobilisation de l'action morale ?

En ce qui concerne la première question, « le concept du devoir exige objectivement, de l'action, qu'elle soit conforme à la loi, mais subjectivement, de la maxime de l'action, du respect pour cette loi, en tant qu'unique mode de détermination de la volonté par celle-ci. Et c'est là-dessus que repose la différence qui existe entre la conscience d'avoir agi conformément au devoir et celle d'avoir agi par devoir, c'est-à-dire par respect pour la loi[151] ». Sans le respect pour la loi, la légalité est possible ; sans lui, la moralité n'est pas possible. La moralité doit nécessairement s'inscrire dans le registre pulsionnel *par le truchement du respect.*

En ce qui concerne la deuxième question : ne conviendrait-il pas d'inscrire la moralité dans le registre pulsionnel par un autre biais sensible que le respect, par exemple par celui de l'amour ?

Kant examine ici le commandement chrétien : « *Aime Dieu par-dessus tout et ton prochain comme toi-même* ». La position de Kant est claire et décidée : la loi morale est « *tout à fait en concordance* » avec ce commandement[152]. En tant que commandement, il exige le *respect* (*Achtung*) pour la loi. Pourtant le concept d'« *amour* », qui viendrait concurrencer le respect comme mobile de la loi morale, ne fait que voiler les différences radicales qui s'imposent entre la vertu et le bonheur, entre le pratique et le pathologique, entre le nouménal et le phénoménal. Car, d'une part, « l'amour de Dieu est impossible comme inclination (comme amour pathologique), car Dieu n'est pas un objet

151 *Ibid.*, p. 706.

152 « *Hiermit stimmt aber die Möglichkeit eines solchen Gebots, als :* ***Liebe Gott über alles und deinen Nächsten als dich*** *selbst, ganz wohl zusammen* » Immanuel Kant, *Werkausgabe Band VII*, Frankfurt am Main, Suhrkam Taschenbuch, 1974, S. 205. La traduction française de Ferry et Wismann propose : « Mais cette manière d'envisager les choses n'exclut nullement un ordre comme celui-ci : *Aime Dieu par-dessus tout et ton prochain comme toi-même* » (*Critique de la raison pratique, op. cit.*, p. 708-709). Nous verrons plus loin comment cette traduction approximative a conduit à une mésinterprétation de la position de Kant quant au commandement de l'amour du prochain (notamment chez Marty).

des sens ». Et d'autre part, si l'amour des hommes est bien possible comme inclination sensible, « il ne peut être ordonné, car il n'est au pouvoir d'aucun homme d'aimer quelqu'un simplement par ordre[153] ». Lorsque le commandement chrétien est pris comme « le noyau de toutes les lois », il peut être entendu comme « amour pratique » au sens de la raison pratique, il serait tout simplement égal à la loi morale et à la liberté (avec l'universalité, l'autonomie, etc.). Mais la connotation « amour » ajoutée à la loi pratique risque bien d'introduire un élément sensible pathologique (à la place du respect), qui voile l'essentiel de la loi morale et de la liberté. « Aimer Dieu signifie exécuter *volontiers* (*gerne*) ses commandements ; aimer son prochain : remplir *volontiers* tous ses devoirs envers lui ». Mais « un commandement ordonnant de faire quelque chose volontiers est en soi contradictoire ». La loi morale est en opposition fondamentale avec les inclinations sensibles, c'est bien pourquoi elle provoque un sentiment divisé (de la douleur *et* du respect) et non simplement un sentiment unitaire comme l'amour. La loi morale se présente comme un devoir, c'est-à-dire comme un conflit entre la recherche de la vertu et la recherche du bonheur.

153 *Ibid.*, p. 709.

CHAPITRE 4

L'ARTICULATION NÉCESSAIRE DU PRINCIPE DE LA MORALITÉ AVEC LE PRINCIPE DE PLAISIR[154]

Nous avons vu comment la raison pure (*Wissen*) commence par la sensibilité (imaginaire), passe par le concept (symbolique) pour s'ouvrir avec les principes sur le réel. La raison pratique (*Gewissen*) commence au contraire par le principe (réel) qui détermine ensuite le concept de bien ou mal (symbolique) pour s'exprimer enfin dans le sentiment du respect (imaginaire).

La raison pratique n'exige pas que l'on renonce à toute prétention au bonheur (ce qui serait tout simplement impossible) dans la considération du devoir. « Ce peut même être, sous un certain rapport, un devoir que de songer à son bonheur, car, d'une part, le bonheur (...) donne des moyens de remplir son devoir, et, d'autre part, la privation de bonheur (...) est source de tentations d'y manquer[155]. »

Le principe suprême de la raison pratique reste l'autonomie ou la liberté pratique que nous pouvons définir comme « l'indépendance de la volonté à l'égard de toute loi autre que la loi morale[156] ». Même si nous ne pouvons apercevoir aucune possibilité concrète de la liberté, aucune réalisation sensible, nous pouvons être assurés qu'il n'y a pas de preuve de son impossibilité (comme l'a démontré la *critique de la raison pure* à propos de la troisième antinomie). Tous ceux qui pensent pouvoir donner un sens psychologique et phénoménal à la liberté ne font que boucher la perspective ouverte pour la loi morale, l'autonomie, la liberté.

La causalité déterministe naturelle et la causalité par liberté s'opposent radicalement. Si un être est entièrement déterminé dans le temps, il est impossible de lui attribuer la liberté. Mais un même sujet peut

154 « Livre deuxième : La dialectique de la raison pure pratique »
155 *Ibid.*, p. 721.
156 *Ibid.*, p. 722.

être considéré comme un *phénomène entièrement* déterminé dans le temps tout en ayant conscience de lui-même comme d'une *chose en soi* avec une existence qui n'est pas soumise à des conditions du temps, déterminé par des lois qu'il se donne lui-même. Le sujet est ainsi fondamentalement divisé en un sujet psychologique et un sujet nouménal absolument vide.

Cette « faculté merveilleuse » qu'est la conscience morale (*Gewissen*) en nous confirme le hors-temps du sujet, de sa liberté et de sa moralité. De cet hors-temps, on en a des traces sensibles évidentes dans la phénoménologie de la culpabilité. On peut expliquer les mauvaises actions par mille raisons phénoménales ou psychologiques : on pense ainsi déculpabiliser. Mais la voix de la conscience continue à accuser, la culpabilité reste. On pourrait dire : « ce qui est fait est fait » et cela n'a plus aucun sens de se culpabiliser à l'avenir. La culpabilité manifeste au contraire le hors-temps de la moralité et de la liberté. Le temps n'use pas la culpabilité. C'est en dehors de tout temps que doit s'exercer la liberté.

D'une façon générale, l'espace et le temps ne sont pas des déterminations appartenant à l'existence des choses en soi, mais des idéalités, des formes de l'intuition sensible qui appartiennent au mode de représentation du sujet sensible[157].

En ce même sens, l'intemporalité de l'inconscient doit être pensée comme en dehors du phénoménal, en dehors de toute clinique de pure observation, malgré ce que l'on peut observer dans les phénomènes de culpabilité et dans les formations de l'inconscient en général. L'intemporalité de l'inconscient doit être pensée dans la dimension de la jouissance (fondement de la moralité) et non selon le principe de plaisir.

157 Si l'on n'accepte pas cette division entre un sujet phénoménal et psychologique d'une part et un sujet nouménal, sujet de la liberté et se réduisant à un point vide d'autre part, il ne nous reste qu'à penser avec Spinoza, que l'espace et le temps sont les déterminations essentielles de l'Être premier en soi, de Dieu, de la nature et les différentes autres choses n'en sont que des accidents.

I. PERSPECTIVES GÉNÉRALES SUR CETTE ARTICULATION[158]

La raison « exige toujours la totalité absolue des conditions pour un conditionné donné[159] ». Autrement dit, elle exige toujours de placer l'ensemble des conditions de ce donné sous le chef d'une singularité, d'un Un[160]. « Y'a d'l'un » disait Lacan ; et Badiou parle de « compte-pour-un ». Mais cette totalité exigée n'est jamais trouvée dans les phénomènes. On ne peut la trouver que par l'activité de la raison.

Cependant tous les concepts doivent toujours se rapporter à des intuitions et se figurer dans des intuitions. La totalité exigée est ainsi toujours *imaginée dans* les phénomènes (*Erscheinung*). Elle se présente ainsi comme une apparence inévitable (*unvermeidlicher Schein*). On ne s'apercevrait pas du caractère trompeur de ces idées de la raison pure, de ces totalités, si en elles ne se manifestait pas en même temps un « *conflit (Widerstreit) de la raison avec elle-même* »[161]. C'est parce qu'il y a ce conflit que la raison est amenée à chercher une clef pour le résoudre.

Ainsi dans la *Critique de la raison pure*, l'âme (ou le sujet), le monde et l'Être suprême (ou Dieu) apparaissent inévitablement comme totalités (respectivement du point de vue de la substance, de la série causale et de l'action réciproque unissant tous les êtres). Mais en ces totalités se manifeste aussitôt un conflit : le sujet est divisé, le monde est truffé de contradictions, le grand Autre manque de preuve pour exister. La clef pour sortir de ces conflits dépend chaque fois du principe suprême de tous les jugements synthétiques, à savoir de l'activité de la raison qui produit ces totalités : tout dépend de la synthèse de notre savoir, tout dépend de notre expérience du savoir, tout dépend de ce que nous *faisons*. De plus, le « sujet », le « monde », le « grand Autre » vaudront non comme des réalités, mais comme principes régulateurs de ce faire.

Dans le *Critique de la raison pratique*, la raison part du principe formel de la loi morale et de la liberté et détermine par là le bien/mal. Mais elle recherche aussi « la totalité de l'*objet* (*Gegenstand*) de la raison pure

---

158 « Chapitre premier : d'une dialectique de la raison pure pratique en général »

159 *Ibid.*, p. 738.

160 La catégorie de la totalité (*Totalität*) correspond bien au jugement singulier et non au jugement universel.

161 *Ibid.*, p. 739.

pratique, sous le nom de *souverain Bien* (*höchstes Gut*) », c'est-à-dire un Bien supérieur au Bien produit par l'autonomie de la loi morale, un Bien qui serait supposé contenir également le bonheur.

Dès lors, la détermination du souverain Bien est porteuse d'un conflit : « le souverain Bien a beau être tout l'objet (*Objekt*) d'une raison pure pratique[162] », il contient en lui l'opposition entre le bien et le bon, c'est-à-dire le conflit inhérent au devoir comme devoir. La clef pour sortir de ce conflit doit de nouveau être cherchée dans le jugement synthétique, dans le faire de la moralité elle-même. Il faut donc d'emblée rejeter l'interprétation du souverain Bien réduit à la récompense ou à la rétribution du bien faire dans le champ du bonheur ou du plaisir[163].

II. LE SOUVERAIN BIEN ET LA VALEUR DES POSTULATS DE « L'IMMORTALITÉ DE L'ÂME » ET DE « L'EXISTENCE DE DIEU »[164]

« Souverain » dans l'expression « souverain Bien » est équivoque et cette équivoque reprend l'équivoque du bien et du bon. « Souverain (*das Höchste*) peut signifier suprême (*das Oberste*) (*supremum*) ou accompli (*das Vollendete*) (*consummatum*)[165]. » Le premier sens, celui du bien suprême ou le plus élevé, c'est le bien déterminé par la loi morale, le bien de la vertu. Ce premier sens est pléonastique : le Bien moral est le Bien moral suprême, il n'y a pas de Bien supérieur à lui. Le deuxième sens implique au contraire que le Bien soit complet ; et pour ce faire, il faut encore « que le *bonheur* s'y ajoute ». La vertu rend digne d'être heureux en fonction de ce souverain Bien *comme suprême*, mais elle ne garantit justement pas le Bien *complet ou accompli*. Le souverain Bien comme accompli suppose que la vertu et le bonheur soient réunis en une harmonie, que le Bien soit complété par le bonheur et que celui-ci « soit exactement proportionné à la moralité[166] ».

162 *Ibid.*, p. 741.

163 Ce que Lacan ne fait pas dans son texte *Kant avec Sade*, comme nous le verrons plus loin. Alenka Zupancic, *L'éthique du réel, Kant avec Lacan*, Caen, Nous, 2009, suit cette interprétation (qui dévalorise Kant).

164 « Chapitre deuxième : de dialectique de la raison pure dans la détermination du concept du souverain Bien »

165 *Ibid.*, p. 742.

166 *Ibid.*, p. 743.

Comment peut-on établir cette union, cette harmonie entre la vertu et le bonheur, alors que tout semble les opposer ? Cette unité pourrait être dite analytique si l'aspiration à la vertu et la recherche raisonnable du bonheur étaient fondamentalement identiques (la maxime de la loi morale et la maxime du bonheur coïncideraient). Les anciennes écoles grecques (stoïcienne et épicurienne) ont admis que vertu et bonheur coïncident fondamentalement. « L'épicurien disait : avoir conscience de sa maxime conduisant au bonheur, voilà la vertu ; le *stoïcien* : avoir conscience de sa vertu, voilà le bonheur[167]. » L'intelligence de ces hommes était malheureusement employée à tenter d'établir l'identité de ces deux concepts pourtant fondamentalement opposés. Chacun assurait que son concept de base était *tout le souverain Bien* : « le stoïcien soutenait que la vertu est *tout le souverain Bien*, et que le bonheur n'est que la conscience de la possession de la vertu, comme appartenant à l'état du sujet. L'épicurien soutenait que le bonheur est *tout le souverain Bien*, et que la vertu n'est que la forme de la maxime recommandant d'y aspirer[168] ».

Si le bonheur et la moralité sont deux éléments du souverain Bien tout à fait distincts (c'est le conflit inhérent au devoir, qui reste sous-jacent dans le souverain Bien), leur *union* ne peut pas être connue analytiquement (c'est-à-dire par l'analyse du concept de bonheur ou celle du concept de moralité). Leur union dans le souverain Bien suppose donc une synthèse (et non une analyse) ; *il faut la faire*. Cette union est absolument nécessaire, il faut la réaliser, car la raison *veut* absolument trouver la totalité, l'Un du souverain Bien composite. « Il est *a priori* (moralement) nécessaire de *produire (hervorbringen) le souverain Bien par la liberté de la volonté*[169]. » Cette nécessaire *production synthétique* du souverain Bien est explicitée comme suit.

L'antinomie de la raison pratique

Le souverain Bien contient en lui-même un conflit. Dès lors, faire de la vertu avec du bonheur (épicurisme) est *absolument* impossible (c'est le contraire de la vertu) et faire du bonheur avec la vertu (stoïcisme) est impossible à réaliser *concrètement* dans le monde (de l'observation des lois morales, on ne peut attendre le bonheur dans le monde). Si

167 *Ibid.*, p. 744.
168 *Ibid.*, p. 745.
169 *Ibid.*, p. 746.

le souverain Bien est ainsi contradictoire (mais nous verrons la clef pour sortir de cette apparente contradiction), une loi morale qui nous ordonnerait de le mettre en œuvre ne peut être que fausse en soi : la loi morale n'ordonne pas de mettre en œuvre le souverain Bien.

Principe de la solution critique de l'antinomie

Dans la raison pure, la troisième antinomie opposait la thèse d'un monde entièrement soumis à la causalité déterministe naturelle et l'antithèse d'un monde où la liberté peut intervenir dans la causalité des événements du monde. Le principe de la solution critique consistait à montrer qu'il ne s'agissait pas d'un véritable conflit. En effet, les deux positions se situent dans des champs complètement différents : les événements du monde se produisent comme *phénomènes* (et la causalité y est entièrement déterministe et naturelle), tandis que « la personne qui agit se considère comme *noumène* (comme pure intelligence, douée d'une existence qui échappe aux déterminations du temps)[170] ».

D'une façon semblable, dans la raison pratique et pour l'antinomie du souverain Bien, s'il est absolument faux qu'on puisse déduire la vertu à partir de la recherche du bonheur comme le font les épicuriens, il n'est pas absolument impossible que la moralité de l'intention ait une connexion nécessaire (mais que nous ne connaissons pas) avec le bonheur. Car s'il est impossible que cette connexion se réalise dans le monde, au niveau des phénomènes, elle n'est pas impossible au niveau des noumènes. Nous allons voir comment.

L'antinomie du souverain Bien suppose deux moments, *primo* la distinction et l'opposition entre la moralité et la recherche du bonheur, *secundo* la possibilité de résoudre l'antinomie par l'unité, la totalité, la synthèse. On peut distinguer quatre positions par rapport à cette antinomie. *Premièrement*, on peut nier l'opposition ; c'est ce qu'ont fait ces « philosophes des Temps modernes », *Berkeley* et l'utilitarisme dont la moralité se réduit à la recherche du bonheur pour tous : l'unité du plaisir (bonheur) et de la forme (pour tous) est assurée d'emblée. *Deuxièmement*, on peut nier complètement la possibilité même de résoudre l'antinomie dans l'unité ou la synthèse ; si cette position n'est pas envisagée par Kant (pour lui, la raison ne peut en aucun cas se pas-

[170] *Ibid.*, p. 747.

ser de rechercher cette unité, cette totalité), elle est pourtant soutenue par les tenants de l'*amour pur* qui visaient bel et bien une pure moralité (consistant en l'amour de Dieu), sans aucune attente de bonheur proportionnel à cet « amour pur[171] ». *Troisièmement*, chez les épicuriens et les *stoïciens*, la distinction est bien faite entre la moralité et la recherche de bonheur, mais elle est annulée par la connexion directe qui pourrait se faire entre les deux, dans un sens ou l'autre, au niveau du monde phénoménal. *Quatrièmement*, chez *Kant*, la faille fondamentale entre la moralité et la recherche du bonheur ne peut être résolue ici-bas, au niveau phénoménal, mais la raison pratique – qui commande tout à la fois la loi morale et la recherche de la totalité (unité) – postule nécessairement leur unité dans le souverain Bien dans une « vie future », qui est en fait *hors du temps, hors des déterminations du temps.*

Nous retrouvons aujourd'hui ces mêmes quatre positions dans la question de l'articulation du principe de plaisir (correspondant au bonheur) et du principe de jouissance (correspondant à la vertu). *Premièrement*, il n'y a pas d'opposition fondamentale et le concept de « jouissance » n'est finalement qu'une variante du principe de plaisir. *Deuxièmement*, la jouissance peut être conçue comme extatique, mystique, sans aucun besoin de la réconcilier avec le plaisir. *Troisièmement*, le plaisir serait l'étape préliminaire pour conduire à la jouissance (du côté épicurien) ou la jouissance serait le fondement du plaisir (du côté stoïcien). *Quatrièmement*, le principe de la jouissance et le principe du plaisir sont radicalement opposés, apparemment irréconciliables *et* nous devons tout faire pour les articuler concrètement dans la pratique. C'est ici seulement qu'apparaît l'antinomie de la raison pratique. La tâche semble proprement impossible. Qu'est-ce que cette impossibilité implique ?

Avant d'en venir à sa propre position, Kant s'attarde plus particulièrement à Épicure, car il part du principe concret de la recherche de plaisir, tout en le mettant déjà dans la perspective immédiate de la vertu (c'est le plaisir qui mène directement à la vertu). Épicure, « le vertueux » (car il visait la vertu) « commit la faute de supposer déjà l'*intention* (*Gesinnung*) vertueuse (*tugendhaft*) dans les personnes chez qui il vou-

[171] Ainsi la problématique du pur amour d'un Fénelon posait « la possibilité d'une volonté mauvaise en Dieu (de cette *Grimmigkeit* divine dont parlait Jakob Boehme), ce qui pour Kant est absolument impossible » (Jacques Le Brun, *Le pur amour de Platon à Lacan*, Paris, Seuil, 2002, p. 229). On verra comment cette hypothèse (la *Grimmigkeit* divine) revient chez Lacan dans « Kant avec Sade », *Écrits* p. 773.

lait tout d'abord indiquer le mobile (*Triebfeder*) propre à les déterminer à la vertu[172] ». Mais la question est justement de savoir comment cette intention a été possible ; elle n'est autre que le respect qui *découle* lui-même de la loi morale et de la liberté. « L'intention (*Gesinnung*) morale est nécessairement liée à une conscience de la détermination de la volonté effectuée immédiatement par la loi[173]. » Le respect est bien le mobile, le ressort pulsionnel (*Triebfeder*) de la vertu ; il n'est déterminé par aucun autre sentiment, mais par la vertu.

Inversement (du côté des stoïciens), n'avons-nous pas une sorte de bonheur, un « contentement de soi-même » (*Selbstzufriedenheit*) qui résulte de la conscience d'une action morale ? L'expression « contentement de soi-même » indique en fait que la conscience n'a « besoin de rien[174] », ce qui renvoie directement à « l'indépendance à l'égard des inclinations ».

De la primauté de la raison pure pratique dans sa relation avec la raison pure spéculative

La synthèse (le « faire ») est au principe de la solution de la troisième antinomie de la raison pure, elle l'est encore plus clairement dans l'antinomie de la raison pratique.

Le traitement de l'antinomie de la raison pratique suppose qu'il y a un *faire ce qui doit être* (du côté nouménal), plus puissant que le *savoir de ce qui est* (du côté phénoménal). Pourquoi et comment les intérêts de la raison spéculative sont-ils subordonnés à l'intérêt de la raison pratique ? Si la raison pratique ne pouvait rien admettre de plus que ce que la raison spéculative lui offre, la raison spéculative devrait être considérée comme première et la raison pratique consisterait à appliquer les données de la raison spéculative selon les règles techniques adéquates. Mais la raison pratique a un principe original *a priori* qui n'est pas donné par la raison spéculative : la loi morale et la liberté.

La raison spéculative a échoué dans la preuve de certaines propositions dogmatiques concernant le sujet, le monde et Dieu ; il n'y a aucun savoir authentique à propos de ces trois idées (*Aufhebung* du savoir). Ces idées se présentent pourtant inévitablement à la raison,

172 Kant, *Critique de la raison pratique, op. cit.*, p. 749.
173 *Ibid.*, p. 750.
174 *Ibid.*, p. 751.

qui « n'est toujours qu'une seule et même raison qui, soit au point de vue théorique, soit au point de vue pratique, juge d'après des principes *a priori*[175] ».

Nous l'avons vu dans le premier chapitre de la raison pratique : en fonction de la loi morale, la raison pratique doit accepter – accepter sans savoir, c'est un postulat – l'idée d'un monde fonctionnant aussi selon une causalité par *liberté*. Avec ce premier postulat de la raison pratique, le pratique prime sur le spéculatif. Pour se situer dans la moralité, il faut *croire* à la liberté, ce n'est pas un savoir, c'est une foi (*Glaube*). Dans la suite de la dialectique de la raison pratique, nous allons voir que la raison pratique doit aussi croire au « sujet » et à Dieu, pour développer la *totalité*, à savoir l'unité (Y a d'l'un) des conditions générales de toute action morale (qui doit être à la fois formelle et matérielle).

Lorsque l'union de la raison spéculative et de la raison pratique se limite à telle action contingente (selon des impératifs techniques) ou à la recherche du bonheur, c'est la raison spéculative qui prime (la pratique suit le schéma théorique). Par contre, lorsque cette union est nécessaire en fonction de l'impératif catégorique de la loi morale (ce qu'elle touche est au fondement de l'humain), c'est la raison pratique qui a la primauté. La raison *pure* pratique (c'est-à-dire morale) a donc structurellement toujours la primauté sur la raison pure spéculative.

L'immortalité de l'âme comme postulat de la raison pure pratique

« L'*entière conformité* des intentions (*Gesinnungen*) à la loi morale est la condition suprême (*höchst*) du souverain Bien[176]. » Dans cette conformité, le souverain Bien est compris comme suprême et non comme accompli. Cette entière conformité des intentions à la loi morale est *exigée* par la loi morale, mais elle n'est pas acquise. Elle ne peut donc être que recherchée « dans un *progrès* allant à l'*infini* vers cette entière conformité ». On n'en a jamais fini avec la poursuite de la loi morale. Telle est la source de la culpabilité fondamentale, comme on l'a vu. Mais Kant en tire ici le postulat de ladite « immortalité de l'âme ». Plus fondamentalement et en fonction de l'absence de cette entière conformité, l'exigence de la loi morale implique que la recherche ne

175 *Ibid.*, p. 755-756.
176 *Ibid.*, p. 757.

cesse de s'imposer et avec elle la supposition de l'insistance de cette exigence, l'insistance de ce principe de jouissance qui n'en finit pas de ne pas se réaliser, c'est une âme ou un sujet hors temps. Cette « âme » ou ce « sujet » n'ont aucune substance assurée dans le temps phénoménal. C'est la supposition même de l'atemporalité de l'inconscient, insensible à l'usure du temps. Nous n'en avons jamais fini avec la question du soi-disant sujet, parce que dans l'inconscient et son éthique postulent la réalisation complète, la totalité du devoir être, sans pouvoir la trouver. C'est la réalisation complète et nécessaire « de la première et principale partie du souverain Bien, de la moralité[177] ». Non sans impliquer le hors-temps de la culpabilité, ajouterons-nous ici. L'immortalité de l'âme n'a donc rien à voir avec une prime de plaisir rétribuant l'action morale (ce serait plutôt une prime de culpabilité).

L'existence de Dieu comme postulat de la raison pure pratique

Si la loi morale doit conduire à la réalisation complète et nécessaire de la deuxième partie du souverain Bien, « au *bonheur* proportionné à cette moralité » (le postulat d'un « sujet » inconscient atemporel), elle doit aussi mener « à l'hypothèse de l'existence d'une cause adéquate à cet effet ». Dans la loi morale elle-même, il n'y a aucune connexion entre le principe de moralité et le bonheur. Mais en fonction de la raison qui unifie, la moralité, telle qu'elle est conçue par Kant, *doit* rester en prise sur la sensibilité (donc sur la question du bonheur) et la connexion entre la vertu et le bonheur « est postulée comme nécessaire (...). Donc le souverain Bien n'est possible dans le monde que si l'on admet une Cause suprême de la nature, qui exerce une causalité conforme à l'intention (*Gesinnung*) morale[178] ». Ce serait une causalité primitive qui rassemble en elle la causalité naturelle déterministe et la causalité par liberté. Le « souverain Bien dérivé » (où le bonheur est proportionnel à mon action) implique le postulat du « souverain Bien primitif », à savoir le postulat d'un grand Autre, Cause suprême de l'accord du principe de plaisir et du principe de jouissance.

Cependant cette nécessité morale n'est pas objective, elle n'est pas un objet de savoir. Elle n'est surtout pas à concevoir comme la rétribution pour l'action morale. C'est la connexion nécessaire entre la causalité

177 *Ibid.*, p. 759.

178 *Ibid.*, p. 760.

par liberté et la causalité déterministe qui commande les postulats de « l'immortalité de l'âme » et de « l'existence de Dieu ». Le grand Autre, Dieu ou ce principe suprême qui unit les deux causalités n'est cependant pas le fondement de l'obligation morale, lequel fondement « ne repose (...) que sur l'autonomie de la raison même[179] ». Considéré du point de vue théorique, ce postulat de l'existence de Dieu n'est qu'une hypothèse, mais du point de vue subjectif du sujet pratique, c'est une « croyance (*Glaube*), plus exactement une pure croyance rationnelle (*Vernunftglaube*), puisque la raison pure seule (suivant son usage théorique aussi bien que pratique) est la source d'où elle jaillit[180] ». Le grand Autre, dont l'existence est radicalement mise en question au niveau du savoir (il n'y a et il n'y aura aucune preuve de l'existence du grand Autre), doit être supposé exister (il faut faire exister le grand Autre) pour que puisse s'accomplir concrètement l'unité de la vertu et du bonheur, pour que la jouissance puisse déboucher sur un plaisir, dont elle se distingue pourtant.

Les morales cynique, épicurienne, stoïcienne et chrétienne proposent chacune une *idée* du souverain Bien comme *but* de la morale : cette idée morale (perfection pratique) sert de mesure de comparaison pour l'action dont il faut juger la moralité. « Les idées des *cyniques*, des épicuriens, des *stoïciens* et des *chrétiens* sont la *simplicité naturelle*, la *prudence*, la *sagesse* et la *sainteté*[181]. » Mais par la place prédominante du souverain Bien dans l'évaluation de la moralité, l'*autonomie* de la raison pure pratique est complètement perdue... et la vraie moralité avec elle. La morale ne nous enseigne pas comment atteindre le souverain Bien ni « comment nous devons nous rendre heureux, mais comment nous devons devenir *dignes* du bonheur (*der Glückseligkeit würdig*)[182] ». Cette dignité est à trouver dans l'autonomie et non dans le souverain Bien. Ce qui est supposé dans le postulat moral de l'existence de Dieu, ce n'est pas qu'il a créé le bonheur des êtres raisonnables, mais qu'il doit exister – qu'il faut faire exister – un souverain Bien garant d'une correspondance adéquate entre le bonheur et la vertu.

---

179 *Ibid.*, p. 761.
180 *Ibid.*, p. 762.
181 *Ibid.*, p. 764 (note).
182 *Ibid.*, p. 766.

Sur les postulats de la raison pure pratique en général

Ces postulats – la causalité par liberté, l'immortalité de l'âme, l'existence de Dieu – ne sont en aucun cas des dogmes théoriques, mais des hypothèses (*Voraussetzungen*) inhérentes à la pratique, à la loi morale. La critique de la raison pure a montré l'erreur inhérente aux trois idées correspondantes : au monde (les antinomies de la raison pure), au sujet (les paralogismes de la raison pure) et à Dieu (l'idéal de la raison pure qui ne prouve aucune existence). Ces trois idées transcendantes pour la raison spéculative deviennent immanentes dans le fonctionnement de la raison pratique. Nous supposons nécessairement la liberté (la causalité par liberté efficace dans le monde), le sujet (l'immortalité de l'âme) et Dieu (le souverain Bien). Nous comprenons que la liberté – qui, soulignons-le, ne se rapporte pas d'abord au sujet, mais à la causalité du *monde* – est nécessaire pour qu'il y ait loi morale, mais nous ne pouvons connaître aucun acte libre (sauf à ouvrir la place pour la jouissance de l'inconscient). Nous comprenons qu'il est nécessaire de soutenir la question de la vertu au-delà de la temporalité phénoménale, mais nous ne pouvons connaître ce « sujet » immortel (sauf à persévérer dans la loi morale, dans la jouissance). Nous comprenons que la vertu ou la jouissance doivent s'unir avec le plaisir en proportion, nous comprenons que le grand Autre doit permettre cette articulation avec le bonheur, nous n'en pouvons rien connaître (sauf à la faire exister par principe de jouissance).

Une extension de la raison pure du seul point de vue pratique

Les trois idées de la raison pure, qui correspondent aux trois postulats de la raison pratique (monde de la liberté, immortalité de l'âme, Dieu) étaient simplement pensables pour la raison spéculative. Avec le principe de la raison pratique, ces objets « sont maintenant assertoriquement reconnus[183] », ce qui n'était pas possible pour la raison spéculative. Ces objets sont donc maintenant donnés, mais faute d'intuition, nous ne pouvons strictement rien connaître d'eux : « comme rien en matière d'intuitions de ces objets ne nous y est donné (...), aucune proposition synthétique n'est possible du fait de cette réalité qui leur est reconnue ». *Nous devons les faire, les pratiquer.*

183 *Ibid.*, p. 772.

La raison peut user de ces idées (monde de la liberté, immortalité de l'âme, Dieu) non pour étendre ses connaissances, mais négativement, « pour écarter, d'un côté l'anthropomorphisme (...) et d'un autre côté le fanatisme[184] ». Ces pures idées servent à écarter la moralité de toute source sensible (anthropomorphisme) et de toute source suprasensible extérieure au fonctionnement de la raison pratique elle-même (le recours à ce genre de source suprasensible s'appelle le fanatisme).

Débarrassés tant du côté sensible que du côté suprasensible, nous devons cependant *penser* la raison pratique à partir des catégories de la liberté, lesquelles ne peuvent qu'être déduites à partir des catégories de l'entendement. Les catégories de la liberté « ne sont pas d'origine empirique », mais « elles ont *a priori* leur siège et leur source dans l'entendement pur ». « Elles ne produisent une *connaissance théorique* qu'en étant appliquées à des objets *empiriques* », mais « elles servent malgré tout aussi, dans l'application à un objet donné par la raison pure pratique, à former une *pensée déterminée du suprasensible*, à condition toutefois que cette pensée soit déterminée seulement par des prédicats qui appartiennent nécessairement à la *visée pratique* pure, donnée *a priori* et à sa possibilité[185]. » Rappelons que les catégories de la liberté privilégient, pour chaque catégorie, la troisième sous-catégorie : pour la quantité, la *singularité* autonome du « sujet » légiférant ; pour la qualité, la *limitation* qui décide et tranche ; pour la relation, l'*action réciproque* des choses rationnelles ; pour la modalité, la *nécessité* de la loi morale[186].

*La foi (*Glaube*) comme tenir pour vrai (*fürwahrhalten*) venant d'un besoin de la raison pure*

« Un *besoin* de la raison pure spéculative ne nous conduit qu'à des *hypothèses*, tandis que celui de la raison pure pratique conduit à des *postulats*[187]. » Dans la raison spéculative, je m'élève aussi haut que je peux vers la totalité, vers un principe unitaire, vers le Un (Y a d'l'un) pour expliquer une réalité objective, mais il n'est pas possible de m'assurer de la réalité objective de ce principe (le sujet, le monde ou Dieu). « Au contraire, un besoin de la raison pure pratique est fondé sur un devoir,

184 *Ibid.*, p. 773.
185 *Ibid.*, p. 780.
186 *Ibid.*, p. 688-689.
187 *Ibid.*, p. 781.

celui de prendre quelque chose (le souverain Bien) comme objet de ma volonté, pour travailler de toutes mes forces à le réaliser. » C'est non seulement possible, mais bien plus c'est nécessaire. Cette nécessité ne mène à *aucun savoir objectif* du sujet, du monde et de Dieu. Elle se joue dans une pratique.

Comme la loi morale s'impose nécessairement à moi, « *je veux* qu'il y ait un Dieu, que mon existence en ce monde soit encore en dehors de la connexion naturelle, une existence dans un monde purement intelligible, enfin que ma durée soit infinie, je persiste à la vouloir et je ne me laisse pas enlever cette croyance (*Glaube*)[188] ». Je tiens donc pour vrai les trois postulats pour des motifs purement subjectifs (la maxime de mon action, « je veux »), qui n'en sont pas moins parfaitement nécessaires. Cette foi (*Glaube*) n'est pas un savoir (*Wissen*), qui lui est fondé sur de l'objectivité, ni non plus une opinion (*Meinen*), qui n'est qu'un tenir pour vrai sans arguments suffisants ni du point de vue objectif, ni du point de vue subjectif.

On pourrait objecter ici que le « vouloir » ou le « désir » ne garantit aucunement la réalité de la chose désirée et qu'une forme de délire consiste justement à prendre ses désirs pour la réalité[189]. Il est donc tout à fait juste de dire que l'inclination ne suffit pas à faire surgir l'*objet* dans la réalité. Mais dans la loi morale, il ne s'agit justement pas d'inclination. La loi morale – nécessaire, inconditionnée – détermine inévitablement mon jugement : je crois au monde où la liberté a une place, à l'immortalité du sujet et à l'existence de Dieu, sans que pourtant cette foi ou cette croyance ne soit jamais un savoir : je ne peux strictement rien dire de ce que seraient cette liberté, ce sujet et ce Dieu. Je peux les faire exister dans la pratique (liberté de l'inconscient, persistance de la question du sujet, existence de la dimension du grand Autre).

Devant la nécessité de la jouissance, je dois avoir la foi en la liberté, en l'immortalité de la question du sujet moral et en l'Autre qui accorderait en fin de compte le plaisir à la jouissance.

---

188 *Ibid.*, p. 783.

189 Cf. l'*amentia* de Meynert, dont l'exemple canonique, chez Freud, est celui d'un amoureux éconduit qui continue à se promener pendant des années avec une poutre de bois dans les bras, supposée représenter l'objet de ses désirs.

Du rapport sagement proportionné des facultés de connaître de l'homme à sa destination pratique

La critique de la raison pure spéculative a montré l'insuffisance radicale de la raison pour résoudre ses propres buts, à savoir trouver la condition inconditionnée, la totalité, le Un (Y a d'l'un) dans l'ordre de la substance (le sujet), dans l'ordre de la causalité (le monde) et dans l'ordre de la communauté ou l'action réciproque (Dieu). Le savoir est fondamentalement troué, non pas accidentellement, mais pour les choses les plus fondamentales.

Or ce *trou dans le savoir* (*Aufhebung* du savoir) n'est pas simplement un manque ; c'est fondamentalement une richesse.

Supposons que nous ayons la *connaissance* de l'immortalité de l'âme et de la juste ordonnance de toute action morale dans le monde en raison du souverain Bien, nous obéirions bien sûr à la lettre d'une loi apparemment « morale ». Mais l'*intention* de nos actions ne serait plus dirigée par l'autonome légiférante. Elle serait polarisée directement vers le bonheur résultant de nos actions. La liberté disparaîtrait. Et notre conduite, légale, mais non morale, serait « transformée en un pur mécanisme où, comme dans un jeu de marionnettes, tout *gesticulerait* bien, mais où l'on ne rencontrerait *aucune vie* dans les personnages[190] ».

Mais il n'en est rien. Nous ne *connaissons* pas directement la liberté, ni non plus l'immortalité de l'âme, ni la juste ordonnance du souverain Bien. Nous devons *les faire*. La loi morale et la culpabilité s'imposent et, avec elles, le principe de jouissance qui, sans pouvoir se réduire à des exemples ou autres réalisations sensibles, continue à soutenir la liberté propre à l'inconscient de donner une autre forme, de créer toujours à nouveau.

190 *Ibid.*, p. 787.

CHAPITRE 5

COMMENT PROMOUVOIR LE PRINCIPE DE LA LOI MORALE[191]

(et de la jouissance)

La méthode de la raison pure spéculative montrait la façon de procéder pour maîtriser toute l'ampleur diacritique du travail de la raison dans le champ de la connaissance[192]. La méthodologie de la raison pure pratique doit mettre en évidence la façon dont la loi morale devient *subjectivement* pratique, comment elle peut et doit avoir « de l'*influence* (*Einfluss*) sur ses maximes[193] ». On l'a déjà vu, cette influence se joue dans le passage du principe de la raison pratique (premier chapitre de l'analytique de la raison pratique) au « respect » comme mobile de la raison pure (troisième chapitre) par le truchement du Bien (deuxième chapitre de l'analytique de la raison pratique). La question de la méthodologie est maintenant de montrer comment la *présentation* de la vertu pure peut « avoir *plus de force* sur l'âme humaine (...) que toutes les séductions faisant miroiter des plaisirs, et en général tout ce qu'on peut assigner au bonheur, ou encore que toutes les menaces de douleurs et de maux[194] ». Comment faire pencher la balance non du côté des inclinations, mais du côté de la loi morale ?

La méthodologie mettra d'abord « à profit la tendance qu'a la raison d'entrer avec plaisir dans l'examen le plus subtil des questions pratiques[195] ». Mais si la raison questionne la valeur morale de telle ou telle action, ce n'est pas pour les proposer comme des exemples à imi-

191 « Deuxième partie de la Critique de la raison pure : Méthodologie de la raison pure pratique »

192 Il faut commencer par éviter certains écueils (discipline), montrer ce que la raison vise positivement (canon), en dégager la structure (architectonique) et l'inscrire dans l'histoire.

193 *Ibid.*, p. 789.

194 *Ibid.*, p. 790.

195 *Ibid.*, p. 793.

ter. « Donner pour modèles aux enfants des actions présentées comme nobles, magnanimes, méritoires, dans l'idée de les disposer favorablement à leur endroit en leur inspirant de l'enthousiasme, est tout à fait contraire au but recherché[196]. » Il s'agit au contraire de profiter de ces actions concrètes comme autant d'occasions pour rentrer dans le mouvement de la raison pratique pure, de son questionnement, de sa réflexion et de son autonomie. Peu importe la qualité des « exemples », la question est de s'en servir comme prétexte pour exercer la raison pratique et sa critique.

La méthode consiste d'abord à « faire du jugement d'après des lois morales une activité naturelle accompagnant toutes nos actions propres aussi bien que celles d'autrui, d'en faire pour ainsi dire une habitude, et de le rendre plus pénétrant, en demandant en premier lieu si l'action est objectivement conforme à la loi morale et quelle loi elle est *conforme*[197] ».

Après ce premier exercice qui consiste à s'habituer, à pratiquer le principe, le « second exercice » de la méthodologie « consiste à faire ressortir (...) la pureté de la volonté », d'abord comme perfection négative, à savoir en prenant conscience dans la douleur de l'opposition aux inclinations, mais ensuite comme perfection positive, en prenant conscience de la liberté intérieure (comme dégagée du monde phénoménal) et du respect qu'elle mérite. « La loi du devoir (...) trouve un accès plus facile, grâce à ce *respect pour nous-mêmes* dans la conscience de notre liberté[198]. »

* * *

CONCLUSION DE LA MÉTHODOLOGIE

« Deux choses remplissent le cœur (*Gemüt*) d'une admiration et d'une vénération toujours nouvelles et toujours croissantes, à mesure que la réflexion (*Nachdenken*) s'y attache et s'y applique : *le ciel étoilé au-dessus de moi et la loi morale en moi.* » De ces deux choses admirables, l'une abaisse la valeur de l'homme, l'autre l'élève et la magnifie.

[196] *Ibid.*, p. 796.
[197] *Ibid.*, p. 799.
[198] *Ibid.*, p. 801.

La première chose admirable et vénérable va de pair avec une humiliation radicale de l'humanité ; elle « anéantit pour ainsi dire mon importance, en tant que je suis une *créature animale*, qui doit restituer la matière dont elle fut formée à la planète », de ce point de vue, je ne suis qu'un minuscule objet fini dans l'immensité des choses de l'univers qui s'offrent à la raison pure spéculative. Cette première chose inflige à l'humain en général une blessure narcissique radicale, dont Freud a mesuré toute l'importance[199].

La deuxième chose admirable et vénérable « rehausse ma valeur (...), la loi morale me révèle une vie indépendante de l'animalité, et même de tout le monde sensible » ; de ce point de vue, je suis le sujet de la raison pure pratique et la fin que la loi morale donne à mon existence « ne se borne pas aux conditions et aux limites de cette vie, mais s'étend à l'infini[200] ».

L'admiration pour le ciel étoilé et la loi morale a été citée mille et une fois. Ce qui importe cependant n'est pas l'admiration ou la vénération pour ces deux choses, mais le fait qu'elles poussent à la réflexion (*Nachdenken*), à la recherche (*Nachforschung*) et à l'exercice de la raison dans son autonomie. Sans réflexion, la contemplation du ciel étoilé aboutit à l'astrologie (*Sterndeutung*) et à son déterminisme de fond. Sans réflexion, l'obéissance aveugle à une loi morale aboutit au fanatisme (*Schwärmerei*) et à la superstition (*Aberglauben*).

---

199 Elle est à la racine des trois blessures narcissiques de l'humanité, relevées par Freud. La première vexation de l'amour-propre naïf de l'humanité survint « lorsqu'elle apprit que notre terre n'était pas le centre de l'univers » (Copernic). C'est celle reconnue par Kant (notamment dans la Préface à la deuxième édition de la *Critique de la raison pure, op. cit.*, p. 740-741 ; B XVI) Les deux autres vexations de l'amour-propre mentionnées par Freud surviennent après la mort de Kant (1804). Avec *L'origine des espèces* de Darwin (1859), « la recherche biologique réduisit à néant le prétendu privilège de l'homme quant à sa création, le renvoyant au fait qu'il descend du règne des animaux » (Darwin). Et avec la découverte de l'inconscient, le moi de l'homme doit se rendre compte « qu'il n'est pas même maître dans sa propre maison » (Freud, *Leçons d'introduction à la psychanalyse*, 1915-1917, dans Œuvres complètes XIV, Paris, PUF, 2000, p. 295). Toutefois, d'une part en ce qui concerne la deuxième vexation, Kant mentionne explicitement la « créature animale » de l'homme. D'autre part pour la troisième vexation, la *Critique de la raison pratique* (plus précisément dans la conclusion de la méthodologie) indique bien que je ne suis rien comparé à ce troisième principe (de la moralité), qui préfigure le fonctionnement propre de l'inconscient.

200 Kant, *Critique de la raison pratique, op. cit.*, p. 802.

En prenant soin de ne s'avancer « que dans la voie d'une méthode d'abord soigneusement mise au point[201] », la raison a connu « un aboutissement incomparablement plus heureux » que l'astrologie, à savoir la physique de Newton. Ce parangon de réflexion, parti de la première chose admirable, à savoir du ciel étoilé et de l'humiliation qui en découle, « peut nous engager à suivre la même voie en traitant des dispositions morales de notre nature, et peut nous donner l'espérance de parvenir à un aussi bon (*gut*) résultat », en partant cette fois de la deuxième chose admirable, à savoir la loi morale et d'arriver à « un aboutissement incomparablement plus heureux » que le fanatisme et la superstition.

Ceci pourrait nous amener non seulement à mieux comprendre l'inconscient et le principe de jouissance qui lui est essentiel, mais surtout à y engager un renouveau de la pratique psychanalytique.

201 *Ibid.*, p. 803.

DEUXIÈME SECTION

LECTURE DE LACAN

Comment rester fidèle à la manière de procéder propre à l'inconscient ? L'inconscient fonctionne selon le principe de plaisir *et* selon le principe de jouissance (« au-delà du principe de plaisir », qui est bien plus un « en deçà »). Le premier recouvre, oblitère et refoule le second alors que ce dernier détient la spécificité du fonctionnement de l'inconscient.

L'opposition entre ces deux principes ne fait que reprendre l'opposition entre le principe de recherche du bonheur et le principe de la loi morale, entre le principe pragmatique et le principe pratique ou encore entre les morales hédonistes prékantiennes et la morale de la vertu chez Kant.

Comment donner tout son poids à l'avancée kantienne de la loi morale pour faire émerger le principe de jouissance spécifique de l'inconscient ? Comment faire pencher la balance du côté de la loi morale et de la jouissance de l'inconscient, alors que c'est bien plutôt la recherche du bonheur et du plaisir qui dominent le paysage ?

La méthode de la raison pratique commence par le principe de la loi morale pour ensuite déterminer ce qu'est le Bien et terminer enfin par la mobilisation de la sensibilité vers la loi morale (le respect). Ce cheminement n'est jamais achevé une fois pour toutes ; il doit se faire et se refaire et ce n'est que dans la répétition qu'il devient effectif.

La méthode de la psychanalyse, qui n'est autre que la méthode de l'inconscient, doit donner toute sa place au principe spécifique de l'inconscient, au principe de jouissance. Ce cheminement n'est jamais achevé une fois pour toutes ; ce n'est que dans la répétition qu'il devient effectif.

La méthode de la psychanalyse est ainsi une reprise, une répétition de la méthode de la raison pure. De ce double cheminement, on retiendra deux choses admirables et vénérables. D'une part *ce qui est* : le « ciel étoilé au-dessus de moi » n'est rien d'autre que le signe de la vexation généralisée de l'amour-propre naïf de l'humanité ; dans l'ordre du savoir, du connaître, de la sensibilité et du plaisir, je ne suis que quatre fois rien. D'autre part *ce qui doit être* : « la loi morale en moi » fait signe vers une puissance de création, extraordinaire (hors de l'ordinaire du plaisir) ; dans l'ordre du faire propre à l'inconscient, qui n'est pas, mais qui *doit* être, il doit être possible de donner une autre forme, une nouvelle création à partir de rien.

Le séminaire de Lacan, *L'éthique de la psychanalyse* (1959-1960), prend la pleine mesure de la vexation narcissique de l'homme : je ne suis fondamentalement rien non pas seulement devant le réel de l'univers, mais plus radicalement devant *La Chose* (*Das Ding*) qui m'est absolument inconnaissable, devant le *Réel* qui m'échappe complètement. C'est à partir de cette vacuité que prend place la question morale kantienne qui doit éclairer le fonctionnement éthique de l'inconscient freudien.

Le texte *Kant avec Sade* (1962-1963) prend d'abord en considération la deuxième chose admirable et vénérable selon Kant, à savoir la loi morale pour lui donner toute sa valeur dans la sensibilité par le truchement de la lecture de Sade. *La philosophie dans le boudoir* (1795) de Sade « donne la vérité de la *Critique*[202] » (la *Critique de la raison pratique*, 1788), elle est supposée la dévoiler dans la sensibilité.

* * *

Par « lecture de Lacan », nous entendons tout à la fois la lecture que Lacan a faite des *Fondements* et de la *Critique de la raison pure* de Kant et la lecture que nous faisons de Lacan lisant les écrits de Kant, alors que nous avons déjà lu les mêmes écrits de Kant. Au cours de cette lecture éclairée des textes de Lacan, nous serons amenés à prendre en considération un certain nombre de déviations et de mécompréhensions de Lacan par rapport aux textes mêmes de Kant. Notons entre autres : la place primordiale et explicite du principe comme principe chez Kant est effacée dans la présentation de Lacan (mais la fonction du principe comme principe est reprise sans doute par l'introduction de la Chose et de l'objet *a*) ; la loi morale centrée autour de l'autonomie chez Kant est présentée comme une universalité purement formelle chez Lacan (ce qui lui permet d'insister *a contrario* sur le côté synthétique et l'énonciation de la loi chez Sade) ; la place du Bien secondaire chez Kant est primordiale dans la lecture qu'en fait Lacan (notamment pour lui opposer Sade et le Mal) ; la place du respect fondamentale chez Kant est estompée au profit de la douleur dans la présentation de Lacan (la douleur permet le rapprochement de Kant et Sade) ; la valeur de la dialectique transcendantale centrée d'abord sur la loi morale est présentée sous l'angle du bonheur chez Lacan ; les exemples se réduisent, chez Kant, à n'être que des occasions pour illustrer la réflexion

202 Lacan, « Kant avec Sade », dans *Écrits*, Paris, Seuil, 1966, p. 766.

morale principale, alors que chez Lacan, ils fonctionnent comme éléments fondamentaux de l'argumentation.

De toutes ces déviations et mécompréhensions, on retiendra que Lacan présente une version assez lâche et en décalage, sur un mode mineur, par rapport à la morale kantienne. Sa lecture correspond cependant assez bien à l'opinion commune à propos de Kant (y compris l'opinion que les psychanalystes lacaniens se font en général à propos de Kant, le plus souvent sans l'avoir lu attentivement).

Par rapport à cet écart manifeste entre le texte de Kant et la lecture de Lacan, plusieurs options sont possibles. 1° La reconnaissance de l'énorme travail de *Lacan* en général impose de lui faire confiance. Lacan aurait donc corrigé ce qu'il fallait corriger et la lecture de Kant serait devenue inutile ou obsolète. 2° La reconnaissance de la philosophie de *Kant* prime et il nous faudrait tout simplement rejeter la lecture de Lacan, qui échouerait à un quelconque examen universitaire sur la morale de Kant. 3° Il nous faut rendre compte de *Kant et de Lacan* et de *l'écart* qui existe entre la moralité kantienne et sa lecture commune et lacanienne. Que faire de cet écart ? Ici, deux sous-positions sont possibles. 3a La première consiste en un *constat* : on peut faire remarquer que Lacan subvertit en général chacun des emprunts qu'il fait à la linguistique, à la philosophie, à la mathématique ou à n'importe quel auteur et c'est toujours dans un sens innovant et créateur ; forts de ce constat, nous pourrions tout simplement nous fier au texte lacanien sans plus. 3b La deuxième sous-position consiste en un *travail*, qui consiste à analyser les écarts, les déviations, les mécompréhensions, à restituer les positions radicales de Kant aussi bien que les propositions de Lacan. Ceci non pas pour aboutir à départager les unes et les autres, mais bien plutôt pour les mettre en tension dans leur structure commune. C'est ce travail que nous entamons avec la lecture de Kant par Lacan.

La valeur de ce travail va identiquement dans le sens de la méthodologie de la raison pratique de Kant : faire ressortir la loi morale (le principe de jouissance), donner un accès sensible à l'invention et à l'exercice de la liberté. Ce travail, irremplaçable parce qu'il est exercice de la structure en jeu dans la raison pratique aussi bien que dans l'inconscient, nous mènera à l'éclaircissement du principe fondamental de la psychanalyse, le principe de jouissance propre à l'inconscient.

PREMIÈRE PARTIE

L'ÉTHIQUE DE LA PSYCHANALYSE (1959-1960)

Le Réel

CHAPITRE 1

CRITIQUE DES « ÉTHIQUES » CENTRÉES SUR LE BONHEUR ET SUR LA PERFECTION

I. « ÉTHIQUES » CENTRÉES SUR LE BONHEUR

Dans la ligne du séminaire VI consacré au désir, le séminaire VII se devait d'expliciter l'éthique comme une éthique *du désir*. Mais comment comprendre le désir ? La thèse centrale de la *Traumdeutung* « le rêve est un accomplissement (déguisé) d'un souhait (refoulé ou réprimé) » pourrait vouloir dire que le travail de l'inconscient fonctionne tout simplement dans le sens du principe de plaisir. Cette recherche de plaisir suppose de toute façon de la *prudence*, car le plaisir de l'un n'est pas le plaisir de l'autre et le plaisir en un lieu psychique (inconscient) n'est pas le plaisir en un autre lieu (préconscient et conscient). Cette conception de l'éthique polarisée vers le plaisir et modérée par la prudence *au niveau des individus* est celle de *l'Éthique à Nicomaque* d'Aristote. Cette même conception de l'éthique (plaisir et prudence), transposée *au niveau des lieux psychiques*, pourrait sembler être aussi celle de *L'interprétation du rêve* de Freud (nous verrons qu'il n'en est rien). Dans ce sens, l'éthique psychanalytique viserait à libérer, à affranchir le désir de ce qui le refoule ou le réprime[203]. L'éthique de la psychanalyse s'inscrirait ainsi dans le cadre d'une recherche générale du plaisir ou du bonheur.

La conception aristotélicienne de l'éthique est encore prévalente aujourd'hui : il suffirait de bien suivre la voie de ses désirs avec prudence (*phronèsis* d'Aristote, *Klugheit* de Kant), c'est-à-dire d'en mesurer les conséquences, les tenants et les aboutissants. Elle se présente comme naturelle et n'a donc rien à enseigner aux personnes (les prudents sont

[203] La « liberté » s'entend ici au sens courant et banal du terme de libération des tendances pulsionnelles qui procureraient le plaisir, contrairement à la liberté kantienne qui doit s'entendre comme productrice de la loi morale (et de la jouissance).

déjà plongés dans l'éthique et les imprudents n'écoutent de toute façon pas les conseils qu'on pourrait leur donner). *L'Éthique à Nicomaque* comme l'éthique courante contemporaine n'est donc pas adressée aux individus, mais aux législateurs qui, par les lois de la cité, peuvent favoriser l'exercice de cette prudence au niveau social. C'est une éthique politique que vise à écarter tout ce qui viendrait contrecarrer le règne d'un bonheur bien proportionné. Elle balaie d'un revers de la main un certain nombre de phénomènes humains comme des aberrations monstrueuses de la nature humaine[204], notamment une bonne partie des désirs sexuels en même temps que la morbidité de la faute, le Surmoi féroce, la culpabilité essentielle qui mine l'humain indépendamment de toute faute réelle.

II. « ÉTHIQUES » CENTRÉES SUR LA PERFECTION

Or, la psychanalyse ne suit pas cette tendance aristotélicienne générale, elle ne vise pas à mieux organiser le bonheur avec prudence et, surtout, elle n'écarte ni la sexualité ni la culpabilité fondamentale. Elle en fait au contraire sa préoccupation centrale. Est-ce pour diriger les aberrations sexuelles vers la perfection sexuelle, pour effacer la culpabilité fondamentale et se diriger vers la perfection en général ?

Il faudrait mener la sexualité et le Surmoi dans une bonne direction. Le Surmoi féroce pourrait ainsi faire place à un bon Surmoi, à un Idéal bénéfique qui tienne compte tout à la fois de la réalité, des pulsions sexuelles, du Ça, sous le contrôle du Moi qui les structure. Une certaine morale de la psychanalyse s'est focalisée sur trois types de perfection : l'idéal de *l'amour génital* comme but dernier d'une bonne sexualité où le sujet serait parfaitement accompli, l'idéal de l'*authenticité* comme adéquation parfaite de ce que fait et dit le sujet avec ce qu'il est fondamentalement et l'idéal de l'*autonomie* comme indépendance du sujet par rapport à tout ce qui pourrait troubler sa perfection. N'avons-nous pas précisément tenté de saisir la loi morale à même l'inconscient et la jouissance à même la sexualité naissante pour tenter de la laisser s'épanouir dans sa pleine structure, dont l'*amour génital* serait l'image ? La loi morale kantienne en même temps que la jouissance ne

[204] Remarquons que le premier des *Trois essais sur la théorie sexuelle* (1905) de Freud est consacré aux aberrations sexuelles. C'est sur ces dernières que s'appuie toute la théorie de la sexualité, bien plus que sur une sexualité normalisée.

vise-t-elle pas l'*authenticité*, l'adéquation du sujet à son noyau de jouissance ? L'*autonomie* de loi morale et de la jouissance n'implique-t-elle d'écarter, de ne pas se laisser perturber par les inclinations du principe de plaisir ?

Sans doute. Mais lorsque « l'amour génital », « l'authenticité », « l'autonomie » sont proposés comme des perfections ou comme des *idéaux*, ils deviennent les buts qui déterminent l'éthique ou la morale de la psychanalyse. Or, comme on l'a vu, agir en fonction de buts, aussi nobles soient-ils, c'est toujours *in fine* agir en fonction du plaisir et du bonheur. Le but comme but est en effet présenté comme une réalité extérieure à l'action morale, au processus de la moralité. La vraie critique des idéaux de la psychanalyse (amour génital, authenticité, autonomie) porte sur l'essence de l'idéal en tant qu'il est présenté comme une chose qui existerait dans la réalité indépendamment de nous, et non comme une partie de l'architectonique subjective ainsi que Freud l'exposait déjà dans son introduction du narcissisme[205].

III. CRITIQUE DU RÉALISME

Pour comprendre la différence majeure entre, d'une part, ces fausses éthiques centrées sur le plaisir (le « bonheur ») ou sur les idéaux de perfection (« l'amour génital », « l'authenticité », « l'autonomie ») et, d'autre part, l'éthique proprement psychanalytique, Lacan propose de prendre la mesure de ce qui s'est passé dans l'intervalle entre Aristote et Freud. On penserait d'emblée à Kant. Mais Lacan introduit ici la théorie des fictions de Jeremy Bentham. Notre pensée ne fonctionne pas seulement à partir des choses empiriques données ; pour comprendre et agir avec notre pensée, nous nous créons des entités fictives qu'il sera impossible de retrouver comme telles dans la réalité. Le « bonheur », « l'amour génital », « l'authenticité » et « l'autonomie » sont en fait de telles fictions, qui ne sont en rien réalistes. Pour Aristote, le bonheur et le plaisir étaient supposés tout préparés dans la nature, ils nous attendraient dans la réalité. Avec la théorie de Bentham, nous devons prendre la mesure du fait que ce ne sont là que des fictions, qui peuvent certes être utiles et efficaces, bien qu'on ne puisse jamais les rencontrer comme telles dans la réalité. Avant Bentham, Kant avait déjà dénoncé le réalisme transcendantal, en même temps que l'impos-

205 Freud, « Pour introduire le narcissisme », dans Œuvres complètes T XII, Paris, PUF, 2005. Voir Fierens, *L'âme du narcissisme*, Toulouse, PUM, 2016.

sibilité de fonder une véritable morale à partir du réalisme[206]. Nous ne sommes jamais en prise avec une réalité en soi (plaisir, amour génital, authenticité, autonomie), mais bien avec des fictions (Bentham) ou des phénomènes qui apparaissent comme « plaisir », « amour génital », etc. Nous sommes donc toujours en dette incomblable par rapport à ce que serait la réalité. C'est le nœud de la culpabilité, du Surmoi et de la jouissance.

206 Cf. Fierens et Pierobon, *Les pièges du réalisme, Kant et Lacan*, *op. cit.*,

CHAPITRE 2

LE TROU DANS LA RÉALITÉ, LE RÉEL ET LA CHOSE

La réalité, indemne de toute fiction et ce qui l'accompagne dans son apparition phénoménale, nous échappe complètement, c'est un grand vide. La Chose (*das Ding*) elle-même est fondamentalement et définitivement indicible. Le génie de Lacan consiste à aller repêcher *das Ding* chez Freud, là où elle ne se trouve pas dans le sens où il l'entend, et de donner à *das Ding* le sens précis d'une chose fondamentalement et définitivement indicible.

Dans le *Projet de psychologie* (1895), Freud examine la question de savoir comment le nourrisson peut retrouver le sein alors qu'il se présente régulièrement sous des aspects variables (position dans l'espace et autres différences sensorielles). Dans le sein ou dans la personne qui prend soin de l'enfant (*Nebenmensch*), Freud distingue donc ce qui se présente toujours de la même façon, l'invariant, et ce qui se présente de façon variable. Les caractères constants et invariants du sein et de la mère constituent, selon Freud, *das Ding* ; ils n'ont pas besoin de rentrer dans un processus de compréhension ; la Chose est non jugée (*unverstanden*) parce qu'elle n'a pas besoin d'être jugée pour être reconnue : elle est fondamentalement constante et donc immédiatement reconnaissable. Les caractères variables du sein ou de la mère nécessitent au contraire le jugement et la juste compréhension du nourrisson pour pouvoir reconnaître la source de satisfaction malgré les variations dans sa présentation[207].

Génialement, Lacan mécomprend Freud tout en introduisant ce qui pourra donner tout son sens à l'éthique de la psychanalyse. Lacan chamboule complètement *das Ding* de Freud pour en faire, non plus ce

207 « C'est ainsi que les complexes de perception se séparent en une partie constante, incomprise (*unverstanden*), la chose, et une partie changeante, compréhensible (*verständlich*), la propriété ou le mouvement de la chose » (Freud, « Projet d'une psychologie », dans *Lettres à Wilhelm Fliess 1887-1904*, Paris, PUF, 2006, p. 688). Il ne faut pas confondre l'incompris (parce que constant et donc ne posant pas problème) avec l'incompréhensible.

qui est toujours identique à soi-même et qui ne pose aucun problème, mais ce qui *résiste* à toute compréhension. *Das Ding* s'isole comme le terme étranger, inatteignable et réel autour duquel tourne tout le mouvement de la représentation (*Vorstellung*) et du symbolique[208]. *Das Ding*, tel que l'a entendu Lacan pour en faire son Réel, ce n'est pas la chose freudienne qui ne pose aucun problème, c'est la chose en soi kantienne, *Das Ding an sich*, la chose indépendamment de toute possibilité d'expérience, indépendamment de tout processus de représentation et de compréhension.

La découverte et l'invention lacanienne de *das Ding* renversent toute éthique centrée sur le bonheur, y compris l'éthique qui serait centrée sur le souverain Bien comme plaisir ultime. C'est en même temps la découverte de la raison dernière de l'interdit de l'inceste : c'est pour maintenir la place de la Chose comme inconnaissable et incompréhensible qu'il faut dire que la Mère est intouchable, interdite. « Le pas fait, au niveau du principe du plaisir, par Freud, est de nous montrer qu'il n'y a pas de Souverain Bien – que le Souverain Bien, qui est *das Ding*, qui est la mère, l'objet de l'inceste, est un bien interdit, et qu'il n'y a pas d'autre bien. Tel est le fondement, renversé chez Freud, de la loi morale »[209]. Dans cette citation, la loi morale centrée sur le bonheur est renversée ; ledit « bien » en général ne veut pas dire le bien déduit à partir du principe moral (comme chez Kant) ; c'est identiquement le « bon » et le « souverain Bien », c'est l'objet souverainement bon comblant parfaitement la demande de bonheur qui est *interdit*. Le renversement opéré par Freud selon Lacan c'est le renversement du but ultime de l'éthique du bon et du principe de plaisir, par l'interdit.

Sans ce renversement de l'éthique du bonheur (Aristote), sans ce renversement qui ouvre la place pour une nouvelle « loi morale », il est impossible de progresser dans la question de l'éthique psychanalytique. Le renversement de l'éthique centrée sur le bonheur prépare une tout autre éthique : il faut avoir lu la *Critique de la raison pratique*, c'est la référence centrale du séminaire[210]. En reprenant l'opposition entre le *Gute* et le *Wohl*, Lacan situe d'emblée la *Critique de la raison pure* du

---

208 Lacan, *Le séminaire, Livre VII, L'Éthique de la psychanalyse*, Paris, Seuil, 1986, p.75-77.

209 *Ibid.*, p.85.

210 « Il est impossible que nous progressions ensemble dans ce séminaire, dans les questions posées par l'éthique psychanalytique si vous n'avez pas ce livre comme terme de référence » (*Ibid.*, p.88).

côté de l'*Au-delà du principe de plaisir*. *Das Gute* et *das Ding* ne peuvent pas se penser dans le champ du principe de plaisir et de la causalité déterministe qui le régit. Ils ouvrent ainsi un champ ou une question au-delà du principe de plaisir, non sans éclairer le fonctionnement de l'inconscient. *Das Gute* introduit « au niveau inconscient ce qui devrait nous forcer à reposer la question proprement kantienne de la *causa noumenon*[211] », autrement dit de la causalité du côté du noumène, c'est-à-dire de la causalité de la liberté[212]. « *Das Ding* se présente ici, au niveau de l'expérience inconsciente, comme ce qui déjà fait loi ».

Cette loi peut se présenter comme « une loi de caprice, d'arbitraire, d'oracle aussi, une loi de signes où le sujet n'est garanti par rien » ; elle apparaît telle (loi de caprice et d'arbitraire), non parce que le sujet peut décider de tout, mais en fonction du fait qu'elle est déterminée au niveau de l'*inconscient* qui échappe à toute explication (« le sujet n'est garanti par rien »). Malgré cette apparence, ce n'en est pas moins une loi proprement morale (et non une loi physique), qui précède toute distinction entre le Bien et le Mal. « C'est pourquoi ce *Gute*, au niveau de l'inconscient, est aussi, et dans son fond, le mauvais objet, dont l'articulation kleinienne nous parle encore. Encore faut-il dire que *das Ding* n'est, justement à ce niveau, jamais distingué comme mauvais. » Avec cette indistinction, on voit bien que *das Ding* ne se présente pas du tout comme le « concept d'un objet de la raison pratique », comme le bien ou le mauvais (chapitre II de l'analytique de la raison pratique chez Kant) ; il faut situer la Chose lacanienne en deçà du bien et du mal, autrement dit au « principe de la raison pratique » (chapitre I de la même analytique). Dès que l'on parle de *das Ding* en termes de bien ou mauvais, cette parole se présente comme un faux *départ*, puisqu'elle court-circuite l'indicible de *das Ding* dont bien et mal dérivent. Parler en termes de bien ou mal est une prémisse fausse (*prôton pseudos*) qui invalide l'entièreté du raisonnement moral et du raisonnement inconscient[213].

---

211 *Ibid.*, p.89.

212 Lacan évite ici soigneusement le terme de « liberté » en raison d'une confusion possible avec une idéologie de la libération des instincts. La liberté kantienne n'a rien à voir avec une telle libération.

213 Le *prôton pseudos* en psychanalyse se réfère classiquement au cas de Emma mentionné dans l'*Entwurf* de Freud. Cette femme avait la phobie d'entrer seule dans les magasins. Elle reliait ce symptôme à une histoire de ses douze ans : des vendeurs avaient ri d'elle dans un magasin. Derrière ce souvenir-écran se cachait le véritable traumatisme : à l'âge de huit ans, un épicier avait empoigné son sexe (Freud, « Projet d'une psychologie », dans *Lettres à Wilhelm Fliess 1887-1904*,

La physique newtonienne s'était développée en prenant son « indépendance par rapport à *das Ding*[214] » : Newton ne feint aucune hypothèse sur le réel en tant que tel, on ne s'en occupe pas. Kant en avait tiré les conséquences dans sa *Critique de la raison pure* : nous ne connaissons jamais *das Ding*, nous ne connaissons que les phénomènes. La loi morale se situe précisément au lieu délaissé par la science, au lieu du Réel où le savoir se fait absent, au lieu de *das Ding*. La loi morale « s'articule à cette visée du réel comme tel, du réel en tant qu'il peut être la garantie de la Chose[215] ». Le réel et la Chose semblent ainsi placés « au centre » de la « loi morale » et de « l'inconscient », mais « ce *das Ding* est justement au centre au sens qu'il est exclu »[216] et nous ne pouvons faire mieux que de le présenter comme absence (entre centre et absence).

Paris, PUF, 2006, p. 657). Dans cette histoire, la première méprise (*prôton pseudos*) consiste justement à se placer au niveau du bien ou du mal, alors qu'il faudrait se rapporter d'abord à la Chose absolument inassimilable qu'est le surgissement de la sexualité dans ce traumatisme subi à l'âge de huit ans.

214 *Ibid.*, p.93.

215 *Ibid.*, p.92.

216 *Ibid.*, p.87.

CHAPITRE 3

L'UNIVERSALITÉ DE LA LOI MORALE

Comme on l'a vu, l'analytique de la raison pratique de Kant commence par exclure tous les principes pratiques qui supposent un *objet* comme déterminant de la volonté[217]. L'objet est en lui-même soumis aux passions déterminées par le principe de plaisir, l'objet est en lui-même « pathologique » au sens kantien. Si le principe de la loi morale ne peut en aucun cas être un objet ou la *matière*, il ne peut être que dans la *forme*[218].

Comment comprendre cette forme ?

La réduction de cette forme à un pur formalisme abstrait est le plus souvent retenue. Ainsi Horkheimer et Adorno dans leur critique de l'*Aufklärung* (1944) voient le totalitarisme et le fascisme comme conséquences du formalisme kantien moyennant le biais du chaînon constitué par le formalisme sadien[219]. « Selon Adorno, la raison placée, à partir de Kant, dans un régime de pure fonctionnalité, devient le support de la forme la plus terrifiante de la raison[220]. »

Pourtant, tant du point de vue de Kant que du point de vue de Freud, la « forme » ne se réduit nullement à un formalisme abstrait. Du point de vue kantien, l'impossibilité de déterminer la loi morale par sa matière introduit l'universalité de la loi morale non pas comme pur formalisme, mais comme *création autonome* du sujet libre légiférant (la

217 Kant, *Critique de la raison pratique*, *op. cit.*, p. 630.

218 Théorème III, *ibid.*, p. 638.

219 Horkheimer et Adorno, *La dialectique de la Raison, fragments philosophiques* (*Die Dialektik der Aufklärung, philosophische Fragmente*, 1944), Paris, Gallimard, « TEL », 2004, p. 99.

220 Marty, *Pourquoi le XX*[e] *siècle a-t-il pris Sade au sérieux ?* Paris, Seuil, 2011, p. 45. Dans le même sens de démonisation du formalisme kantien, Marty rapporte que, dans le film *La Chinoise* (1967) de Jean-Luc Godard, l'on voit sur un panneau consacré aux ennemis du Peuple « à côté de la couverture du livre de Michel Foucault *Les Mots et les choses*, une inscription : "Emmanuel Kant le < photo de Eichmann> de la philosophie occidentale" » (*ibid.*, p. 44).

première formule de l'impératif moral ne va pas sans l'autonomie de la loi morale). Du point de vue freudien, le fonctionnement de l'inconscient en dehors de la pensée, du calcul et du jugement (« il ne pense pas, ne calcule pas, ne juge absolument pas »), ne veut pas dire qu'il se contente d'être purement formel, mais qu'il *donne* une autre forme ; de nouveau, il s'agit d'une *création*.

Néanmoins, au moment d'analyser la première formule de l'impératif catégorique exprimée en fonction de l'universalité (« Agis de telle sorte que la maxime de ta volonté puisse en même temps toujours valoir comme principe d'une législation universelle »), Lacan ne prend pas en compte la création de la forme, ni l'autonomie législatrice (Kant), ni l'invention d'une nouvelle forme par l'inconscient (Freud).

C'est en tant qu'il est parti de la forme en tant que réduite à une universalité purement formaliste et abstraite, que Lacan peut en proposer une « actualisation », « une rénovation, une mise à jour de l'impératif kantien » en fonction des avancées de la mathématique, plus précisément de l'informatique. Tout comme il pensait devoir réviser l'esthétique transcendantale kantienne en fonction des géométries non euclidiennes apparues après Kant, il propose ici une formule qui emploie le langage informatique : « N'agis jamais qu'en sorte que ton action puisse être programmée[221] ». La programmation correspond à une forme universelle abstraite, mais elle manque complètement le principe de *donner une forme* nouvelle indépendamment de la matière. Mais « agis en sorte que ton action soit programmable » ne peut en aucune façon remplacer le véritable impératif kantien. Nous avons vu comment dans les *Fondements*, l'universalité de l'impératif catégorique se précise en s'appuyant sur l'universalité des lois de la nature et sur la *création* de lois. Ici, en raison de l'oubli de la *création* ou de la *donation* de la forme universelle, Lacan interprète (faussement) l'impératif kantien « comme la loi d'une nature où nous serions appelés à vivre ». Or l'impératif kantien implique au contraire la *volonté* qui donnerait la forme ; c'est la volonté qui doit ériger cette loi universelle de la nature, c'est la volonté qui est législatrice[222].

221 Lacan, *L'Éthique de la psychanalyse*, *op. cit.*, p. 94.

222 « Agis comme si la maxime de ton action devrait être érigée par ta volonté en LOI UNIVERSELLE DE LA NATURE » (*Fondements de la métaphysique des mœurs*, *op. cit.*, p. 285).

En faisant l'impasse sur la *donation* de forme impliquée par l'autonomie de la loi morale, on se contente de penser l'universalité en proposant un catalogue de ses figures possibles : l'universalité de la programmation, l'universalité d'une nature utopique, mais aussi l'universalité d'une république utopique, celle proposée par Sade dans le texte philosophique, « Français, encore un effort si vous voulez être républicains », inséré dans *La philosophie dans le boudoir.*

Parmi toutes ces universalités formalistes et abstraites, l'universalité de la république sadienne a l'avantage de prendre le contre-pied de tout ce qui a pu être présenté dans les autres universalités abstraites. C'est par ce contre-pied que Sade « ouvre toutes grandes les vannes qu'il propose imaginairement à l'horizon du désir, tout un chacun étant sollicité de porter à son plus extrême les exigences de sa convoitise, et de les réaliser[223] ». Avec la conception de cette convoitise poussée à l'extrême, Lacan propose comme maxime sadienne de notre action « le droit de jouir d'autrui quel qu'il soit, comme instrument de notre plaisir ». On remarque d'emblée deux différences majeures entre la maxime kantienne et la maxime sadienne : la première est un *devoir* (impératif) et est *indépendante* du plaisir, la deuxième est un *droit* (que l'on peut exercer ou non) et complètement *dépendante* du plaisir. Avec ces différences, ce sont les questions centrales du devoir et du plaisir qui doivent être posées à nouveaux frais.

Le devoir kantien était présenté sous l'aspect de l'universalité et de l'autonomie. Lacan n'en garde que l'universalité formelle abstraite ; il en soustrait le moment créateur ou synthétique (l'autonomie qui *donne* la forme). Il a tôt fait de retrouver chez Sade une universalité qui se veut et s'affirme concrète et d'y épingler un acte qui ouvre le désir et avec lui son pouvoir créateur et synthétique.

Cependant, Lacan repère que ces universalités – chez Kant comme chez Sade – produisent de la *douleur* ; de ce point de vue, « Kant est de l'avis de Sade[224] ». On remarquera pourtant que Lacan abstrait la douleur du seul sentiment provoqué par la raison pure chez Kant, à savoir le respect qui implique la douleur (la douleur liée à la loi morale n'est que le corrélat du respect). Par contre, chez Sade, l'extrême de plaisir (du côté du tortionnaire) accompagné de l'extrême de douleur (chez la victime) reste compris dans le sens de « forcer l'accès à la Chose ». Telle

223 Lacan, *L'Éthique de la psychanalyse*, *op. cit.*, p. 96.

224 *Ibid.*, p. 97

est l'importance de la douleur chez Sade : elle serait supposée donner un accès sensible à la Chose (la Chose « freudienne » qui correspond en fait à la chose en soi kantienne). C'est la Chose qui polarise l'éthique de la psychanalyse pour Lacan.

CHAPITRE 4

LE RAPPORT ESSENTIEL DE L'HOMME À LA CHOSE

Les dix commandements, commandements de la parole, sont promulgués « par quelque chose qui s'annonce comme Je suis ce que je suis[225] ». Ils viennent à partir du réel, de l'indicible et du côté de la Chose. À la fin de la leçon du 23 décembre 1959, Lacan s'attarde aux deux derniers commandements, *Tu ne mentiras pas* et *tu ne convoiteras pas*...

Tu ne mentiras pas. L'inconscient suppose le réel, *das Ding*, l'indicible et cette part d'indicible entraîne que ce qui est dit sera toujours plus ou moins trompeur. Ce qui est dit relève toujours d'un *prôton pseudos,* d'une première méprise inévitable. *Tu ne mentiras pas* n'ordonne pas d'éviter cette première méprise ou ce premier « mensonge ». C'est tout à fait impossible. Le commandement exige au contraire un acte positif, à savoir de partir de la Chose pour produire une parole créatrice, donnant une nouvelle forme propre à l'inconscient. Le *Tu ne mentiras pas* « a pour fonction de retirer de l'énoncé le sujet de l'énonciation »[226], c'est-à-dire d'extraire le sujet de l'énonciation et de le faire parler à partir de La Chose, ce qui s'appelle « ne pas mentir ». Avec ce commandement, le sujet parlant est déjà engagé dans l'énonciation de la loi morale et donc dans le fonctionnement de l'inconscient.

« *Tu ne convoiteras pas* » traite de tous ces objets qui ont rapport avec *das Ding*, à savoir la maison du prochain, sa femme, son serviteur, son âne, etc. « Aucun de ces objets n'est sans avoir le rapport le plus étroit avec (...) *das Ding* en tant que le corrélatif même de la loi de la parole dans son origine la plus primitive (...). La convoitise même dont il s'agit s'adresse, non pas à n'importe quoi que je désire, mais à (...) la Chose de mon prochain. C'est pour autant qu'il préserve cette distance de la Chose en tant que fondée par la parole elle-même, que ce commande-

225 *Ibid.*, p. 98.
226 *Ibid.*, p. 99.

ment prend sa valeur[227]. » La Loi n'est pourtant pas du tout la même chose que la Chose. La Loi est connue – c'est le *Faktum* dont parle Kant –, mais la Chose est inconnaissable en tant que telle.

Quel est le rapport entre la loi connue et la Chose inconnaissable en tant que telle ?

« Je n'ai eu connaissance de la Chose que par la Loi. En effet, je n'aurais pas eu l'idée de la convoiter si la Loi n'avait pas dit *Tu ne la convoiteras pas.* » Lacan renvoie ici à Saint Paul, épître aux Romains[228]. La convoitise en jeu dans l'éthique sadienne et l'objet convoité tenant lieu de la Chose (qui ne peut pas être connue à proprement parler) n'apparaissent donc que comme *conséquences* de la loi. Dans ce raisonnement appuyé sur la citation de Saint Paul, Lacan ne fait rien d'autre que de reprendre le raisonnement de Kant lui-même à propos de la loi morale et de la liberté : si la liberté et la loi morale renvoient réciproquement l'une à l'autre, il faut dire que la connaissance de la loi morale est la condition nécessaire de la connaissance de la liberté[229]. Sans la loi morale, je n'aurais jamais eu aucune approche de la liberté.

Chez Freud, la loi morale se présente sous la forme du Surmoi, du Surmoi essentiel qui ne fonctionne pas en raison des fautes commises. La conscience morale est ainsi, dit Lacan, « d'autant plus exigeante qu'elle est plus affinée, d'autant plus cruelle que moins en fait nous l'offensons, d'autant plus pointilleuse que c'est dans l'intimité même de nos élans et de nos désirs que nous la forçons, par notre abstention dans les actes, d'aller nous chercher[230] ». C'est à partir de la connaissance de la loi morale, de la conscience morale, du Surmoi, que nous pouvons connaître la liberté (Kant), l'objet convoité (Saint Paul), la Chose et le Réel (Lacan).

Mais quel est le rapport entre la Chose et l'objet ? Comment peut-on concilier l'objet concret, phénoménal et la Chose indicible, nouménale ? Comment garder l'objet concret tout en s'ouvrant sur la Chose ? Le destin des pulsions qu'est la *sublimation* conserve l'investissement

227 *Ibid.*, p. 100-101.

228 « Que dirons-nous donc ? Que la Tora est faute ? Certes non ! Mais je n'ai connu la faute que par la Tora. Je ne connaîtrais pas la convoitise, si la Tora n'avait dit : "Tu ne convoiteras pas" » « Épitre aux Romains », 7-7 dans *La Bible*, trad. Chouraqui, Genève, Desclée de Brouwer, 2003, p. 2196.

229 Kant, *Critique de la raison pratique*, *op. cit.*, p. 642.

230 Lacan, *L'Éthique de la psychanalyse*, *op. cit.*, p. 107.

objectal inchangé, mais il change le but (*Ziel*) de la pulsion : la pulsion passe d'un but spécifiquement sexuel à un but non sexuel. On devrait se demander si un tel « but non sexuel » reste encore à proprement parler un « but », c'est-à-dire une finalité extérieure. Car le changement de but en jeu dans la sublimation délaisse le but banalement sexuel (et extérieur) pour révéler la présence de la Chose, das *Ding* dans la rencontre de l'objet : la sublimation « élève un objet (…) à la dignité de la Chose », à la dignité de *das Ding*[231].

La « révélation de la Chose au-delà de l'objet » implique le dépassement de l'opposition du Bien et du Mal, comme cela est bien visible dans l'objet d'art et dans l'amour courtois (*Minne*). Pour saisir l'enjeu de la Chose et du Réel (qui échappe complètement au symbolique), nous ne pouvons pas nous contenter de l'idéal et du bien, même si ce bien se présente comme le but ordinaire de la pratique courante. Pour contrebalancer le Bien (qui ne peut nous révéler la Chose), Lacan convoque ici le Mal. « Le symbolique, ici, dit Lacan, se complète du diabolique[232] » et il cite Luther « Vous êtes le déchet qui tombe au monde par l'anus du diable[233] ». Il ne suffit donc pas de caractériser la causalité psychique, qui tient compte de la liberté, comme une causalité nouménale, « *causa noumenon*[234] ». Car cette causalité nouménale chez Kant, selon la conception que s'en fait Lacan, ferait trop penser au Bien (et non à la liberté). Il faudra donc aussi contrebalancer cette causalité nouménale supposée trop bienveillante, par une causalité dans la souffrance, dans le Mal, comme une « *causa pathomenon*[235] ». La présentation de *das Ding* oscille ainsi entre le Bien (présentation tirée de Kant) et le Mal (présentation tirée de Luther, et ensuite de Sade comme nous le verrons).

La Chose n'est pas la Loi et la sublimation n'est pas l'éthique. Avec la sublimation, nous nous sommes « un peu écartés du problème de fond, à savoir du problème éthique[236] ». « Pour recentrer les choses sur le plan éthique, on ne saurait mieux faire que de se référer à (…) la pers-

231 *Ibid.*, p. 133.
232 *Ibid.*, p. 110.
233 *Ibid.*, p. 111.
234 *Ibid.*, p. 89.
235 *Ibid.*, p. 116. La « causa pathomenon » lacanienne, qui concerne le Mal, ne correspond pas exactement au « pathologique » kantien, qui concerne l'objet phénoménal en général.
236 Phrase non reprise dans l'édition du Seuil (ALI p. 163).

pective kantienne[237]. » La sublimation et le plan éthique sont tous deux envisagés par Lacan sous l'angle d'une *pesée* entre d'une part le monde commun, phénoménal, qui relève du symbolique et d'autre part la Chose (sublimation) et la Loi (éthique) qui relèvent du Réel. Pesée entre des choses incommensurables, car le poids du Réel devrait toujours finir par l'emporter sur le poids du symbolique (cf. le pari de Pascal). Selon Lacan, la formule kantienne du devoir, « c'est une autre façon de faire le poids ». Il faut montrer, toujours selon Lacan, « comment la raison peut faire le poids ». De ce point de vue, la pesée lacanienne s'inscrit apparemment bien dans l'optique de la méthodologie de la raison pratique de Kant[238]. La méthodologie consiste en effet à montrer comment la *présentation* de la vertu pure peut « avoir *plus de force* sur l'âme humaine (…) que toutes les séductions faisant miroiter des plaisirs, et en général tout ce qu'on peut assigner au bonheur, ou encore que toutes les menaces de douleurs et de maux[239] ».

C'est pour « faire sentir le poids du principe éthique pur et simple[240] » que Lacan convoque le double apologue qui servait chez Kant à toute autre chose, à savoir à appuyer la démonstration selon laquelle la connaissance de la loi morale précède la foi en la liberté[241]. Au contraire du contexte kantien, *selon Lacan*, par ce double apologue, Kant voudrait « nous montrer la prévalence possible du devoir envers et contre tout[242] ». Le propos de « nous montrer la prévalence possible du devoir envers et contre tout » est bien kantien : c'est le propos de la méthodologie. Mais les *exemples* soulevés dans ce double apologue ne visent aucunement à nous montrer la prévalence du devoir, mais à soutenir une *réflexion* sur la loi morale ; plus précisément dans le cas de notre double apologue, il s'agit d'illustrer la démonstration du fait que la connaissance de la liberté dépend toujours de la loi morale. Malgré cette optique kantienne, Lacan les comprend directement dans l'optique d'une pesée qui ferait sentir le poids du principe éthique[243].

---

237 *Ibid.*, p. 129.

238 Voir le chapitre 5 de la deuxième partie de la première section.

239 Kant, *Critique de la raison pratique*, *op. cit.*, p. 790.

240 Lacan, *L'Éthique de la psychanalyse*, *op. cit.*, p. 129.

241 Kant, *Critique de la raison pratique*, *op. cit.*, p. 643.

242 Phrase non reprise dans l'édition du Seuil (ALI p. 164).

243 La question de ce double apologue est reprise beaucoup plus loin dans le même séminaire, toujours dans le sens de démontrer « le poids de la Loi, formulée par lui (Kant) comme raison pratique, comme s'imposant en termes purs de raison » (Lacan, *op. cit.*, *L'Éthique de la psychanalyse*, p. 221). Il est piquant de remarquer qu'à l'occasion de cette reprise, Lacan évoque à nouveau Saint Paul et la primauté

Rappelons que dans le premier exemple ou le premier apologue, il n'y a en fait *aucun* principe éthique chez Kant, il n'y a donc pas lieu de le faire sentir ; en conséquence, il n'y a pas non plus de liberté. Le luxurieux devant la chambre de ses désirs n'est en rien confronté à la loi morale qui devrait maîtriser ses inclinations. Dans l'apologue kantien, il ne fait que mesurer sa passion à l'aune de ses conséquences (le gibet), sans que la loi morale n'intervienne aucunement. Il n'est ici question ni de loi morale, ni de sublimation, ni de Chose ou de *das Ding*. C'est Lacan qui introduit ici tout à la fois, le thème de la possible survalorisation de l'objet, de son élévation possible à la dignité de la Chose et avec lui la question de devoir faire sentir le poids d'un principe éthique ou d'une jouissance. En fonction d'une sublimation et/ou d'une perversion toujours envisageable selon Lacan, il n'est pas impossible que ce luxurieux accepte froidement la perspective du gibet « pour le plaisir de couper la dame en morceaux, par exemple[244] ». Soit ! Lacan n'a rien fait d'autre que d'introduire un troisième principe (un principe de jouissance, autre que le principe technique et le principe de plaisir), dans un exemple qui avait été choisi à dessein par Kant comme ne fonctionnant *que* selon le principe de plaisir (car le « gibet » n'a pas d'autre place).

Dans le deuxième apologue, celui d'un sujet soumis au commandement de donner un faux témoignage contre quelqu'un qui en perdrait la vie, il y a bien cette fois l'opposition entre deux registres, d'une part celui des phénomènes et du principe de plaisir et d'autre part celui de la raison et de la loi morale. La loi morale, ici quelque peu caricaturale pour le besoin de la réflexion sur la liberté dépendant toujours de la loi morale, la loi morale donc qui consisterait à ne pas donner de faux témoignage, s'oppose radicalement à l'amour de la vie et au bonheur. L'histoire chez Kant est simple : on sait où est le Bien (refuser de porter ce faux témoignage, avec pour conséquence sa propre chute) et on sait où est la Mal (porter ce faux témoignage, avec pour conséquence de profiter des grâces du tyran).

---

de la Tora sur la convoitise et d'en tirer que la loi morale est susceptible de « servir d'appui à cette jouissance, à faire que le péché devienne ce que Saint Paul appelle démesurément pécheur » (*ibid.*, p. 223) et d'ajouter « Voilà ce qu'en cette occasion, Kant ignore tout simplement », alors que c'est Lacan qui ignore tout simplement que le double apologue est introduit par Kant précisément pour montrer que la loi morale doit servir d'appui à la liberté ou à la question de la jouissance.

244 *Ibid.*, p. 131.

Sous la forme du prochain, du *Nebenmensch* en tant que représentant de la Chose, Lacan introduit cependant dans l'exemple une nouvelle complexité : « je parle (...) de ce cas de conscience qui se pose pour moi si je suis mis en demeure de dénoncer mon prochain pour des activités qui portent à atteinte à la sûreté de l'État ». Ici, le Bien et la Mal chavirent, ils ne peuvent plus servir de critères simples pour orienter la loi morale : « Et moi pour l'instant, qui suis en train de témoigner devant vous qu'il n'y a de loi du bien que dans le mal et par le mal, dois-je porter ce témoignage ?[245] ». Remarquons que le Bien et le Mal, malgré le côté quelque peu caricatural du deuxième apologue, où l'on sépare radicalement l'un de l'autre, ne sont jamais des critères de la loi morale chez Kant.

Dans les deux apologues, Lacan y introduit la pesée, non sans une double déviation par rapport à l'exposé de Kant.

Primo, les apologues qui devaient servir à montrer comment sans loi morale il n'y a jamais de liberté (premier apologue) et comment avec la loi morale, il y a toujours la liberté (deuxième apologue) sont interprétés par Lacan dans le sens de la méthodologie, à savoir pour une pesée.

Secundo, alors que la pesée de la méthodologie chez Kant se joue entre les mobiles dans la recherche de plaisir et les motifs engagés dans la loi morale, elle se déplace chez Lacan vers une pesée entre la loi morale et la jouissance, qui n'est pas égale au plaisir. Chez Kant, on sait le verdict souhaité de la pesée : c'est la loi morale qui doit prendre tout son poids. Chez Lacan, on ne le sait pas. Et pour cause : la loi morale et la jouissance devront être comprises comme l'envers l'une de l'autre.

Ne devrait-on pas dire que c'est la loi morale qui doit prendre tout son poids, non sans convoquer toujours sa raison, à savoir la jouissance de l'inconscient qui restait encore cachée jusqu'à l'avènement de la psychanalyse ?

245 *Ibid.*, p. 223. Nous reviendrons sur l'interprétation de ce double apologue dans notre lecture de *Kant avec Sade*.

DEUXIÈME PARTIE

KANT AVEC SADE (1962-1963)

L'objet *a*

....

Le texte « Kant avec Sade », publié dans la revue *Critique* (n° 191, avril 1963), devait servir d'introduction au troisième volume des Œuvres complètes de Sade (Cercle du Livre précieux, 1963), contenant *Justine ou les Malheurs de la vertu* et *La philosophie dans le boudoir*. Jean Paulhan l'éditeur semble l'avoir retiré en fonction de la difficulté d'en situer le propos. Ce devait être une préface ; le propos de départ devait explicitement introduire Sade. Mais comment et pourquoi l'introduire en le mettant en rapport avec Kant ?

Dès 1944, Horkheimer et Adorno[246] avaient situé Sade dans la droite ligne de Kant : le pur *formalisme* kantien conduirait au nazisme par l'intermédiaire de Sade. Pour ces auteurs, Sade est « le médiateur qui rend compréhensible l'apparition du fascisme et du nazisme au sein de la culture européenne : Sade est le chaînon manquant entre Kant et Auschwitz[247] ». Comme on va le voir, Lacan entreprend lui aussi de lire la *Critique de la raison pure* du côté d'un pur formalisme. Mais ce pur formalisme prêté à Kant serait précisément *corrigé* dans le bon sens par la lecture lacanienne de Sade. Contrairement aux propos de Horkheimer et Adorno, le propos de Lacan se situe dans la mouvance d'un intérêt *positif* marqué pour Sade. Précédant Lacan, une série de grands lecteurs de Hegel – Blanchot, Bataille, Klossowski – veulent employer Sade pour refuser le « savoir absolu » et ne « garder de Hegel que la négativité (la négation) comme subversion et comme libération du désir ». Il s'agit pour eux de « sortir de Hegel par Sade[248] ». Sade – totalement dénazifié – vaudrait comme une alternative à la totalisation de Hegel. Il corrigerait ainsi l'universalité prêtée à Kant, avant même que celle-ci ne dérivât vers le système hégélien.

Nous verrons comme le texte de Lacan vise essentiellement à dégager l'éthique du désir centrée sur la jouissance inhérente à l'inconscient en commençant par préciser le pourquoi et le comment de l'universalité de l'impératif catégorique, Sade y faisant office. La fonction du fantasme est ainsi précisée et, après elle, la place du désir. Le texte se termine par une évaluation de Sade et en dénonce les limites, notamment par

246 *Dialektik der Aufklärung* (1944), traduit en français en 1974 sous le titre *La dialectique de la Raison*, *op. cit.*
Simone de Beauvoir insistait aussi sur le lien Kant-Sade (*Faut-il brûler Sade ?* 1955, cité dans Marty, *Pourquoi le XX*e siècle *a-t-il pris Sade au sérieux ? op. cit.*, p. 77).

247 *Ibid.*, p. 48.

248 *Ibid.*, p. 52.

rapport à la reconnaissance de la castration de la mère, castration fondamentale pour la structure du désir.

* * *

(Nous ne pouvons suivre l'évaluation de Marty réduisant *Kant avec Sade* à n'être qu'une leçon administrée à Sade, le pervers, où Lacan se contenterait de donner son verdict depuis une « position mandarinale[249] », tandis que *L'Éthique* serait l'écrit fondamental pour comprendre la position de Lacan. Certes, à la fin de *Kant avec Sade*, Lacan montre bien les limites de Sade, mais c'est pour mieux mettre en évidence la fonction du rien radical, du *nihil negativum*, de « l'objet vocal » pour la position de l'éthique de l'inconscient, non sans relancer la dynamique inhérente à la raison pratique kantienne, comme nous le verrons en suivant le texte de Lacan pas à pas).

* * *

Le texte de Lacan est sans aucun sous-titre. Seuls quatorze sauts de ligne permettent de distinguer dans le texte quinze sections ou quinze gros morceaux de paragraphes que nous avons regroupés en quatre chapitres : 1) une introduction à Kant et à Sade (quatre sections), 2) une étude de l'apport de Sade pour la psychanalyse (quatre sections), 3) le compte-rendu d'un combat de Lacan contre Kant (trois sections) et 4) une exposition des conséquences pour la pratique de la psychanalyse (quatre sections).

[249] *Ibid.*, p. 233.

CHAPITRE 1

INTRODUCTION À KANT ET À SADE

I. INTRODUCTION GÉNÉRALE

La Chose – *das Ding* – n'est ni bien, ni le mal. Elle ne peut être cernée ni par une éthique centrée sur le bien ni par une éthique centrée sur le mal. Pourtant l'éthique s'est régulièrement présentée comme une éthique du bien. Pour contrer cette unilatéralité, il conviendrait, semble-t-il, de lui opposer une éthique du mal avant de pouvoir développer une véritable éthique du Réel, une éthique de la Chose. À l'utopie kantienne de l'universalité qui, *aux yeux de Lacan*, resterait encore et toujours dirigée vers le bien s'adosserait ainsi l'utopie sadienne de l'universalité dirigée vers le mal.

Malgré une théorie de la Nature omniprésente, l'œuvre de Sade ne consiste nullement à nous donner un aperçu des tendances naturelles que l'on pourrait observer chez l'homme[250]. C'est une œuvre éthique. Lacan entend bien donner au boudoir sadien une place égale à celles de l'Académie, du Lycée ou de la Stoa. Il s'agit avec Sade de rectifier la position de l'éthique, c'est-à-dire de déblayer l'éthique qui était encore restée trop centrée sur le bien (« comme chez Kant », pense Lacan) plutôt que sur la Chose.

La Philosophie dans le boudoir (1795) prépare ainsi le chemin pour l'œuvre de Freud et la question de la Chose, que Lacan est allée dénicher, comme nous l'avons vu, à partir de sa lecture de l'*Entwurf*, du *Projet de psychologie* (1895). Le principe de plaisir de Freud s'inscrit certes dans la ligne de la recherche du bonheur, mais il contient aussi

250 « Que l'œuvre de Sade anticipe Freud, fût-ce au regard du catalogue des perversions, est une sottise » (Lacan, « Kant avec Sade », dans *Écrits*, p. 765). Cette critique acerbe vise méchamment Blanchot : « Lacan, dans *L'Éthique de la psychanalyse*, invite son auditoire à lire le texte de Blanchot sur Sade, mais la première phrase de son "Kant avec Sade" est pour réfuter Blanchot en se moquant comme d'une "sottise" de l'idée selon laquelle Sade anticiperait Freud (*op. cit.*, p. 765), propos qui vise directement Blanchot, selon qui Sade "devance Freud" (*Lautréamont et Sade, op. cit.*, p. 46) » (Marty, *Pourquoi le XX*e *siècle a-t-il pris Sade au sérieux ? op. cit.*, p. 187).

déjà les germes de son dépassement. En effet, le principe de (dé)plaisir freudien se différencie du principe de bonheur, car c'est bien l'évitement du déplaisir qui le commande et le bien relatif qu'il recherche est positionné en fonction d'un mal inévitable. Freud n'aurait pu découvrir *son* principe tournant autour du *dé*plaisir s'il n'avait existé successivement Kant, puis Sade et enfin « la montée insinuante à travers le XIXe siècle du thème du "bonheur dans le mal" »[251]. Et, bien avant ces références, le mystère du féminin lui-même, déjà mis en évidence dans l'amour courtois, « l'éternel féminin n'attire pas en haut »[252].

« Sade est le pas inaugural d'une subversion » – y renverse-t-on le bien par le mal ? – et « Kant est le point tournant ». Même si Lacan pense que son éthique reste encore focalisée sur le bien, c'est lui qui a commencé à détacher l'éthique de la recherche du bien pour la centrer tout autrement (premier chapitre de l'Analytique de la raison pratique). Le projet Lacan est de montrer que *La philosophie dans le boudoir* s'accorde avec la *Critique de la raison pratique* en ce que toutes deux se fondent sur le principe de l'universalité et que la première « complète » la seconde en ce qu'elle ajoute l'éthique du mal à l'éthique du bien, non sans impliquer une meilleure explicitation de ce que doit être « l'universalité ». La thèse de Lacan est donc que *La philosophie dans le boudoir* « donne la vérité » de la *Critique de la raison pratique.*

La façon lacanienne d'appréhender les postulats de la raison pratique, à savoir l'immortalité de l'âme et l'existence de Dieu confirme son idée que l'éthique de Kant reste encore une éthique focalisée vers le Bien (le « souverain Bien »). Selon Lacan, Kant aurait confiné ces postulats à une simple « fonction d'utilité ». Lacan pense toujours en termes de pesée et ces postulats kantiens serviraient, selon Lacan, à faire pencher la balance dans le sens de la loi morale ; l'hésitant devrait ainsi être persuadé en fonction des récompenses (du Bien) à attendre dans la vie future et la volonté de Dieu en sera le garant. On l'a vu, la dialectique de la raison pratique s'oppose radicalement à cette façon de concevoir les postulats, à cette pesée commandée par le « souverain Bien » conçu en fait comme le souverain bon, qui réduit la motivation de l'action au *plaisir* attendu dans l'au-delà et qui fonctionne suivant un double principe hétéronome (le plaisir de l'âme et la volonté de Dieu).

---

251 Lacan, « Kant avec Sade », *op. cit.*, p. 765.

252 *Ibid.*, p. 766.

Pourtant, malgré cette interprétation erronée de la dialectique de la raison pratique qui s'écarte absolument du tranchant de la *Critique de la raison pratique*, Lacan estime quand même que ces postulats « rendent l'œuvre à son diamant de subversion ». Car ces deux postulats témoignent de la persistance inébranlable du projet éthique (en fait de son caractère « *catégorique* »). L'immortalité kantienne sera reprise comme l'immortalité des victimes du dispositif sadien : le processus (utopique certes) ne cède pas devant les contingences de la vie. La volonté intelligente de la mise en place du processus éthique (représenté par le postulat de Dieu) ne cède pas davantage. Ces explications (par le truchement de Sade) reviennent finalement à retrouver le vrai sens des postulats chez Kant. La subversion la plus forte n'est pas du côté de la montée en épingle du mal. Ni non plus du bien. Elle est du côté de la radicalité de la raison pratique et de la Chose. « Par quoi s'explique l'incroyable exaltation qu'en reçoit tout lecteur. »

II INTRODUCTION DE LA *CRITIQUE DE LA RAISON PRATIQUE* PAR LACAN

Comme on va le voir, Lacan propose une lecture de la *Critique de la raison pratique* tout entière construite sur un formalisme logique (c'était déjà la lecture de Adorno et Horkheimer) et polarisée vers le Bien (c'était déjà le point de vue de toutes les éthiques prékantiennes). Cette lecture vulgaire et dénaturée de Kant, lecture la plus facile et la plus courante de la deuxième critique encore aujourd'hui, ouvre pourtant la nécessité pour la pensée de la dépasser. Dans le texte de Lacan, c'est Sade qui y fera office : comme on va le voir plus loin, Sade corrigera pour ainsi dire la mauvaise lecture de Kant.

Le faux départ de la moralité dans la pesée du Bien

Aux yeux de Lacan, l'éthique de Kant n'apparaîtrait pas d'abord comme une éthique de la Chose ou du Réel, elle se présenterait d'abord comme une analyse du *bien* ou du *Bien*. Rappelons qu'il n'en est rien ; c'est une éthique de *principe*, de principe irréductible à quelque matière que ce soit (y compris le bien) ; la question du bien et du mal n'intervient dans la *Critique* que secondairement (dans le deuxième chapitre de l'Analytique).

Plutôt que du *principe* de fonctionnement de la moralité, Lacan part de l'*objet* visé et du *concept* du « bien » (l'opposition kantienne entre le bon-*wohl* et le bien-*gut*). Son argumentation s'appuie sur l'équivoque inhérente au terme « bien », le bien du plaisir vs le bien de la vertu[253]. « Le principe de plaisir, c'est la loi du bien qui est le *wohl*, disons le bien-être. » Ce plaisir se joue au niveau phénoménal qui détermine les objets en général (cf. la *Critique de la raison pure*). Or « nul phénomène ne peut se prévaloir d'un rapport constant au plaisir », il n'y a donc aucune *loi* qui puisse « se prévaloir d'un rapport constant au plaisir ». Tôt ou tard, la recherche du bon ou du « bien » comme plaisir doit aboutir à son renversement. « La recherche du bien serait donc une impasse, s'il ne renaissait, *das Gute*, le bien qui est l'objet de la loi morale. »

Le deuxième type de « bien » – *das Gute* – nous est indiqué par l'expérience de l'impératif catégorique et il ne se propose comme le Bien qu'en s'opposant à tous les biens (de plaisir) que les objets peuvent apporter. Le Bien et les différents biens apparaissent d'abord « dans une équivalence de principe » et le Bien ne semble faire pencher la balance de son côté que par son poids et ce poids est mis en évidence en vidant le plateau opposé de la balance ; il s'agit d'*exclure* les biens relatifs aux principes de plaisir, c'est-à-dire l'intérêt « pathologique » (Kant) ou le côté pulsionnel ou sentimental que le sujet éprouverait par rapport à ces différents objets. Le Bien n'est pas l'induction généralisante ou le principe universel des biens (comme c'était le cas pour « le Souverain Bien des Antiques »). Il n'agit pas non plus par son propre poids comme « contrepoids ». Il agit « comme antipoids, c'est-à-dire de la soustraction de poids qu'il produit », par rapport à tous les effets d'amour-propre ou de contentement relevant du principe de plaisir.

Lacan revient très clairement sur la perspective de la pesée qu'il avait cru entendre dans le double apologue (alors qu'il s'agissait chez Kant d'expliquer le rapport entre la loi morale et la liberté) et il constate que l'éthique kantienne ne dépend pas du tout d'une pesée ordinaire. Tout comme la logique évacue le contenu sémantique des propositions pour le remplacer par des lettres sans poids, ainsi Kant évacuerait aussi toute pesée comparative de différents biens. Avec cet « antipoids », avec l'évacuation des contenus des plateaux de la balance, la thématique du Bien comme porte d'entrée dans la moralité se présente comme une simple *absence d'objet* : « ce sujet n'a plus en face de lui

253 Cette opposition est traitée dans le deuxième chapitre de l'analytique de la raison pratique (voir plus haut).

aucun objet[254] ». Absence où l'on peut déjà pressentir l'arrivée de la question de l'objet *a*, à savoir la structure même de l'objet mise en évidence par la disparation de tous les objets particuliers (cette structure est équivalente au regard, à l'objet scopique, troisième forme de l'objet *a* chez Lacan ou encore à « l'intuition vide sans objet » chez Kant[255]).

« Aucun objet », c'est effectivement le théorème I de l'Analytique de la raison pratique : « Tous les principes pratiques qui supposent un *objet* (matière) de la faculté de désirer, comme principe déterminant de la volonté, sont dans leur ensemble empiriques et ne peuvent servir de lois pratiques[256] ». L'absence de l'objet dans ce plateau de la balance fait le poids de la loi morale, laquelle se dit dans le « phénomène » de la « *voix* » (quatrième forme de l'objet *a*), qui vaut comme la voix de la conscience[257], non sans un paradoxe évident puisque la voix se présente comme phénomène alors qu'elle ne vaut que comme évacuation de tout phénomène. Cette « voix » *produit* la maxime comme signifiant. C'est un faire à partir d'une absence de phénomène, à partir d'un rien. Mais comment cette production de la voix qu'est la maxime peut-elle devenir une *loi* ? C'est ici que l'on voit qu'aussitôt posée, la « voix » se replie sur la contemplation de tout ce qui pourrait arriver, sur le « regard ». En même temps, ce qui devait se présenter comme une production active (universalité produite par un jugement synthétique *a priori*, c'est la conception kantienne) se replie sur la logique du produit (universalité donnée dans un jugement purement analytique, c'est la compréhension lacanienne de Kant).

L'universalité de la loi présentée par Lacan comme essentiellement analytique

La production de la voix est ici réduite à une pure formalisation logique.

« Pour que cette maxime fasse la loi, il faut et il suffit qu'à l'épreuve d'une telle raison (purement pratique), elle puisse être retenue comme universelle en droit de logique. »

---

254 Lacan, « Kant avec Sade », *op. cit.*, p. 767.

255 Kant, *Critique de la raison pure*, *op. cit.*, p. 1011 ; A292 ; B348. Voir Fierens, « Logique de la vérité et logique de l'errance chez Kant et chez Lacan », dans *The Issue with Kant*, Ljubljana, Filozofski vestnik, 2015.

256 Kant, *Critique de la raison pratique*, *op. cit.*, p. 630.

257 Chez Kant, on ne peut réduire la voix de la conscience morale (*Gewissen*) à un phénomène, comme prétend le faire Lacan, tout en transformant du même coup la voix de la conscience en voix « dans la conscience », qui s'entend ici comme *Bewusstsein* (Lacan, « Kant avec Sade », *op. cit.*, p. 767).

« Il faut et il suffit », dit Lacan. Avec cette condition nécessaire et suffisante, tout semble être dit, il n'y a plus qu'à « analyser » le processus, plus précisément les produits. Que veut dire « universelle en droit de logique » ? On remarque le glissement du « devoir » chez Kant au « droit » chez Lacan : le droit veut dire non pas que la loi « s'impose à tous » (ce serait un devoir et il faut le faire), « mais qu'elle vaille pour tous les cas » ; autrement dit, on *peut* faire valoir la règle pour tous les cas (c'est un droit et il suffit de l'analyser). En même temps que le devoir s'efface pour faire place au droit, l'universalité convoquée dans la première formule de l'impératif catégorique kantien se pense comme une universalité purement *logique.* Et Lacan précise bien ce qu'il entend par là : cette épreuve de l'universalité « ne peut réussir que pour des maximes d'un type qui offre une prise analytique à sa déduction ». Autrement dit, si l'universalisation de la maxime conduit à une contradiction, la maxime (particulière) ne peut devenir une loi morale (universelle).

Tout se passe ici au niveau du principe suprême de tous les jugements analytiques : « à nulle chose ne convient un prédicat qui la contredise[258] ». Il ne convient pas de dire que la « maxime » peut devenir une « loi morale », si cette universalisation introduit une contradiction. Remarquons bien que ce qui est déduit de cette condition, ce n'est jamais l'acceptation de telle maxime comme loi morale, ce n'est qu'un critère *d'exclusion*. Aussi tous les exemples invoqués par Kant ne sont jamais que des maximes qui *ne peuvent pas* devenir lois morales en raison de cette contradiction. Pour qu'une maxime *puisse* devenir loi morale, il faut que son universalisation ne se contredise pas elle-même. C'est une condition rédhibitoire qui permet certes d'écarter de nombreuses maximes. Mais contrairement à ce que Lacan dit, *cela ne suffit pas*, car la loi morale est avant tout une proposition synthétique, *il faut la faire*, et même une proposition synthétique *a priori* : il faut la faire sans la construire avec des éléments phénoménaux.[259]

[258] Kant, *Critique de la raison pure, op. cit.*, p. 893 ; A151; B190.

[259] L'impératif catégorique (ou la loi morale) « est une proposition pratique synthétique *a priori*, et puisqu'il y a tant de difficultés, dans la connaissance théorique, à comprendre la possibilité de propositions de ce genre, il est aisé de présumer que, dans la connaissance pratique, la difficulté ne sera pas moindre » (Kant, *Fondements de la métaphysique des mœurs*, *op. cit.*, p. 283-284). Le thème de la loi morale comme jugement synthétique a priori est repris dans la *Critique de la raison pratique* à partir de l'autonomie de la loi morale. Oui, la difficulté est grande.

En attendant de revenir sur le principe *synthétique* de la loi morale (auquel Lacan ne prête aucune attention à cet endroit du texte), insistons sur la condition nécessaire (et non suffisante) : pour que la maxime ait quelque chance de pouvoir être prise comme loi morale, il faut que cette universalisation ne produise pas de contradiction (ou encore, reste conforme au principe suprême de tous les jugements analytiques). Kant illustre cette condition *a contrario* dans l'exemple du dépôt, pas de dépôt sans dépositaire fiable. Lacan illustre à sa façon le principe des jugements analytiques : « Vive la Pologne, car s'il n'y avait pas de Pologne, il n'y aurait pas de Polonais »[260]. On remarque que les deux illustrations se présentent fort différemment. Chez Kant, c'est la fidélité du dépositaire qui *fait* le dépôt, autrement dit le dépositaire *fait* confiance, *s'engage*, se situe déjà dans le plan d'un jugement *synthétique*. L'exemple de la Pologne est au contraire purement *analytique* : un Polonais se définit analytiquement comme un habitant de la Pologne, sans qu'il n'ait besoin de rien faire pour le démontrer. Lacan a bien senti la réduction inhérente à ce côté proprement analytique et annonce déjà « le besoin d'un fondement plus synthétique », mais il n'en tire pas parti à cet endroit du texte. Car c'est à Sade qu'il réserve cette tâche fondamentale du fondement synthétique, comme on le verra plus loin.

L'exemple du dépôt, cité par Lacan, se situe dans le texte de Kant, comme une condition *préliminaire et non suffisante* à l'énonciation de la loi morale. Avec cette énonciation, il faut encore, selon Kant, prendre en considération l'autre côté de la loi morale, à savoir la *liberté* (cf. le double apologue de la loi morale et de la liberté). La *liberté* est précisément la mise en œuvre de ce qu'il faut faire, la mise en œuvre de la loi morale comme jugement synthétique *a priori* et non simplement comme jugement analytique. Il n'y a aucune déduction de la loi morale[261], on peut seulement déduire que telle maxime particulière *ne* peut *pas* être universalisée, car cette universalisation impliquerait une contradiction ; il est donc exclu qu'elle puisse devenir une loi morale. Pour avoir une loi morale, il faut *de plus* la liberté légiférante.

---

260 Lacan, « Kant avec Sade », *op. cit.*, p. 767.

261 « Aucune déduction ne peut donc démontrer la réalité objective de la loi morale ». Mais la chose que l'on peut déduire à partir de la loi morale, c'est qu'il doit y avoir une liberté (Kant, *Critique de la raison pratique*, *op. cit.*, p. 664-665). Autrement dit, en analysant le fait de la loi morale, on débouche sur la liberté qui n'est autre que le principe synthétique *a priori* de la loi morale.

Certes, Lacan nous assure bien son « attachement » à la « liberté ». Mais cette « liberté » à laquelle Lacan se dit attaché, c'est « une liberté sans laquelle les peuples sont en deuil[262] ». Lacan précise encore que la motivation de cette liberté « est analytique », à savoir il suffit d'analyser la résistance des Polonais, « résistance remarquable aux éclipses de la Pologne, et même à la déploration qui s'ensuivait » pour en déduire la liberté qu'ils revendiquaient. Tout ceci n'a évidemment rien à voir avec la liberté kantienne ni avec la fondation de la loi morale dans un jugement synthétique *a priori*.

L'absence d'objet chez Kant et l'objet scopique

Selon Lacan, tout se jouerait pour Kant au niveau purement analytique des *concepts* (ce n'est sûrement pas la position de Kant, puisque tout doit partir des *principes*). Toujours selon Lacan, cette analyse de logique formelle serait la raison ou le fondement d'un regret, imputé à Kant, « le regret qu'à l'expérience de la loi morale, nulle intuition n'offre d'objet phénoménal ». Il faudrait donner chair à cette universalité purement formelle et analytique. Le lecteur l'aura compris depuis longtemps, Kant ne « regrette » aucunement cette absence d'objet phénoménal qui pourrait asseoir la loi morale dans le savoir. Il faut au contraire « supprimer (*aufheben*) le savoir » et, avec lui l'intuition de tout objet phénoménal, pour trouver une place pour la moralité et l'autonomie législatrice[263].

Quoi qu'il en soit, Lacan retient surtout que « tout au long de la *Critique* (de la raison pratique) cet objet se dérobe[264] ». Il se dérobe en fonction d'un côté proprement *logique* accentué par Lacan dans cette *Critique* jusqu'à réduire l'universalité à une question purement analytique. Si l'objet se dérobe, il ne resterait plus que le cadre vide, « l'intuition vide sans objet » ou encore la condition simplement formelle de l'objet. Ce n'est pas rien, mais ce n'est pas non plus quelque chose. Entre le quelque chose et le rien, c'est pour Lacan l'objet cause du désir, l'objet *a*. C'est de cet objet que la *Critique de la raison pratique* « retire cet érotisme, sans doute innocent, mais perceptible, dont nous allons montrer le bien-fondé par la nature du dit objet ». Cet objet est présenté, ici dans la *Critique de la raison pratique*, sous les couleurs de

262 Lacan, « Kant avec Sade », *op. cit.*, p. 768.
263 Kant, *Critique de la raison pure, op. cit.*, p. 748 ; BXXX.
264 Lacan, « Kant avec Sade », *op. cit.*, p. 768.

« l'intuition vide sans objet », troisième forme dans la table du rien de Kant, correspondant à l'objet scopique chez Lacan. Mais si l'objet *a* est ici subrepticement introduit par Lacan sous la forme de l'objet *scopique* (c'est-à-dire réduit à cette forme), c'est bien parce qu'il a présenté l'éthique de Kant comme une éthique du Bien, d'un Bien purifié (à contempler ?), jusqu'à le réduire à une logique purement formelle et analytique. Cette forme purement formelle (analytique) qu'est « l'objet scopique » va montrer sa vraie fonction de faire la place pour une autre forme de rien, « l'objet vide sans concept », l'objet vocal, qui ouvre un *faire* (synthétique). Et c'est à cet effet que Lacan introduit maintenant *La philosophie dans le boudoir* de Sade, tout à la fois pour y trouver la valeur *synthétique* (et non analytique) et la forme *vocale* de l'objet *a* (et non scopique comme il est prêté à Kant).

III. INTRODUCTION À SADE : *LA PHILOSOPHIE DANS LE BOUDOIR* LA MAXIME SADIENNE ET SON ÉNONCIATION (SYNTHÉTIQUE)

Avec Sade, il s'agit bien de rectifier la *Critique de la raison pratique* de Kant, plus exactement de reprendre la lecture insuffisante de Kant, lecture qui se contente trop facilement d'éviter le tranchant de la loi morale et pour ce qui nous concerne de la jouissance (éthique centrée sur le Bien et universalité réduite à un formalisme). La lecture de Sade nous permettra de reprendre la question plus justement tout l'articulant déjà avec le schéma tétraédrique de la mise en question du sujet (L de Lacan). Au lieu de tout centrer sur le Bien, il s'agit de développer l'architectonique qui seule peut donner accès au Réel ; au lieu de réduire l'universalité à une pure forme (analytique), il faut fabriquer l'universalité (synthétique) à partir du lieu du grand Autre. Tel est le propos de l'introduction de Sade dans le questionnement de Lacan. Avant de suivre le texte de ce dernier, nous présenterons brièvement le petit traité philosophique inséré dans *La Philosophie dans le boudoir* de Sade, sur lequel l'argumentation de Lacan se base principalement.

Le texte de Sade, « Français encore un effort si vous voulez être républicains[265] »

Le roi Louis XVI est mort, la première partie du texte sadien exhorte à porter « le dernier coup à l'arbre de la superstition », à toute forme d'allégeance à un Dieu ou à un Être suprême. « L'athéisme est à présent le seul système de tous les gens qui savent raisonner ». C'est à partir de la destruction radicale de ces figures du grand Autre que l'on peut aborder la véritable réforme de la morale, pour être vraiment républicains.

Les mœurs françaises ne conviennent pas à un gouvernement républicain. Il faut les corriger par rapport aux trois types de devoirs classiques : les devoirs envers l'Être suprême, les devoirs envers les pairs ou les frères et les devoirs envers soi-même.

Primo puisque l'Être suprême n'existe pas, il suffit de s'en moquer, c'est ainsi que l'on détruira la superstition (et non avec des actes violents).

Secundo, envers ses frères, le commandement d'« aimer son prochain comme soi-même » va à l'encontre de toutes les lois de la nature ; car il n'y a aucune loi universelle qui vaille pour tous les hommes. Vouloir imposer une loi universelle est comparé par Sade au général qui voudrait que tous ses soldats, petits et grands, portent un habit de la même mesure. La peine de mort est dès lors condamnée, c'est le comble de l'injustice que de frapper de la loi (par le peine de mort) celui auquel il est impossible de se plier à la loi prétendument universelle (de ne pas tuer). La raison n'empêchera d'ailleurs jamais le crime.

Sade passe ensuite en revue les quatre grands forfaits classiques envers les frères. 1. La *calomnie* n'est pas un mal ; car si elle dit vrai tant mieux et si elle dit faux, il suffit d'attendre que le vertueux se montre comme il est. 2. Le *vol* est un moyen de réaliser l'égalité entre les hommes (Sade considère implicitement que c'est le pauvre qui vole le riche !). 3. L'*impureté* (prostitution, adultère, inceste, viol, sodomie, etc.) doit être maintenue et soutenue par le gouvernement républicain ; en effet, l'état immoral ou la dissolution morale place l'homme dans un mouvement perpétuel nécessaire à l'insurrection de la vie publique et à son renouvellement constant. Pour répondre à cette nécessité de la luxure, le

---

265 Sade, La P*hilosophie dans le boudoir*, Paris, Gallimard, « Folio », 1976, p. 187 et suivantes.

gouvernement organisera des lieux, des bordels où les femmes seront « soumises par la nature aux caprices des hommes » (p. 220). Tous les hommes ont un droit de jouissance sur toutes les femmes, même sur les petites filles : « celui qui a le droit de manger le fruit d'un arbre peut le manger mûr ou vert selon ses goûts » (p. 223) et cela indépendamment des effets néfastes éventuels. Le gouvernement organisera semblablement des maisons destinées aux libertinages des femmes. 4. Le *meurtre* fait partie des lois de la nature ; politiquement, « c'est à force de meurtre que la France est libre aujourd'hui » ; sociologiquement, le meurtre supprime les plus pauvres qui alourdissent la société ; le meurtre est une horreur peut-être, une horreur nécessaire et jamais criminelle.

Tertio, envers soi-même, le suicide n'est pas un délit ; c'est un acte de la nature.

La lecture de Sade par Lacan

La forme de « pamphlet dans le pamphlet »[266]

Avec ses mises en scène sexuelles « aux limites de l'imaginable », le livre dénommé *Philosophie dans le boudoir* présente une satire violente des mœurs de la République issue de la Révolution française. C'est déjà un « pamphlet » contre la Révolution française. Mais la mise en scène s'interrompt pour faire place à un petit traité de philosophie que Lacan appelle tout à la fois un « factum » et un « pamphlet dans le pamphlet ».

En utilisant ici « factum »[267], Lacan entend bien marquer son équivalence avec le *factum* des jurisconsultes qui s'oppose au droit (*qui juris ? quid facti ?*), c'est une critique factuelle du droit, voire une attaque du droit. Mais le « factum », c'est aussi le terme employé (*Faktum*) par Kant pour désigner le *principe* de la *loi morale*, qui ne se présente pas comme un fait empirique et qui pourtant s'impose pour tout être raisonnable. Pour Lacan, le factum ou le pamphlet dans le pamphlet sadien concernerait donc quiconque et s'imposerait comme un fait « universel ». Comment peut-on affirmer que quiconque a en lui l'équivalent du factum sadien ou du pamphlet dans le pamphlet (*Français, encore*

266 Cette forme vient ainsi remplacer le mauvais départ dans la forme comme universalité analytique.

267 Le Littré donne deux définitions de *factum* : 1. Exposé des faits d'un procès. 2. Mémoire qu'une personne publie pour attaquer ou pour se défendre.

un effet si vous voulez être républicains) ? Cette affirmation lacanienne paraît aussi scandaleuse que l'écrit sadien lui-même, à savoir une pure mystification. En invoquant Sade, Lacan ne ferait-il rien de plus que d'opposer une éthique du Mal (Sade) à l'éthique du Bien (Kant) pour tenter illusoirement de retrouver l'éthique du Réel ou de la Chose ?

Or, le factum sadien ne limite pas à opposer le mal au bien. En interrompant le récit des postures et mises en scène sexuelles, il se présente comme une critique de ce même récit, c'est une mise en abyme. Quelle est la fonction de ce redoublement ? Le mécanisme de « pamphlet dans le pamphlet » est, selon Lacan, identique à celui du « rêve dans le rêve ». Dans une logique binaire, l'opération serait nulle : rêver que le rêve n'est qu'un rêve consisterait à retourner à la réalité (et à oublier le rêve) et se moquer de la moquerie qu'est le pamphlet consisterait à revenir à une réalité sans moquerie, à effacer la satire qu'est le pamphlet. Il n'en est rien. Si rêver que ce n'est qu'un rêve pouvait sembler effacer l'importance et la significativité du rêve, il ne fait effectivement que l'accentuer, car le redoublement (du rêve ou du pamphlet) ne fait que démontrer l'impossibilité de l'effacement (de la dimension du rêve ou du pamphlet) et l'insistance du réel en jeu dans cette répétition[268].

Le pamphlet dans le pamphlet insiste donc pour montrer combien toute la mise en scène et les « gestes » qui se poursuivent « aux limites de l'imaginable » sont à prendre comme un *réel* indépassable. « La dérision ici de l'actualité historique », de la République instaurée par la révolution ou encore l'autodérision de la Révolution par elle-même ne font que faire signe vers un réel qui la conditionne et la dépasse infiniment. Il nous faudra donc lire Sade avec cet esprit d'autodérision qui doit porter sur la moralité sadienne et en contrecoup sur celle de Kant.

La maxime sadienne et sa rationalité

Le réel ou « le nerf du factum » est exprimé dans une « maxime » qui donne la « règle de la jouissance ». En parlant de « *maxime* » et de « *règle* », Lacan laisse entendre que la jouissance s'approche d'un point de vue à la fois subjectif (c'est une maxime) et technique (c'est une règle). Elle ne se présenterait pas comme une *loi* morale ni non plus un *conseil* de prudence dans la recherche du bonheur (principe de

268 Cf. Freud, *L'interprétation du rêve*, *op. cit.*, p. 382 et p. 539-540. Voir aussi Lacan, *La logique du fantasme*, leçon du 25 janvier 1967 (inédit, ALI p. 173).

plaisir). Cette maxime technique emprunte cependant la manière kantienne : la maxime propose « sa règle à la jouissance, insolite à s'y faire droit à la mode de Kant, de se poser comme règle universelle ». Malgré cet emprunt à Kant, la maxime ne débouche pas sur le devoir, elle n'est pas fondamentalement conflictuelle comme le droit chez Kant, elle fait main basse sur un droit (« s'y faire droit »). Hormis sa référence à l'universalité, tout semble l'opposer à l'éthique kantienne.

Lacan formule lui-même cette maxime qui propose sa règle de la jouissance et qui vaut comme « le nerf du factum » : « J'ai le droit de jouir de ton corps, peut me dire quiconque, et ce droit, je l'exercerai, sans qu'aucune limite m'arrête dans le caprice des exactions que j'aie le goût d'y assouvir[269] ».

Remarquons entre parenthèses que cette maxime, formulée par Lacan (et non par Sade), s'accorde avec la critique sadienne des devoirs envers les autres quant à l'impureté. La suppression radicale du grand Autre classique (le roi, Dieu) qui, dans le texte de Sade, conditionnait la réforme de la moralité n'est pas mentionnée dans le texte de Lacan. Par contre apparaît déjà une autre forme du grand Autre en la personne de celui qui énonce la formule sadienne : « J'ai le droit... » et qui peut se trouver chez « quiconque ». L'Autre lui-même est descendu de son trône pour devenir universel (au moins potentiellement), non sans laisser poindre que c'est l'*inconscient* lui-même qui pourrait parler dans l'énonciation de la maxime sadienne.

« Telle est la règle où l'on prétend soumettre la volonté de tous, pour peu qu'une société lui donne effet par sa contrainte ». La règle lacano-sadienne (et avec elle, la mise en place imaginaire de maisons de luxure pour l'un et l'autre sexe) implique une double universalité. *Primo* celle de l'Autre ou de quiconque pouvant me dire *J'ai le droit de jouir de ton corps*, etc. *Secundo* celle des sujets soumis sans limites au caprice de l'Autre. La règle est bien entendu impraticable d'un côté comme de l'autre et elle apparaît comme « humour noir au mieux (...) à répartir de la maxime (l'universalité de l'Autre) au consentement qu'on lui suppose (l'universalité des sujets soumis)[270] ». Blanchot relevait déjà l'« humour étrange » et la « jovialité glacée » de Sade[271]. Qui ne tient pas

---

269 Lacan, « Kant avec Sade », *op. cit.*, p. 768-769.

270 *Ibid.*, p. 769 (mes parenthèses).

271 Blanchot, *Lautréamont et Sade*, Paris, Éditions de Minuit, 1963 p. 47 : « Il y a dans Sade un moraliste de pure tradition, et il serait aisé de réunir un choix de maximes

compte de cet humour pourra tout simplement condamner la mise en application de l'éthique sadienne. Un tel jugement relève de considérations « raisonnables », c'est-à-dire pragmatiques ou techniques et non de la question proprement pratique ou éthique. Le « raisonnable (...) n'est qu'un recours confus au pathologique (tel qu'il est défini par Kant, c'est-à-dire déterminé par la sensibilité)[272] » et il faut le distinguer très soigneusement du rationnel qui est la faculté des *principes* et notamment du principe commandant toute la *Critique de la raison pratique.*

L'« humour noir » de la règle sadienne a pour fonction de faire passer du rationnel épuré du principe de l'éthique à une présentation sensible et comique, non sans remettre en question l'universalité de l'énonciation de la maxime aussi bien que celle du consentement à la maxime. C'est précisément le propre de l'humour d'opérer un passage semblable : « l'humour est le transfuge dans le comique (c'est-à-dire dans le sensible pragmatique) de la fonction même du "surmoi" (qui relève du principe pratique) ». Car précisément le « surmoi » se présente sous cette double forme universelle. Cet avatar de la fonction du surmoi, présenté par le truchement du comique de la règle sadienne, indique la différence entre le pur rationnel et le raisonnable. Le « surmoi » ne vaut pas comme un raisonnable imposé par une société ou une instance sociale (« ce retour d'obscurantisme à quoi l'emploient nos contemporains ») ; il est purement rationnel, il relève de l'universalité de l'Autre présente chez « quiconque » ou encore de l'inconscient qui édicterait la maxime sadienne (*J'ai le droit de jouir de ton corps...*) et de l'universalité de son application.

En raison même de la fonction de l'humour qui est de présenter le surmoi dans la comique, nous sommes incités à prendre la fable sadienne tout à fait au sérieux, non pas dans la série comique des différentes postures sadiennes (qu'il ne faut justement pas prendre trop au sérieux), mais pour y trouver *le vrai sens du surmoi*, qui relève du pratique au sens kantien du terme et qui se présente sous le jour d'une double universalité à critiquer. Nous sommes introduits dans le sé-

auprès desquelles celles de La Rochefoucauld paraîtraient faibles et incertaines. On lui reproche de mal écrire et, en effet, il écrit souvent à la hâte et avec une prolixité qui lasse la patience : mais il est aussi capable d'un humour étrange, son style atteint une jovialité glacée, une sorte d'innocence froide dans les excès, que l'on peut préférer à toute l'ironie de Voltaire et qui ne se retrouve dans aucun autre écrivain français ».

272 Lacan, « Kant avec Sade », *op. cit.*, p. 769 (mes parenthèses).

rieux à remonter au commencement de la série, à savoir à l'universalité inhérente au surmoi toujours dépendante d'un *faire synthétique* ; la règle sadienne introduit dès lors non pas simplement un droit, mais un *impératif* de jouissance à fabriquer : « Le surmoi, c'est l'impératif de jouissance – *Jouis* ![273] »

La fausse universalité imaginaire

Il ne s'agit pas « qu'une société sanctionne un droit à la jouissance » (du côté de la série comique des postures sadiennes) pour que l'impératif de la loi morale ou l'impératif de jouissance soient assurés. La pratique (l'impératif) n'est jamais causée par les dispositifs pragmatiques (les règles de la société). « Nulle légalité positive », aucun règlement ne peut élever une maxime au rang de règle universelle, parce que la règle s'oppose toujours à une autre règle et une légalité positivée dans le règlement s'oppose à toutes les autres.

Il ne s'agit pas de trouver une universalité imaginaire et d'imaginer son extension à tous. « On n'y démontrerait au mieux qu'une possibilité du général, ce qui n'est pas l'universel, lequel prend les choses comme elles se fondent et non comme elles s'arrangent[274]. » Si les arrangements semblent se jouer entre deux individus, deux « sujets », ici la victime et le bourreau, ceux-ci ne valent que comme deux positions fondamentales et radicalement différentes, qui excluent toute relation de réciprocité (c'est le névrosé qui imagine une réciprocité entre lui et l'Autre). On comprend pourquoi ici, Lacan ne reprend *plus* la maxime qu'il avait citée dans le séminaire VII, la maxime énoncée par Mme Delbène dans l'*Histoire de Juliette et les Prospérités du vice*[275]. En impliquant la réciprocité, elle manque le nerf de l'impératif qui se situe au niveau d'un faire singulier (synthétique et non analytique), au niveau structurel du principe et non au niveau des individus. Lacan en profite pour « dénoncer l'exorbitant du rôle que l'on confère au moment de la réciprocité en des structures, notamment subjectives, qui y répugnent intrinsèquement ».

---

273 Lacan, *Encore*, *op. cit.*, p. 10.

274 Lacan, « Kant avec Sade », *op. cit.*, p. 769.

275 Dans *L'Éthique*, Lacan avait cité l'*Histoire de Juliette et les Prospérités du vice*, où Mme Delbène dit à Juliette : « Prêtez-moi la partie de votre corps qui peut me satisfaire un instant, et jouissez, si cela vous plaît, de celle du mien qui peut vous être agréable » (*L'Éthique de la psychanalyse*, *op. cit.*, p. 237).

La question du sujet se pose à partir non pas de deux individus, mais de quatre positions irréductibles. « La condition du sujet S (névrose ou psychose) dépend de ce qui se déroule en l'Autre[276] », et le discours de l'Autre (ici, l'énonciation de la règle sadienne), est « tiré aux quatre coins du schéma : à savoir S, son ineffable et stupide existence, *a*, ses objets, *a'*, son moi, à savoir ce qui se reflète de sa forme dans ses objets, et A le lieu d'où peut se poser à lui la question de son existence ». Si la structure du sujet exclut la réciprocité (aucune des positions n'est réductible à une autre), elle n'exclut cependant pas « la charge de revanche[277] », autrement dit, chaque individu peut prendre non seulement la position du moi a' ou de ses objets a, mais aussi celle du sujet ineffable S et celle de l'Autre. Ce qui a servi de sujet soumis peut à son tour prendre la position d'énonciation inhérente à l'Autre.

Tout jugement, toute condamnation de « l'ordre infâme qui introniserait notre maxime » (la maxime sadienne) passe à côté de la vraie question de l'universalité, telle qu'elle est reconnue par Kant comme la condition (nécessaire, mais non suffisante) « pour une pratique inconditionnelle de la raison », parce qu'une telle condamnation n'envisage qu'une « universalité » imaginaire, autrement dit des généralités ou des exemples, qui empêchent précisément de poser la question de l'universalité. Le jugement condamnant la maxime sadienne se fonde sur le fait qu'elle n'est pas « raisonnable », pas convenable, pas praticable ou pas réciproquable. Cette condamnation se base intégralement sur des critères pragmatiques et imaginaires, sur des exemples et ne se fonde aucunement sur le vrai critère de l'universalité, sur lequel Lacan revient maintenant pour lui donner sa vraie portée.

Il faut fabriquer l'universalité

Il faut reconnaître à la maxime sadienne « le caractère d'une règle recevable comme universelle » « pour la simple raison » de « sa seule annonce », de « son kérygme ». Autrement dit, l'universalité est ici fondée non sur la logique analytique, non sur la généralité phénoménologique de quiconque peut y être concerné, mais sur sa seule proclamation, sur l'énonciation : l'universalité ici n'est plus analytique (comme Lacan l'avait présentée, erronément à propos de Kant), elle est fabriquée de

276 Lacan, « D'une question préliminaire à tout traitement de la psychose », dans *Écrits*, *op. cit.*, p. 549.

277 Lacan, « Kant avec Sade », *op. cit.*, p. 770.

toutes pièces; en termes kantiens, elle vaut comme jugement *synthétique*. Elle est synthétisée indépendamment de tous les éléments sensibles particuliers qui pourraient y être concernés, elle vaut comme jugement synthétique *a priori* (« ce droit, je l'exercerai, sans qu'aucune limite m'arrête dans le caprice des exactions que j'aie le goût d'y assouvir[278] »). En attribuant à la règle sadienne la valeur d'une universalité fondée sur son kérygme, Lacan retrouve en fait la véritable raison de l'universalité de la loi morale chez Kant, raison qu'il venait d'écarter dans son exposé de la *Raison pratique*, à savoir son autonomie ou le fait qu'elle est édictée dans un acte libre qui *crée* une nouvelle série temporelle.

Repartant maintenant de cette annonce de la règle ou de son autonomie (parfaitement énoncée dans le Théorème IV de l'Analytique de la raison pratique), Lacan redécouvre comme par enchantement deux aspects de l'impératif kantien, à savoir négativement la réjection du pathologique comme fondement possible d'une véritable universalité (Théorèmes I et II de l'Analytique de la raison pratique) et positivement le principe déterminant de la loi morale (Théorème III de l'Analytique de la raison pratique). Ces deux aspects de l'impératif kantien sont présentés ici comme « deux impératifs » : *primo* « cette réjection radicale du pathologique, de tout égard pris à un bien, à une passion, voire à une compassion, soit la réjection par où Kant libère le champ de la loi morale » et *secundo* « la forme de cette loi qui est aussi sa seule substance, en tant que la volonté ne s'y oblige qu'à débouter de sa pratique toute raison qui ne soit pas de sa maxime elle-même ».

On l'aura remarqué, ces « deux » impératifs tournent en rond : le premier libère le champ pour le second et le second consiste à rejeter le premier. La scission de l'impératif moral kantien en ces deux impératifs par le truchement (technique, il faut le préciser) de la règle sadienne permet de mettre en évidence comment « peut être tendue, jusqu'au brisement d'une vie, l'expérience morale[279] ». Plus qu'aux victimes dans la comédie sadienne, on pense ici aux vies innombrables brisées par la culpabilité tendue entre le rejet de toutes les formes sensibles (pathologiques) du désir et la forme du désir pur qui consiste à rejeter tout désir impur. La règle sadienne, si elle est prononcée *par l'Autre*, impose encore les deux impératifs dans la dimension de *l'Autre* et la

[278] *Ibid.*, p. 769.
[279] *Ibid.*, p. 770.

victime elle-même peut jouer le rôle de l'Autre pour le bourreau sadique. À partir du moment où l'Autre ou l'inconscient énonce le droit à la jouissance, ce sont deux impératifs qui se présentent en lui, d'une part il rejette tout le « pathologique », c'est-à-dire tout le phénoménal, d'autre part il s'ouvre sur une volonté libre et créatrice.

La distance entre ces deux impératifs pourrait sembler absente dans l'impératif moral formulé par Kant. Il n'en est rien, car malgré l'autonomie de la loi morale qui semble venir du même, du « sujet » lui-même, celui qui édicte l'impératif kantien est bien radicalement Autre, car il ne vaut que s'il est impérativement dégagé de tout le pathologique et ouvert sur une volonté libre problématique. Autrement dit, la phrase que Lacan réservait à Sade – « c'est de l'Autre que son commandement nous requiert » –, vaut avant tout pour l'expérience kantienne : le « sujet » kantien, qui ne peut se réduire à un individu, est bel et bien divisé entre la « faculté de désirer inférieure » et la « faculté de désirer supérieure ».

L'universalité de la loi morale kantienne ne peut en aucune façon se réduire à l'universalité « en droit de logique », c'est-à-dire au jugement analytique et à l'exclusion de toute contradiction (comme l'avait parodié Lacan dans son introduction à la *Critique de la raison pratique*, avec la Pologne et les Polonais). La Loi morale implique tout à la fois le jugement analytique (comme condition préliminaire, mais non suffisante) et le jugement synthétique (qui suffit à produire la loi morale). Autrement dit, la Loi morale implique tout à la fois l'universalité purement logique (qui relève de l'énoncé) et l'universalité fabriquée (qui relève de l'énonciation). La Loi morale s'instaure à partir de la division du sujet entre le pathologique (c'est là que l'universalité peut venir se nicher sous forme de généralité) et le pratique (en tant qu'il relève de l'énonciation). Cette dualité « n'est rien d'autre que cette refente du sujet qui s'opère de toute intervention du signifiant : nommément du sujet de l'énonciation au sujet de l'énoncé. La Loi morale n'a pas d'autre principe ». Dès qu'il y a intervention du signifiant, il y a énonciation venue de l'inconscient, dans la dimension de l'Autre. Cette énonciation ne va pas sans l'annonce du droit à la jouissance, l'inconscient peut s'emparer du corps du signifiant pour sa jouissance sans limites, c'est son travail, non sans un double impératif, celui de se trouver lui-même soumis à devoir rejeter tout le pathologique (tout ce qui relève du phénoménal) et celui de se permettre cette liberté de donner une nouvelle forme. Le travail de l'inconscient « ne pense, ne calcule, ne juge absolument pas, mais il se borne à ceci : donner une autre forme (*umformen*) ».

La place de l'Autre

Avec sa mise en scène des différentes positions, « la maxime sadienne est, de se prononcer de la bouche de l'Autre, plus honnête qu'à faire appel à la voix du dedans, puisqu'elle démasque la refente, escamotée à l'ordinaire, du sujet ». L'énonciation ne peut plus être comprise comme la performance d'un sujet ou d'un individu psychologique supposé moral. Ce sujet psychologique ne vaut que comme une fiction provisoire (déjà démontée dans la critique du Cogito cartésien par Kant). Cette fiction découle de l'énonciation. Il n'y a pas de « voix du dedans » ; l'énonciation se joue à partir de l'Autre, de l'Autre en tant qu'il n'est en rien un sujet, mais le lieu vidé de toute détermination « pathologique ». L'objet *a* en forme de voix est précisément l'impossibilité radicale du phénomène, le *nihil negativum* ; il est donc bien fait pour ouvrir l'énonciation venue de cette Autre place. À partir de là s'impose certes la fidélité de rejeter radicalement le pathologique, mais surtout le devoir de créer une autre forme.

L'énonciation (ou l'autonomie) comme principe de la Loi morale se confirme dans la doctrine des « droits de l'homme[280] ». Le droit de jouir (la maxime sadienne) implique une certaine contrainte pour celui qui en est sollicité par l'Autre. Mais cet Autre n'est pas d'abord l'individu extérieur qui pourrait exercer quelque violence, mais l'inconscient lui-même en tant que principe de jouissance qui donne une nouvelle forme. La difficulté n'est donc pas de faire consentir à la maxime sadienne ou à la Loi morale kantienne, mais de les situer à leur juste place, comme *principe* : c'est de l'inconscient en tant qu'Autre qu'elles se prononcent, non sans requérir en même temps de lui tout à la fois le rien (qui rejette toute phénoménalité) et la liberté de commencer une nouvelle série.

« C'est donc bien l'Autre en tant que libre, c'est la liberté de l'Autre, que le discours du droit à la jouissance pose en sujet de son énonciation. » Cette énonciation se retrouve dans le « fonds tuant de tout impératif ». Il faut tuer, rejeter le « pathologique » (le sensible, le phénoménal) pour ouvrir la nouvelle forme. Et toute identification à partir de

280 Lacan, « Kant avec Sade », *op. cit.*, p. 771.

l'inconscient, à partir de l'Autre – « *Tu es* » – dépend de l'énonciation de l'inconscient qui crée une nouvelle forme, un nouveau sujet. Ce n'est pas l'individu qui, dans une autonomie tout illusoire, s'invente une Loi morale, c'est la Loi morale, la loi de la jouissance *venue de l'inconscient* et de son énonciation qui produit secondairement le sujet.

Le « discours du droit à la jouissance » implique en même temps toujours « le sujet de l'énoncé » et « son équivoque contenu », que la maxime sadienne suscite comme victime. L'équivoque du terme « jouissance » que nous avons relevé dès le début de cet ouvrage (plaisir sans limites et au-delà des limites du principe de plaisir) se redouble d'une équivoque au niveau des « sujets », sujet jouissant et sujet assujetti dont on jouit. La jouissance de celui qui jouit se fait pôle de la souffrance de celui qui subit. L'équivoque joue ainsi d'abord entre énonciation (A et S non barré) et énoncé (V et S barré) : elle correspond à l'équivoque logique (logique de principe pour l'énonciation vs logique de concept pour l'énoncé). Deuxièmement, au niveau de l'énonciation entre l'Autre (A) qui énonce et celui qui l'écoute (S non barré) : elle correspond à l'équivoque grammaticale (grand Autre barré/grand Autre non barré). Troisièmement, au niveau de l'énoncé entre le personnage qui représente la Volonté (V) du droit à la jouissance et les personnages qui servent à la jouissance (S barré) : elle correspond à l'équivoque homophonique de la jouissance (interdit/inter-dit). Telle est « la croix de l'expérience sadienne » :

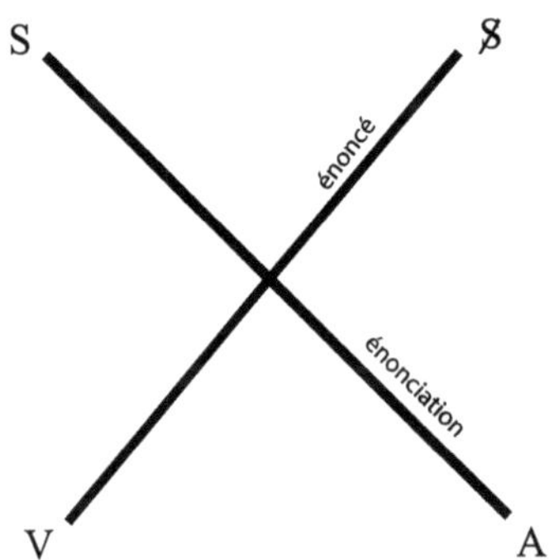

IV. KANT ET SADE. LA DOULEUR ET LA VOIX COMME GARDIENNES DE LA JOUISSANCE

Ce que Lacan apporte d'essentiel par le truchement de Sade, c'est la mise en évidence de l'énonciation à partir de l'Autre, en tant qu'il s'incarne dans la *voix* (en termes kantiens, c'est la mise en évidence du jugement synthétique *a priori*). C'est dans l'expérience de la *douleur* que la voix s'inscrit à la place de l'Autre. Elle a pour fonction de garder la place de la jouissance, qui remet radicalement en question toute forme d'être.

La fonction de la douleur dans l'expérience sadienne : « remettre en question les conjonctures de l'être »

La croix de l'expérience sadienne ne va pas sans la douleur. Mais il ne suffit pas de convoquer la douleur pour expliquer la spécificité de l'expérience sadienne, la douleur fait aussi partie de la position stoïcienne et de l'expérience morale kantienne. Dans la *Critique de la raison pratique*, elle apparaît comme une chose inévitable du fait même que le principe de la loi morale s'oppose au principe du plaisir (la douleur n'est que l'envers du *respect*, seul sentiment provoqué par la raison pratique).

La volonté stoïcienne n'a que du *mépris* affiché pour la douleur. Lacan cite la célèbre réplique d'Epictète à son maître qui lui tordait la jambe pour le faire hurler de douleur : « Tu vois, tu l'as cassée ». La position kantienne quant à la douleur *peut* paraître ici assez proche de la position stoïcienne : en effet chez Kant, le respect pour la loi morale affiche nécessairement un certain mépris (*Verachtung*) pour la douleur (pathologique). Le rapprochement opéré par Lacan entre la morale stoïcienne et la morale kantienne porte précisément sur le mépris de la douleur. Si l'Autre est présentifié dans et par la douleur (comme Sade le met en scène), alors le mépris de la douleur risque bien d'être un mépris de la place de l'Autre, incarnée dans l'expérience sadienne. Or, cette place est fondamentale, puisque c'est à partir d'elle que l'on peut remettre en question l'être lui-même, comme Lacan va le montrer à partir de Sade.

Si l'on imaginait une réplique semblable à celle d'Epictète de la part de la victime dans *l'expérience sadienne*, la jouissance sadienne se détricoterait aussitôt. Car dans l'expérience sadienne, la douleur suppose toujours une « promesse d'ignominie », un grand déshonneur, une infamie pour la victime ; et cette promesse est justement désamorcée par le mépris stoïcien. Dans l'expérience sadienne, la douleur ne peut en aucun cas valoir comme un effet secondaire de la recherche de jouissance. La douleur réduite à la misère d'un effet transformerait vite la jouissance en dégoût. Au contraire, la douleur inhérente à la jouissance sadienne doit laminer la victime, la remettre radicalement en question ; l'expérience sadienne est modulée par la douleur inhérente à la jouissance. La jouissance « ne projette d'accaparer une volonté, qu'à l'avoir traversée déjà pour s'installer au plus intime du sujet qu'elle provoque au-delà, d'atteindre sa pudeur ».

Quel est l'enjeu de cette atteinte à la pudeur de la victime ? « La pudeur est amboceptive des conjonctures de l'être »[281] (les « étants » au sens heideggerien du terme). Autrement dit, elle convoque les quatre places de la croix de l'expérience sadienne. Ces « conjonctures de l'être » peuvent être comprises de plusieurs façons à la fois, qui correspondent aux différentes équivoques de la jouissance. La pudeur de l'un (S et S barré), alliée à l'impudeur de l'autre (V et A) articule la triple équivoque de la jouissance où sont convoqués chaque fois le tourmenteur et la victime en leur être. Ainsi, la pudeur est capable d'unir et d'opposer de plusieurs façons deux aspects de l'être, la pudeur de l'être comme énonciation (A et S) et l'impudeur de l'être comme énoncé (V et S barré) (équivoque logique), la pudeur de l'être du sujet (S) et l'impudeur de l'être du grand Autre (A) (équivoque grammaticale), la pudeur de l'être de la victime sadisée (S barré) et l'impudeur de l'être de la volonté sadique (V) (équivoque homophonique). Sous toutes ces formes, c'est l'impudeur de l'un qui remet en question non seulement l'être de la victime, mais plus radicalement la question de l'être en tant qu'être[282], plus précisément de l'étant en tant qu'étant, « l'impudeur de l'un à elle seule faisant le viol de la pudeur de l'autre »[283]. C'est à partir de l'Autre et de son impudeur qu'apparaît le Sujet dans sa pudeur. Mais la jouissance au lieu de l'Autre (du tourmenteur) reste précaire puisqu'elle dépend de l'écho qu'elle tente d'obtenir du Sujet. Elle ne s'exalte ainsi

281 *Ibid.*, p. 772.

282 Cf. dans l'Histoire de Juliette, le discours de Pie VI, « anticréationniste cohérent » (Marty, *Pourquoi le XX*[e] siècle *a-t-il pris Sade au sérieux ? op. cit.*, p. 214).

283 Lacan, « Kant avec Sade », *op. cit.*, p. 772.

que d'elle-même « à la façon d'une autre, horrible liberté », la liberté de mourir de la victime, dont elle reste complètement dépendante.

La voix à la place du grand Autre comme gardienne de la place de Jouissance

Selon Lacan, l'apport fondamental de Sade (par rapport à sa lecture de Kant) c'est qu'il distingue clairement les deux positions d'énonciation, celles de l'Autre et du sujet[284] dans la croix de l'expérience sadienne. L'énonciation, telle qu'elle peut être exposée dans un schéma à quatre points, dépend essentiellement de la place du grand Autre pour le sujet. C'est un « troisième terme » inscrit à la place du grand Autre qui soutient ce fonctionnement de l'Autre en même temps que la dimension de l'énonciation, c'est un *objet* (l'objet « qui, au dire de Kant, ferait défaut dans l'expérience morale »).

À la place de l'objet, nous n'aurions chez Kant, si nous suivons la lecture lacanienne, qu'une pure absence d'objet, laquelle correspond en fait dans le vocabulaire kantien à l'« intuition vide sans objet » (cette intuition vide équivaut au regard ou à l'objet *a* scopique chez Lacan). Chez Sade au contraire, l'objet à la place de l'Autre, c'est l'objet *a* sous la forme de la « voix ». Avec l'expérience sadienne, Lacan développe l'énonciation à partir de la place de l'*Autre* qui aurait été méconnue par Kant (la maxime sadienne serait plus honnête que la loi kantienne, « de se prononcer de la bouche de l'Autre » et non de « faire appel à la voix du dedans ») tout en introduisant à cette place l'*objet* bien précis qu'est l'objet *vocal*, alors que la loi kantienne n'aurait pas d'objet[285] ou, plus précisément, n'aurait que la condition abstraite de l'objet, à savoir l'objet scopique.

(Remarquons entre parenthèses que si la loi kantienne n'est déterminée par aucun objet, Kant ne « regrette » nullement cette absence et

---

284 « La maxime sadienne (...), de se prononcer de la bouche de l'Autre (...) démasque la refente, escamotée à l'ordinaire, du sujet » (*Ibid.*, p. 770).

285 Selon la lecture de Lacan, Kant aurait « regretté » (*Ibid.*, p. 768) cette absence d'objet et aurait été contraint de lui chercher un substitut pour l'accomplissement de la Loi, substitut qu'il aurait trouvé dans les deux postulats de la dialectique de la raison pratique (l'immortalité de l'âme et l'existence de Dieu, ou encore, selon Lacan « l'impensable de la Chose-en-soi »). Nous avons vu plus haut que cette lecture ne correspond pas au vif du cheminement kantien, lequel ne cherche pas un objet de substitution de récompense ou de remplacement, mais bien plutôt à ne pas céder sur le principe de la raison pure.

il n'a nul besoin de tenter de la combler, comme le lui prête à tort Lacan. Les trois postulats de la raison pratique [liberté, immortalité de l'âme et existence de Dieu] et « l'impensable de la Chose-en-soi » n'interviennent nullement chez Kant comme des tentatives de combler cette soi-disant regrettable absence de l'objet).

L'objet (la voix) qui vient ici à la place de l'Autre pour soutenir la refente du sujet (entre A et S) apparaît comme l'incarnation du grand Autre. Il est en même temps celui qui remet en question les « conjonctures de l'être » de la pudeur ; à travers la victime, c'est lui cet objet vocal, cet être qui pose très concrètement la question de l'Être. C'est lui qui vaut « comme Être-là, *Dasein* ». Le *Dasein* (heideggerien) correspond ici très exactement à l'objet *a vocal* de Lacan. Il est présenté dans l'expérience sadienne comme la voix énonçant la maxime ou « l'agent du tourment ». Nous arrivons ainsi en un point radical qui reprendrait dans l'expérience sadienne tout à la fois la Chose-en-soi comme foyer de la question kantienne, le *Dasein* comme premier commencement de la question heideggerienne et l'objet *a* vocal comme principe de l'invention lacanienne.

C'est la voix qui ouvre l'expérience sadienne, le point d'émission ou d'énonciation de la maxime : « J'ai le droit de jouir de ton corps... ». En elle, la Chose-en-soi kantienne s'incarne « non sans garder l'opacité du transcendant[286] ». Cet objet, qu'est la voix du tourmenteur, « est étrangement séparé du sujet », du sujet sadisé. C'est aussi la voix en jeu dans les hallucinations verbales de la psychose et dans la voix de la conscience. Plus fondamentalement, la voix est portée à la place de l'Autre pour dire que l'univers phénoménal apparaît sur le fond de ce qui défie radicalement, de ce qui contredit les conditions mêmes du phénomène[287]. Et c'est à partir de cette voix, comme mise en question radicale de l'Être, que le désir de l'Être manquant peut apparaître au lieu de la jouissance. « Je suis à la place d'où se vocifère que "l'univers est un défaut dans la pureté du Non-Être". Et ceci non sans raison, car à se garder, cette place fait languir l'Être lui-même. Elle s'appelle la Jouissance... »[288].

286 *Ibid.*, p. 772.

287 La voix est ainsi le *nihil negativum*, impossible parce qu'il contredit les conditions mêmes de l'expérience sensible, comme « une figure rectiligne à deux côtés » (Kant, *Critique de la raison pure*, *op. cit.*, p. 1011 ; A291 ; B348).

288 Lacan, « Subversion du sujet et dialectique du désir », *op. cit.*, p. 819.

Contrairement à ce qui semble se présenter dans la maxime sadienne, la loi kantienne *ne peut pas* être déterminée dans l'esthétique transcendantale, dans la phénoménalité. Par principe. Mais contrairement à ce que pense Lacan, Kant n'en a aucun regret. La phénoménalité n'est pourtant pas absente de l'expérience morale kantienne ; la loi morale apparaît bien dans la sensibilité sous la forme du *respect* (*Achtung*), y compris la douleur pour laquelle il ne faut avoir que mépris (*Verachtung*). « L'objet » cependant « ne manque pas d'apparaître à quelque bosse du voile phénoménal », dit Lacan. La loi kantienne n'est pas sans le feu du désir, sans les circonstances de lieu et de temps de l'action morale, sans l'irréel fantasmé et sans ses effets dans la réalité ; on pourrait donc très bien décrire phénoménalement ce point d'apparition de la loi kantienne.

Malgré ces apparitions phénoménales de la loi morale et malgré les longs développements que Kant consacre au respect, Lacan prétend que Kant n'aurait rien voulu reconnaître de cette voix. Pourquoi Lacan pense-t-il cela ? Pourquoi veut-il exclure *a priori* précisément la *voix* hors de l'expérience kantienne ? « La voix même folle impose l'idée du sujet », l'idée d'un sujet complètement *assujetti à la voix*, c'est-à-dire d'un sujet qui ne serait pas la cause de la loi morale, mais sa conséquence (un nouveau sujet causé par l'inconscient et sa liberté). Si la voix a pris la place de l'Autre, ceci nous écarte de toute morale d'un *individu* à la recherche du Bien. Or, Lacan ne peut se défaire de l'idée que l'éthique de Kant se joue en fonction du Bien et d'un individu, d'un « sujet » hypostasié. La voix implique au contraire un « sujet » comme simple lieu d'énonciation, et ceci indépendamment de tout Bien. Tout ceci (la voix au lieu de l'Autre) pourrait suggérer « une malignité du Dieu réel ». On le voit à nouveau ici, Lacan ne parvient pas à concevoir l'éthique de Kant en fonction du seul *principe* (et non en dépendance du Bien). Pour sauver le Bien comme soi-disant centre de sa moralité et ne pas questionner la jouissance de Dieu qui pourrait tout aussi bien vouloir le mal que le bien, Kant aurait voulu – c'est la conception de Lacan – exclure la considération du point d'énonciation de la maxime en tant qu'objet phénoménal, en tant que voix et à s'en tenir au principe purement formel, volontariste « de la Loi-pour-la-Loi[289] », reprenant ainsi « l'ataraxie de l'expérience stoïcienne », du mépris de la douleur pour le transformer en mépris de la phénoménalité en général. Lacan rabat tout simplement Kant sur le stoïcisme.

289 Lacan, « Kant avec Sade », *Ibid.*, p. 772.

La voix pure émettrice de la maxime sadienne, qui – soulignons-le – trouve sa stricte correspondance dans le *nihil negativum* kantien, laisse ouverte la question de la volonté de Dieu qui pourrait être bonne ou mauvaise. À la place du Bien, c'est la colère (*Zorn*) ou l'être-en-fureur (*Grimmigkeit*) de Dieu qui pourrait nous arriver, comme Jacob Boehme le laissait déjà entendre[290]. Lacan ne convoque l'« Être-suprême-en-méchanceté » que pour contrer un « Dieu-suprême-en-bonté » supposé déterminant dans la morale kantienne[291]. Cet « Être-suprême-en-méchanceté » n'est pas tiré du pamphlet « Français encore un effort… », qui prétend précisément que l'Être suprême n'existe pas et qu'il suffit de se moquer de ce genre de croyance. Il provient de l'*Histoire de Juliette ou les Prospérités du vice* et il est utilisé dans le discours de Saint-Fond pour parfaire l'éducation libertine de Juliette : « Quand vous avez vu que tout était vicieux et criminel sur terre, leur dira l'Être suprême en méchanceté, pourquoi vous êtes-vous égarés dans les sentiers de la vertu ?[292] ». Pourquoi faudrait-il s'égarer sur les sentiers de la vertu déterminés par le Souverain Bien ? Sur les sentiers « kantiens », comme le pense Lacan ? Il faut cependant le répéter, à l'encontre de la lecture lacanienne, la morale kantienne n'est justement pas du tout déterminée par le Souverain Bien, mais par l'autonomie où le sujet advient et qui ne laisse aucune place à Dieu dans la création de la loi morale.

290 Cf. Arjakovsky et France-Lanord, notes de traduction dans Heidegger, *La dévastation et l'attente*, Paris, Gallimard, 2006, p. 81.

291 Remarquons que Kant a lui-même introduit le concept de « mal radical » dans *La religion et les limites de la simple raison* (1792) dans Œuvres philosophiques III, Paris, Gallimard, « Bibliothèque de la Pléiade », 1986. Voir à ce propos Weil, « Le mal radical, la religion et la morale » dans *Problèmes kantiens*, Paris, Vrin, 1998, p. 143 et suivantes.

292 Sade, *Histoire de Juliette ou Les prospérités du vice*, dans Œuvres complètes, Éditions Têtes de Feuilles, 1973, T. VIII p. 386.

CHAPITRE 2
L'APPORT DE SADE POUR LA PSYCHANALYSE

I. LE DÉSIR COMME ARTICULATION DU PLAISIR ET DE LA JOUISSANCE PAR LE TRUCHEMENT DE L'OBJET *a*

La place du Réel n'est jamais acquise en sa pureté et le principe de plaisir vient toujours se mêler au principe de jouissance. L'objet *a* (et plus spécialement l'objet *a* sous sa forme vocale) permet tout à la fois la distinction et l'articulation du plaisir et de la jouissance.

L'inexistence de l'Être suprême (non sans rapport avec le grand A barré chez Lacan) pourrait ouvrir définitivement la place du Réel et de la jouissance. Mais malgré le fait que cette inexistence est proclamée dès le début du pamphlet *Français encore un effort...* l'Être suprême réapparaît sous la forme de *l'Être suprême en méchanceté* s'opposant à l'Être du Souverain Bien (dans l'*Histoire de Juliette ou Les prospérités du vice*). Le Réel est ainsi comblé par ces images de l'Être suprême (bon au mauvais), qui tiennent la place de la Chose. Chassons ces images. « Pfutt ! *Schwärmereien*, noirs essaims, nous vous chassons[293] ». Ils reviennent. « *Schwärmereien* », fanatismes exaltés que Kant a toujours voulu écarter pour faire place au principe de la raison pratique[294]. Il ne suffit pas de vouloir chasser ces « noirs essaims » pour enfin trouver la Chose et le Réel à l'état pur. Le renvoi des positions fanatiques exaltées fait la place pour une autre forme d'imaginaire, recouvrant la Chose et le Réel, à savoir le fantasme qui lui s'impose comme impossible à éliminer.

---

293 Lacan, « Kant avec Sade », *op. cit.*, p. 773.

294 Le fanatisme (*Schwärmerei*) « consiste à entreprendre, selon des principes, de dépasser les limites de la raison humaine » (Kant, *Critique de la raison pratique*, *op. cit.*, p. 712). Autrement dit, le fanatisme moral place le principe déterminant de la loi morale en dehors de la loi morale et du respect pour elle.

L'expérience sadienne nous conduira à analyser la structure du « fantasme sadien », où se dévoile la structure du fantasme en général. Pour cela, il s'agit de « revenir à la fonction de la présence » dans le fantasme. C'est l'objet *a*, qu'est l'agent du tourment, qui tient la fonction de la présence, comme *Dasein* (cf. Heidegger). Mais cet objet *a* n'est que l'un des deux termes du fantasme qui dans sa dynamique implique toujours le sujet évanouissant (sujet barré). Quand le sujet est effacé, « la quête que l'objet figure » s'éteint et la jouissance se pétrifie dans cet objet (pétrification de l'objet *a*, de la voix devenant agent du tourment) qui devient « fétiche noir ». À la place de l'inexistence de l'Être suprême, à la place des « noirs essaims » des *Schwärmereien* qui se substituaient eux-mêmes à ce grand Autre transcendant (qui n'existe pas) se présente bien concrètement le « fétiche noir », c'est-à-dire l'objet comme fétiche, le dernier objet *concret* permettant d'éviter la vue du manque radical du grand Autre, la vue de la castration de la mère et la remise en question radicale de l'Être. « C'est ce qu'il advient de l'exécuteur (ou de l'objet *a* ou de l'agent du tourment) dans l'expérience sadique, quand sa présence à la limite se résume à n'en être plus que l'instrument. » C'est l'instrument premier de l'expérience sadique, c'est lui qui vaut comme fétiche ; nous verrons comment c'est l'instrument qui voile la castration de la mère. L'objet *a* ainsi pétrifié (agent du tourment, exécuteur, instrument) fige, cristallise la jouissance dans le fantasme sadien.

Cette cristallisation de la jouissance dans l'objet du fantasme implique en même temps « l'humilité d'un acte » : car le tourmenteur qui sert d'objet *a* dans l'expérience sadienne y vient « comme être de chair », c'est-à-dire comme également soumis au principe de plaisir. À l'intérieur du même objet *a* (instrument ou agent du tourment), il faudra donc distinguer et articuler le principe de jouissance (qui ne vaut pas d'abord pour un être de chair, mais se présentifie dans les « conjonctures de l'être ») et le principe de plaisir (qui concerne essentiellement un être de chair). Même si l'objet *a* est situé à la place du grand Autre, la duplication des principes (jouissance vs plaisir) reste à l'intérieur de l'objet *a* (cette duplication à l'intérieur de l'objet *a* ne correspond pas à la duplication des altérités des sujets S et A).

L'agent du tourment est ainsi refendu par la dualité des principes. C'est lui qui cause le désir. Puis c'est le désir, qui soutient les « deux altérités du sujet » (S et A), s'élevant ainsi à partir de l'objet *a* (et de la duplication des principes) à la mise en question du sujet, autrement dit c'est lui qui introduit les deux altérités du sujet, S et A. Le désir, ainsi branché sur la différence entre le principe de plaisir et le principe de jouissance au niveau de sa cause (l'objet *a*), « s'accommoderait sans doute de se dire volonté de jouissance » au niveau du « sujet » (la faculté de désirer supérieure chez Kant). En ce sens, le désir de l'agent du tourment (objet *a*) pourrait invoquer une autre volonté de jouissance « chez l'Autre », à savoir chez sa victime. Pour susciter cette volonté de jouissance chez sa victime, il doit la diviser radicalement de son pathos, c'est-à-dire de tout ce qui relève encore du pathologique et du principe de plaisir. Mais on ne peut oublier que cette division du plaisir et de la jouissance *part* de la question du plaisir (telle qu'elle est d'abord rencontrée dans l'objet *a*) : pas possible de partir directement de la jouissance ou de la liberté (même chez Kant, qui part des principes, nous ne partons pas directement de la jouissance : nous ne connaîtrions rien de la liberté si nous ne connaissions pas d'abord la loi morale, la culpabilité ou le surmoi).

Or, c'est une loi naturelle du plaisir de faire tourner le désir « en sa visée toujours trop court. Homéostase toujours trop vite retrouvée du vivant au seuil le plus bas de la tension dont il vivote ». Le désir voudrait s'arracher au plaisir et s'envoler vers la place de la jouissance « d'où se vocifère que l'univers est un défaut dans la pureté du Non-Être[295] », mais « toujours précoce la retombée de l'aile » (retombée au niveau de la faculté de désirer inférieure de Kant). Cette retombée de l'aile signe « la reproduction de sa forme », le cycle court érection-retombée propre au plaisir. Cette aile a pourtant ici « à s'élever à la fonction de figurer le lien du sexe à la mort », c'est-à-dire de révéler l'articulation entre le sexe abordé du point de vue du plaisir et la mort ouvrant la question de la jouissance. Laissons reposer cette question de l'élévation à la jouissance sous un voile mythique, articulant jouissance et plaisir comme si c'était deux entités distinctes[296].

Le principe de plaisir, qui fait tourner court la visée du désir, semble bien fait pour s'éteindre au plus vite. Il n'en est pas de même avec la

295 Lacan, « Subversion du sujet et dialectique du désir », *op. cit.*, p. 819.

296 « Laissons-la reposer sous son voile éleusinien ». Éleusis fut le témoin indiscret des incantations et manipulations que son fils Triptolème subissait de la part de Déméter pour le rendre immortel, pour l'élever du principe de plaisir au principe de jouissance et atteindre ainsi la jouissance parfaite. Irritée, Déméter tua Éleusis (cf. Grimal, *Dictionnaire de la mythologie grecque et romaine*, Paris, PUF, 1994, p.137).

jouissance qui en réclame toujours plus. De ce point de vue, plaisir et jouissance *discordent* fondamentalement. À partir de là, on pourrait imaginer que le plaisir devrait donc rapidement succomber, défaillir pour laisser définitivement la place à la jouissance qui s'élève au-delà du principe de plaisir et vers la question de l'au-delà de la mort. Or, la question du plaisir ne disparaît jamais. Comment se fait-il qu'elle ne disparaisse pas ? « Dans le temps même de la jouissance, il (le plaisir) serait tout simplement hors de jeu, si le fantasme n'intervenait pas pour le soutenir de la discorde même où il succombe. » Le plaisir, qui succomberait dans sa discordance, dans sa discorde d'avec la jouissance, est en fait comme repêché *par le fantasme*. « Le fantasme fait le plaisir propre au désir[297]. »

Dans l'opération de soutenir le désir, le fantasme engage bien l'objet *a* et le sujet divisé. Mais pas de la même façon. C'est la duplication de l'objet *a* (plaisir et jouissance, le plaisir est toujours là) qui initie le fantasme ; c'est à partir de l'objet *a* qu'il est possible d'aborder le fantasme et non à partir du sujet divisé. Le désir lui-même ne peut pas se comprendre à partir du sujet, à partir de « ce que représente un signifiant pour un autre signifiant ». Il n'est donc pas « indicable dans un signifiant de la demande ». Il est impossible de se tenir comme en dehors de lui pour l'articuler : il n'est pas « articulable ». Mais il est déjà parfaitement « articulé », par ce qui le cause, par l'objet *a* ; et c'est à partir de là, qu'il peut être le « suppôt de cette refente du sujet[298] », refente préalable à tout sujet particulier qui se trouve toujours déjà pris dans l'opposition préalable du principe de plaisir et du principe de jouissance (opposition mise en jeu primordialement par l'objet *a*).

« La prise du plaisir dans le fantasme est ici aisée à saisir[299] » : il est contenu, impliqué dans le fantasme sous la forme de l'objet *a* (qui vaut à la fois comme instrument de plaisir *et* instrument de jouissance), ce qui fait que le plaisir est constamment relancé malgré son cycle court ; malgré sa défaillance précoce, il est continuellement repêché.

La douleur se présente comme opposée au plaisir : « la douleur est d'un cycle plus long à tous égards que le plaisir, puisqu'une stimulation la provoque au point où le plaisir finit ». Si, par l'objet *a* (instrument de plaisir et de jouissance), le fantasme relance le plaisir au moment

297 Lacan, « Kant avec Sade », *op. cit.*, p. 773-774.
298 *Ibid.*, p. 773.
299 *Ibid.*, p. 774.

où il défaille, le fantasme profite aussi de cette donnée de la douleur pour représenter « dans le sensible de l'expérience sadienne » la prolongation du désir et de son effet subjectif qui, poussé à son terme, aboutit à « l'évanouissement du sujet », S barré.

« Telle est la donnée vitale (le cycle court du plaisir centré sur l'objet *a* et le cycle long de la douleur centré sur le sujet barré), dont le fantasme va profiter pour fixer dans le sensible de l'expérience sadienne, le désir qui paraît dans son agent (à partir de l'objet *a*, la voix ou le tourmenteur)[300]. »

À partir du plaisir (objet *a*) et de la douleur (Sujet barré), nous en venons maintenant à l'articulation du fantasme qui implique la structure quadripartite du schéma L.

II. STRUCTURE DU FANTASME DÉMONTRÉE DANS L'EXPÉRIENCE SADIENNE

Le fantasme (S barré poinçon de petit a) articule la dialectique du désir dans deux sens. En allant de petit a au S barré (c'est le sens premier et principal), l'objet *a* est désir de S barré ou encore la recherche impossible du plaisir du côté de l'agent du tourment (objet *a*) vise la douleur et est désir de l'ignominie de la victime jusqu'à l'évanouissement (S barré). En allant du S barré au petit *a*, la jouissance extrêmement mortifère de la victime est supposée désirer le plaisir du tourmenteur. Mais l'objet *a* et le sujet barré ne trouvent leur consistance que dans le mouvement complexe - aller-retour - du désir. C'est par rapport à ce désir à double entrée que l'objet *a* et le sujet barré trouvent une identité fixée alors même que tourmenteur et victime n'existent *que* dans l'articulation complexe du fantasme. Le fantasme suppose toujours l'articulation complexe de la question du sujet, soit le schéma L avec son axe imaginaire d'énoncé et son axe symbolique d'énonciation, que nous rappelons ici[301] :

---

300 *Ibid.*, p. 774 (mes parenthèses).

301 Nous reprenons ici le schéma L de la p. 548 des *Écrits op. cit.*, (et non celui de la page 53 où « a » et « a' » sont inversés) : « a » désigne les objets du sujet et « a' » le moi (*ibid.*, p. 549). Remarquons que le « a » en question aussi bien à la page 548 qu'à la page 53 n'est aucunement à confondre avec l'objet *a*.

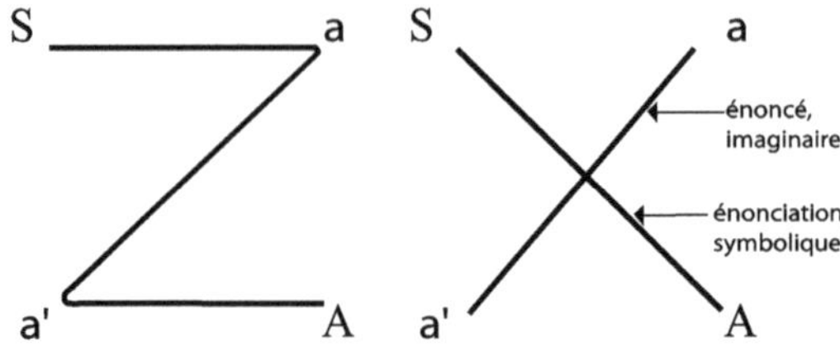

Faisons tourner les deux schémas d'un quart de tour dans le sens horlogique, nous obtenons les schémas suivants :

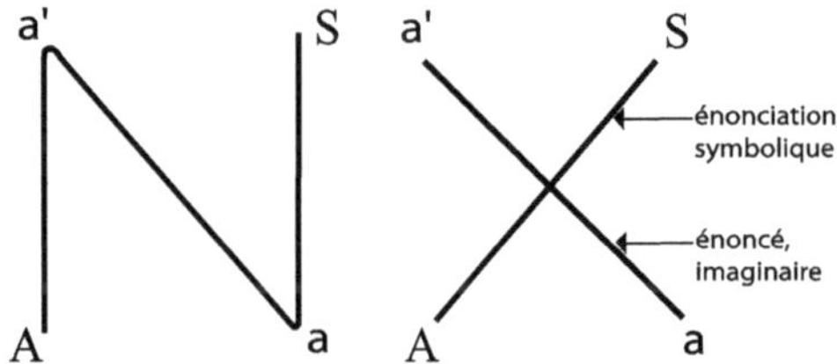

Cette articulation du fantasme ne correspond ni à l'axe imaginaire de l'énoncé, ni à l'axe symbolique de l'énonciation, mais à l'articulation d'une part de l'objet *a* en position de grand Autre dans l'énonciation *pour autant qu'il se prolonge déjà* dans l'énoncé *vers la volonté* (la volonté du tourmenteur, V) et d'autre part du Sujet barré (réduit à son évanouissement) en position d'objet quelconque (« a ») dans l'énoncé *pour autant qu'il se prolonge déjà* dans l'énonciation *vers un effet de sujet* (effet de l'expérience sadienne, S).

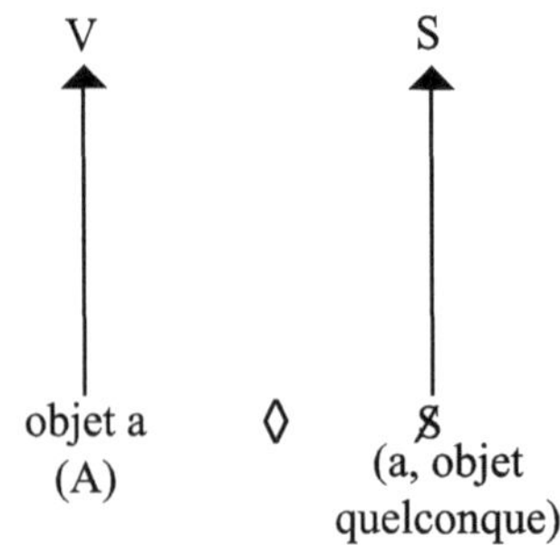

Complétons maintenant le schéma par la ligne purement imaginaire qui part de la volonté (V) du tourmenteur pour aller vers son objet qu'est le sujet barré :

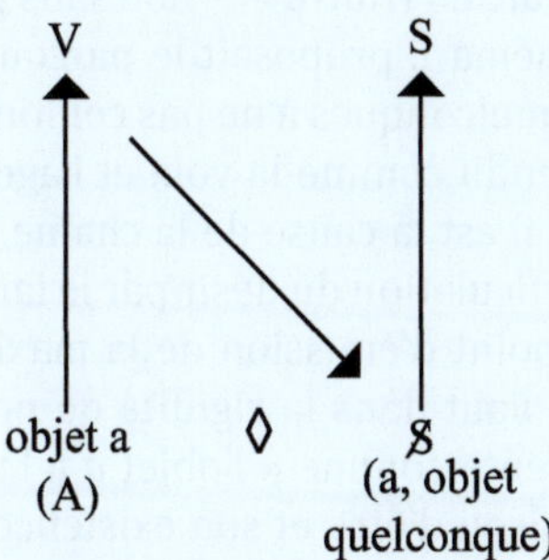

L'articulation classique et simplifiée du fantasme se situe sur la ligne inférieure du schéma (sans prolongation vers V et S). Cette articulation du fantasme ne s'obtient « qu'à ce que son agent apparent se fige en la rigidité de l'objet » (objet *a* figé).

Sous cette rigidité apparente, le fantasme n'existe que parce qu'il est avant tout engagé dans la parole et dans le schéma L intégral. Tout paraît bien en place dans cette présentation classique du fantasme : l'objet *a* est à la place de l'Autre (source de l'énonciation) et la victime vaut comme le partenaire imaginaire de la volonté du bourreau (énoncé).

Mais l'énonciation – qui est bien présente dans la voix – a aussi pour effet de chambouler complètement toutes les places rigidifiées : la parole du tourmenteur (l'énonciation de la maxime sadienne, objet *a* en vue d'une prolongation vers V) implique aussi son autre, à savoir la victime (S barré) et son effet de sujet (S). Si l'agent du tourment insiste dans sa parole en même temps qu'il la fige jusqu'à la réduire au pur instrument du tourment, il place *aussi* l'autre, la victime dans une position dont il attend une réponse. « La structure de la parole (...) c'est que le sujet reçoit son message de l'autre sous forme inversée[302]. » Il lui adresse un message dans la visée que son propre message lui soit renvoyé aussi avec cette prolongation qui implique l'articulation des quatre places (alors que dans la formule simplifiée, tout apparaît sous forme duelle – objet *a* / sujet barré).

302 Lacan, *Le séminaire, Livre III, Les psychoses*, Paris, Seuil, 1975, p. 47.

Par quelle suite d'opérations, par quel calcul, le sujet fait-il son apparition ? Comment est-il produit dans la structure complexe du fantasme ? Nous l'avons vu, « la condition du sujet S (névrose ou psychose) dépend de ce qui se déroule en l'Autre »[303] non sans passer par la chicane de l'imaginaire. Le schéma L proposait le parcours en zigzag de A, a' (le moi), a (les objets quelconques à ne pas confondre avec l'objet *a*) et enfin S. L'objet *a* (entendu comme la voix et l'agent du tourment) est au début de la chaîne, il est la cause de la chaîne, c'est-à-dire la cause du déploiement de l'articulation du désir par le fantasme jusqu'à l'effet de sujet (S). Isolé, le point d'émission de la maxime « J'ai le droit de jouir de ton corps… » vaut dans la rigidité de poser sa règle comme universelle ; il se présente comme « l'objet *a* à la place de la cause ». Mais il ne trouve sa raison d'être et son existence que dans l'articulation générale du désir, qui commande toute l'affaire : le désir, pour être partout articulé (« le désir, qui est le suppôt de cette refente du sujet »), se présente comme nulle part accompli : le fantasme « supporte l'utopie du désir ». On doit donc compléter le schéma par l'incidence du désir (d) sur l'objet *a* qui vaut comme la cause et retrouver ainsi le schéma 1 de « Kant avec Sade ».

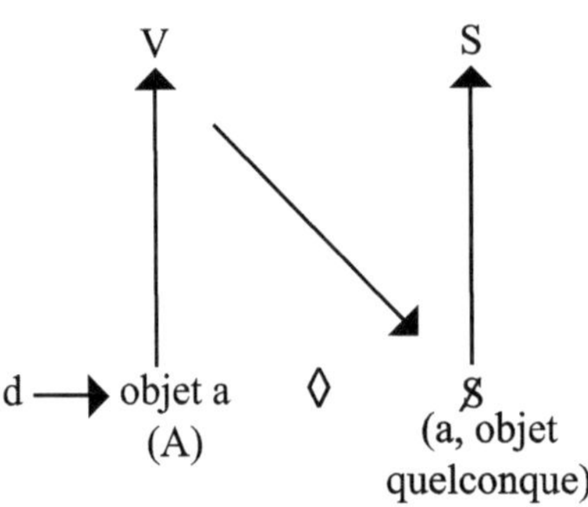

Cette incidence du désir sur l'objet *a* met fondamentalement en question la catégorie de la *causalité* impliquée dans l'objet *a*, non sans la bouleverser complètement.

Expliquons ce bouleversement. Dans le champ des phénomènes (dans l'Analytique de la *Critique de la raison pure*), une cause parti-

303 Lacan, « D'une question préliminaire à tout traitement de la psychose », *op. cit.*, p. 549.

culière détermine un effet particulier et tout phénomène est pensé comme déterminé par une cause. L'objet *a*, convoqué ici dans le fantasme, ne se contente pas d'être une cause parmi d'autres ; il se présente comme la cause universelle et catégorique (le droit à être la cause du désir « je l'exercerai, sans qu'aucune limite m'arrête... »). Ainsi, le point d'émission de la maxime s'arroge une liberté absolue, c'est-à-dire une causalité par liberté, le droit de commencer, comme créateur de son univers, une infinité de nouvelles chaînes temporelles. L'universalité revendiquée ici n'est pas une universalité analytique, c'est une universalité synthétique, une véritable création : à partir de cet objet *a* se crée synthétiquement le sujet suivant la séquence indiquée dans le schéma 1 : *a* – V – S barré – S. Une telle causalité dépasse, force « le seuil de la déduction transcendantale de Kant » (la causalité déduite dans l'Analytique transcendantale de la raison pure est une causalité purement déterministe) pour s'ouvrir sur la *Dialectique de la raison pure*, plus précisément sur la troisième antinomie, dont la thèse s'énonce « la causalité suivant les lois de la nature n'est pas la seule (...) il est encore nécessaire d'admettre (...) une causalité par liberté[304] ». L'objet *a* – dans la fiction sadienne qui se permet toutes les libertés d'invention, « horrible liberté[305] » – s'inscrit essentiellement dans le cadre de cette thèse impliquant la liberté ; c'est bien pourquoi il se présente sous la forme de la voix, sous la forme du *nihil negativum* qui contredit les conditions mêmes de l'expérience phénoménale pour ouvrir le champ de ce qui ne peut ni se dire ni se représenter, à savoir le Réel.

En forçant les limites de la *Critique de la raison pure* dans sa partie consacrée aux phénomènes (Analytique transcendantale), l'objet *a* à la place de la cause instaurerait « une nouvelle Critique de la Raison », qui ne serait plus fondée sur les phénomènes (comme la *Critique de la raison pure* de Kant), mais sur le fonctionnement de la *raison pratique*. De surcroît, pour éviter toute pratique polarisée vers le Bien, l'objet *a* instaurerait cette critique sur la cheville du Mal, « sur la cheville de l'impur ». Impureté du Mal, qui vient s'opposer à la Pureté du Bien, dont relèverait, au dire de Lacan, la *Critique de la Raison pratique*.

L'agent du tourment ou la voix *semblent* pourtant commandés par V, « la volonté dominant toute l'affaire ». Tout – notamment le pavé du

304 Kant, *Critique de la raison pure*, *op. cit.*, p. 1102 ; A444; B472.
305 Lacan, « Kant avec Sade », *op. cit.*, p. 772.

fantasme (petit a poinçon de S barré) – serait commandé par la volonté comme chez Kant (la « volonté de bien faire » commandait en effet l'exposition pédagogique de la loi morale dans les *Fondements de la métaphysique des mœurs*, mais pas la structure de la raison pure). Or, la lettre V aussi bien que ladite volonté sadienne évoque le symbole de la réunion ou encore du ou/et. Avant tout, ladite volonté, la lettre V est la *réunion* de deux parties du fantasme, d'une part la division du sujet, à savoir le sujet barré (l'évanouissement du sujet dans la douleur) et d'autre part la recherche impossible du plaisir et de la jouissance du côté du tourmenteur (objet *a*). Cette même volonté implique aussi la prolongation du sujet barré du côté d'un sujet qui répond en effet au tourmenteur. Si elle part de l'objet *a*, la volonté impose de passer par le sujet barré et sa douleur pour arriver enfin au S, sujet brut du plaisir, qui reste une énigme.

C'est « la volonté de Kant qui se rencontre à la place de cette volonté ». Si chez Kant la volonté se rencontre comme « tenant le haut du pavé », c'est en tant que, comme volonté de bien faire, elle peut être reconnue par tout le monde. Mais cette volonté, volonté de bien faire, n'est qu'une *introduction pédagogique* à la loi morale (cf. les *Fondements de la métaphysique des mœurs*, première section). Dans la *Critique de la raison pratique*, tout dépend au contraire de la remise en question de la causalité et de la liberté plutôt que de la volonté de bien faire. Autrement dit, on peut parfaitement lire le parcours du fantasme dans la moralité kantienne. La voix (ou le *nihil negativum*), qui vaut comme la mise en question de la causalité déterministe et comme l'ouverture d'une autre causalité (par liberté), se prolonge dans la volonté pour diviser le Sujet (entre plaisir et jouissance) et faire apparaître le sujet « pathologique » comme effet de la loi morale. Le « sujet brut du plaisir » ou le sujet « pathologique » n'existe pas en tant que tel (c'est une pure abstraction), il est toujours le résultat de tout le parcours du fantasme sadien impliquant d'abord la dualité du plaisir et de la jouissance dans l'objet *a* de départ. La volonté (précédée par la voix, comme point de départ de tout le parcours, même si la volonté peut *apparaître* première) « ne peut être dite de jouissance qu'à expliquer », qu'à déplier la chaîne permettant l'effet du sujet, à savoir comment le sujet « pathologique » (S) n'intervient qu'après être passé par le sujet barré, autrement dit comment le sujet « pathologique » est à situer à partir de la division du sujet. Cette volonté située dans ce parcours dépend d'abord de l'objet *a* (la voix qui énonce « J'ai le droit de jouir… »), c'est pourquoi elle est dite « volonté de jouissance ». En impliquant *tout* le parcours par le sujet barré et le sujet « pathologique », une telle volonté « est le sujet reconstitué de l'aliénation », à condition d'être conditionnée par l'instrument de la jouissance, commandée par l'objet *a* en position de cause. Elle est le sujet reconstitué « au prix de n'être que l'instrument de la jouissance ».

Kant a bien vu le fonctionnement de la volonté. Mais il aurait loupé le point de départ en deçà de la volonté, à savoir l'objet *a*. Avec cette exposition du fantasme sadien, la volonté qui semblait aussi dominer toute l'affaire est mise à la question, elle dépend de l'objet *a*, plus précisément de la voix. Kant est mis à la question « avec Sade », c'est-à-dire par l'introduction de la voix, de l'instrument, de l'objet *a* que Kant aurait ignoré et dont Sade lui-même tiendrait d'une certaine façon la place (voir plus loin). Mais répétons-le, cette voix est bien présente à sa place chez Kant dans la quatrième forme du Rien, le *nihil negativum*, c'est cette absence radicale de l'objet, le rien en tant que contradiction de conditions de l'expérience sensible, qui ouvre précisément le champ de la liberté et de la moralité. Kant aurait regretté l'absence d'objet dans l'expérience de la loi morale (p. 768 et 772). Lacan triomphe : le voilà maintenant cet objet supposé manquant chez Kant : il est bien livré par Sade en personne qui viendrait ici donner la vérité de la *Critique de la raison pratique* (p. 766). La volonté « tombe sous le sens », elle devient sensible sous la forme de l'objet *a* qui rend compte de la question du désir, le sens du « *Che vuoi* », « que veux-tu ? ». « Que veux-tu ? » s'explique non par la volonté, mais par la voix édictant cette maxime impossible qu'est la maxime sadienne « J'ai le droit de jouir de ton corps... ».

Ce schéma 1 explicite la formule du fantasme (a poinçon de sujet barré, ligne inférieure du schéma) en montrant comment le fantasme qui semblait d'abord consister en deux termes de fond (l'objet et le sujet barré) doit se compléter par ce qui se présente en surface (sur la ligne supérieure du schéma) : V et S. Sade développe systématiquement cette structure du fantasme dans toute son œuvre. Mais elle peut servir pour n'importe quel fantasme, pervers ou non.

Jusqu'ici c'est principalement la partie gauche du schéma qui a été développée, celle qui concerne les positions sadiques (la volonté et le tourmenteur). On peut maintenant se tourner vers la suite, la partie droite, le côté des victimes (comme Sujet barré et comme sujet pathologique, passé par l'expérience sadienne). Remarquons d'abord que dans le fantasme, l'objet se pétrifie, se rigidifie dans sa posture insistante de cause du désir (et cette rigidité n'est pas sans rapport avec la substitution d'un *objet* au fonctionnement du *principe*, comme nous le verrons plus loin). C'est pourquoi « il y a une statique du fantasme » et tous les autres termes du schéma 1 en subiront les conséquences et seront présentés eux aussi comme monotones et insistants indéfiniment dans leur position et leur rigidité.

Ainsi le Sujet barré, purifié de tout plaisir et de tout pathologique, le Sujet lacéré par la douleur au point de s'évanouir, le Sujet qui vaut comme le « point d'aphanisis » n'en finit pas de ne pas mourir. Le point d'aphanisis du sujet doit aussi donner une réplique, une réponse au tourmenteur. Mais s'il mourait vraiment, ce serait en même temps l'aphanisis du désir (pas de désir sans la réponse du sujet), aussi bien ce point « doit être dans l'imagination indéfiniment reculé. D'où la peu croyable survie dont Sade dote les victimes des sévices et tribulations qu'il leur inflige en sa fable ». Et si l'une ou l'autre victime meurt, c'est pour être remplacée dans une combinatoire où la fonction de victime garde toujours la seule et même fonction, celle de *presque* s'évanouir dans la douleur, celle de représenter le Sujet, répondant du tourmenteur, du Sujet en train de s'évanouir, en train de se barrer. Alors que le Sujet barré signifie le moment ponctuel, l'instantané de disparition ou d'évanouissement du Sujet, il est présenté dans le fantasme comme persistant éternellement en fonction même de l'insistance pressante et rigidifiante de la mise en jeu de la structure par l'objet *a* du fantasme. Les victimes ont pour fonction de représenter la Volonté pour son propre but qui est de produire finalement le sujet brut du plaisir S ; leur seul rôle est d'accomplir « la relation du sujet au signifiant ». Le sujet barré (la victime) est ce que représente un signifiant (S1 ou la Volonté) pour un autre signifiant (S2 ou le sujet brut du plaisir S). Et tout est initié par l'objet vocal à la place de l'Autre.

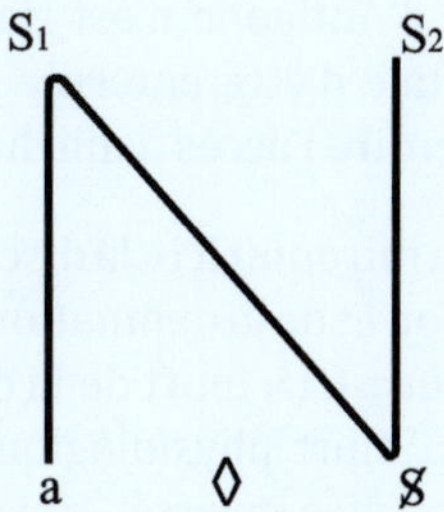

La cause première qui fixe cette relation du sujet au signifiant réside dans l'objet *a*. Cependant la rigidité de l'objet *a* ne s'obtient que par l'insistance *répétitive* de la voix et de l'instrument dans le réel. De cette insistance qui doit toujours se reprendre, il découle que l'objet *a*, « la troupe des tourmenteurs », « peut avoir plus de variété[306] » que les représentations du sujet barré dans les victimes en train de s'évanouir. C'est cette instance continuelle de l'objet *a*, propre au fantasme (et notamment aux « fantasmes originaires ») qui fait que le fantasme soutient le principe du plaisir là même où l'on penserait qu'il devrait disparaître pour faire la place au principe de jouissance. Mais, on va le voir, cette insistance continuelle du fantasme (qui soutient le principe de plaisir à l'endroit même où il disparaîtrait) est elle-même tributaire du Réel et de la jouissance.

« L'exigence, dans la figure des victimes, d'une beauté toujours classée incomparable (et d'ailleurs inaltérable...) est une autre affaire. » Cette beauté du sujet, du « sujet pathologique » (S) cache précisément l'horreur du Réel et de la jouissance. Elle relève de ce qui est sous-jacent au fantasme, avant tout de l'engagement décisif, irrévocable dans l'acte éthique que plus rien ne peut arrêter, même pas la perspective d'une mort certaine (le sujet est passé par l'extrême du pathologique, à savoir la mort). Au moment où Antigone est pour ainsi dire déjà morte en tant que condamnée par Créon à être enterrée vivante pour avoir voulu enterrer son frère rebelle malgré les lois de la cité, au moment où Antigone se trouve entre ces deux morts que sont sa condamnation à mort et la mort qui s'en suivra effectivement, le chœur chante : *Erôs anikaté machan, «* amour invincible au combat », car l'amour d'Antigone pour ce qu'elle doit faire ne reculera plus devant quoi que ce soit ; elle ne tiendra plus compte d'aucune pression

306 Lacan, « Kant avec Sade », *op. cit.*, p. 775.

pathologique. La beauté d'Antigone n'est rien d'autre que le voile de cette horreur fondamentale d'être enterrée dans son acte éthique, la « barrière extrême à interdire l'accès à une horreur fondamentale[307] ».

C'est la condamnation qui introduit ici « la discordance des deux morts », la mort de la condamnation et de la damnation et la mort physiologique (tout est ici « pathologique »). La mort de la condamnation d'Antigone par Créon vient *avant* la mort physiologique. Mais l'ordre temporel des deux morts peut aussi être inversé. Ainsi, lorsque le même Créon, champion de la condamnation, interdit la sépulture de Polynice, il lui inflige une « seconde mort » *après* la mort physiologique qui a déjà eu lieu[308]. « L'entre-deux-morts de l'en deçà est essentiel à nous montrer qu'il n'est pas autre chose que celui dont se soutient l'au-delà. » Sade lui aussi joue sur les deux tableaux, l'entre-deux-morts de l'en deçà et celui de l'au-delà : la condamnation et la damnation peuvent se jouer avant la mort physiologique, mais aussi *après*, en *enfer*. Dans l'Histoire de Juliette, « Saint-Fond fait signer de force à ses victimes un pacte avec le diable qui les conduira en enfer et prolongera indéfiniment les souffrances qui leur ont été infligées dans ce monde-ci ("et l'on jouira du plaisir délicieux de les avoir provoquées au-delà même des bornes de l'éternité, si l'éternité pouvait en avoir")[309] ». Cependant une objection se présente ici immédiatement : l'idée de l'enfer a été réfutée par Sade du fait même qu'elle dépend d'un Être suprême qui n'existe pas et qu'elle ne vaut que « comme moyen de sujétion de la tyrannie religieuse[310] ». Comment Sade peut-il maintenant réintroduire l'enfer ? Malgré son athéisme radical, Sade n'hésite pas à condamner les victimes au tourment éternel ; car c'est la condamnation radicale, le retour au néant absolu, qui ouvre le champ de l'entre-deux-morts sous l'une ou l'autre de ces deux formes, peu importe la plausibilité de l'affaire puisqu'il s'agit d'ouvrir l'espace d'un acte radicalement éthique (comme pour Antigone). Avec la certitude de la seconde mort, tout est mis en place pour le rejet radical de toute considération « pathologique » dans la détermination de l'acte éthique (il est insensé d'agir dans tel ou tel but pathologique, puisque tout est déjà voué à la mort et à la condamnation) et la mort physiologique s'inscrit au contraire dans la routine de la nature (« pathologique »). En fonction de cette seconde

307 *Ibid.*, p. 776.

308 C'est Tirésias qui dit à Créon qui vient d'interdire la sépulture à Polynice : « un mort n'a pas besoin d'être tué deux fois ».

309 Marty, *Pourquoi le XX*^e^ siècle *a-t-il pris Sade au sérieux ? op. cit.*, p. 215 note 4.

310 Lacan, « Kant avec Sade », *op. cit.*, p. 776.

mort qui peut s'entendre dans les supplices sadiens d'ici-bas ou dans l'au-delà, la philosophie de Sade exige que la condamnation s'attaque à la Nature elle-même[311], pour que tout puisse commencer par la voix. « Contre l'affreuse routine de la nature », il exige que l'évanouissement du sujet (S barré) indéfiniment reculé se redouble dans la violence extrême qui condamne le sujet à l'anéantissement radical : « que les éléments décomposés de notre corps, pour ne pas s'assembler à nouveau, soient eux-mêmes anéantis ».

Malgré toutes les présentations possibles de la « seconde mort », la mort n'est pas une affaire d'avant ou d'après. C'est la mise en question radicale du temps, qui permet de commencer une nouvelle série dont le point de départ est l'objet vocal, qui permet de créer une autre forme, au-delà de toutes les présentations. C'est elle qui donne au fantasme son caractère atemporel ou éternel à partir justement de l'objet *a* comme voix.

III. VALEUR TRANSCENDANTALE DE LA DOULEUR D'EXISTER : LA SECONDE MORT ET LA PULSION DE MORT

L'entre-deux-morts implique la pulsion de mort. La condamnation à mort qui l'introduit a clôturé les comptes du plaisir et plus rien ne fonctionne selon les rétributions possibles dans le sens du principe de plaisir. L'évacuation de toute considération de plaisir entraîne la décision inébranlable de l'acte éthique (Antigone) et la purification du champ de la jouissance. Si nous ignorons l'enjeu de la pulsion de mort et le principe de jouissance, la pratique psychanalytique se réduit à une pure « technique », où le langage n'a « d'autre effet qu'utilitaire ou de parade tout au plus[312] ». C'est bien ce qui se passe quand on réduit le travail de l'inconscient au pur mécanisme sans prendre la mesure de ce que veut dire « donner une autre forme », sans prendre la mesure que cette autre forme ne correspond ni à une technique visant tel ou tel but, ni au principe de plaisir.

---

311 Le fait que la philosophie de Sade se présentait comme une philosophie de la Nature n'y change rien : il s'agit de détruire toute considération « pathologique » (avant ou après la mort physiologique) pour libérer l'espace de l'éthique.

312 *Ibid.*, p. 777.

Malgré la tendance bien compréhensible à ignorer la pulsion de mort et le principe de jouissance, les arguments se pressent pour en reconnaître pourtant l'importance universelle dans l'histoire humaine. Au niveau de l'histoire des religions, « la douleur d'exister est l'évidence originelle pour les pratiques de salut » que des « millions d'hommes » « fondent dans leur foi au Bouddha », elle est tout aussi présente dans le christianisme, l'islam ou l'hindouisme. Au niveau de la psychiatrie, cette même douleur d'exister, à l'état pur, « modèle la chanson » des mélancoliques. Au niveau de la psychanalyse, cette même douleur d'exister est centrale dans ces rêves qui laissent le rêveur non seulement bouleversé, mais aussi appelé à une « renaissance intarissable » (on pourrait citer ici d'innombrables rêves, le rêve de l'injection faite à Irma, le rêve du père mort, le rêve de l'homme aux loups, etc.). Au niveau de vie quotidienne, la perspective de la mort est toujours à l'horizon ; si l'on devait imaginer « notre vie quotidienne comme devant être éternelle », c'est-à-dire sans la mort, elle apparaîtrait bien vite comme un enfer. Et les « tourments de l'enfer » dont parle Sade ne sont rien d'autre que la signature de l'insistance de la pulsion de mort.

Malgré leur importance et leur enjeu, la pulsion de mort et le principe de jouissance sont presque systématiquement ignorés. Cette « bêtise » est « sociologique » en ce qu'elle dépend de la structure des foules qui s'assemblent toujours autour d'un idéal du moi réduit à l'imaginaire, lequel vise justement à effacer la perspective de la mort. Il est inutile d'espérer que cette ignorance puisse être réduite par les arguments. Associée à l'identification à une figure d'idéal du moi imaginaire, cette ignorance est constitutive du tout groupe humain, comme Freud l'a démontré dans *Psychologie des masses et analyse du moi*[313]. Les cercles qui prétendent avoir « une expérience plus assurée des formes du sadisme[314] » (qui prétendraient ainsi avoir une expérience plus assurée du Réel) n'y échappent pas plus qu'aucun autre groupe. Tout cela réduit précisément le Réel à un imaginaire. Dans le même sens de rejeter dans un pur imaginaire le véritable enjeu de la douleur d'exister et de la pulsion de mort, on réduit le fantasme sadien à « la relation de réversion qui unirait le sadisme à une idée de masochisme ». Certes, Freud a bien remarqué le renversement de la pulsion de l'activité à la passivité et l'on pourrait y entendre le renversement du sadisme (je tourmente, verbe actif) en masochisme (je suis tourmenté, verbe

313 Dans Freud, Œuvres complètes XVI, Paris, PUF, 1991, p. 5 et suivantes.

314 Lacan, « Kant avec Sade », *op. cit.*, p. 777.

passif). Mais ce renversement ne va pas sans le verbe moyen réfléchi (je me tourmente). Cette réflexivité complexe est déployée non pas en une opposition duelle imaginaire, mais dans la quadrature de la mise en scène et du fantasme sadiens comme on l'a vu. L'opposition binaire sadisme-masochisme relève d'une pure relation imaginaire et réciproque, que l'on pourrait qualifier humoristiquement d'« exploitation de l'homme par l'homme », du sadique par le masochiste et du masochiste par le sadique[315], l'un n'étant que le complément imaginaire de l'autre. Cette conception d'un sadisme essentiellement imaginaire équivaut à lui attribuer la négation de la dimension du grand Autre et du symbolique. « Cela donne que le sadique "nie l'existence de l'Autre"[316]. » Cette relation imaginaire se réduit au couple V – S barré dans le schéma du fantasme sadien.

La seconde mort et la condamnation éternelle qui l'introduit, en évacuant la prise en considération des bienfaits qui pourraient résulter de telle ou telle action, obligent à écarter tout ce qui semble directement relever du principe de plaisir ou de déplaisir (c'est-à-dire tout ce qui pouvait se situer par rapport à l'énoncé, V et S barré) pour accentuer l'importance des deux autres coins du schéma. Ainsi, dans l'articulation du fantasme et en tenant compte de la pulsion de mort, le S barré n'a de sens que parce qu'il conduit au sujet pathologique porteur de la douleur d'exister et, avec elle, porteur de la pulsion de mort et du principe de jouissance ; « le sadisme rejette dans l'Autre la douleur d'exister » ; la victime doit souffrir comme sujet dans sa chair. Si le sujet se présente comme au bord de l'évanouissement (le sujet barré), c'est pour être là bien présent pour le sadique en tant que son Autre, duquel le sadique lui-même reçoit son message de jouissance sous forme inversée (où l'on voit que les personnages de Sade ne prennent qu'une place provisoire dans le schéma quadripartite de la question du sujet[317]). Loin de disparaître simplement, le sujet qui se présentait comme barré, doit passer au sujet pathologique pur, cachant sous sa beauté l'horreur

315 L'« exploitation de l'homme par l'homme », c'est « la définition du capitalisme on le sait. Et le socialisme ? C'est le contraire ». De ce point de vue humoristique, capitalisme et socialisme s'enferrent tous deux dans une relation purement imaginaire sous la houlette d'un idéal du moi imaginarisé qui permet d'ignorer la pulsion de mort.

316 *Ibid.*, p. 778.

317 La fonction du grand Autre n'est pas le monopole de l'agent du tourment ou de l'objet *a* vocal ; elle est aussi sollicitée chez la victime et cette sollicitation est fondamentale dans l'expérience sadienne.

fondamentale de la seconde mort (S). D'une façon semblable, toujours dans l'articulation du fantasme et en tenant compte de la pulsion de mort, V, la Volonté n'a de sens que parce qu'elle provient de petit a ; à condition de comprendre la mise en scène quadripartite, le sadique n'est pas d'abord une Volonté qui déterminerait son objet, c'est bien avant tout d'abord un objet atemporel (comme on l'a vu à propos de l'objet vocal, hors des conditions de la sensibilité, donc hors temps), « un "objet éternel" ». Il tient la place de l'objet *a*, l'agent du tourment ; c'est la voix qui édicte la maxime sadienne et, pour obtenir le fantasme (et la division du sujet), l'objet *a* « se fige en la rigidité de l'objet[318] », il apparaît comme éternel. Dans la lecture lacanienne de Sade, l'objet symbolique ou symboligène (l'objet *a* qu'est le tourmenteur sous la forme de la voix) détermine la Volonté imaginaire. Dans la conception de la morale kantienne, il pourrait sembler que c'est la Volonté de bien faire (symboligène) qui détermine la Loi morale (proprement imaginaire). Mais comme on l'a vu, la Volonté de bien faire n'est qu'une manière *pédagogique* (première section des *Fondements de la métaphysique des mœurs*) de faire apparaître à tous la Loi morale ; la véritable création de la Loi morale doit venir de la liberté, laquelle n'existe que comme supposée échapper aux conditions de l'expérience sensible, autrement dit c'est le *nihil negativum* (comme le rien en tant que niant les conditions de l'expérience sensible). Autrement dit, c'est encore la voix qui détermine la Loi morale.

Nous devons prendre acte du fait de la question de la pulsion de mort en même temps que du principe de la jouissance qui implique la dialectique du schéma quadratique.

Dans l'optique de cette architectonique, ne devrait-on pas pousser Sade un peu plus loin et penser que cet objet *a* ou l'objet éternel pourrait bien fabriquer, pourrait bien produire le « bien commun », le bien commun de la « rédemption, l'âme immortelle », le bien commun tel qu'il serait révisé par Sade en fonction de la jouissance ? Le chrétien, dans son péché de jouissance, serait à la place de l'agent du tourment sadien lui-même, à la place de l'objet *a*, et s'adresserait à sa victime (son grand Autre) qui doit répondre par la douleur extrême. Le Christ, comme victime, l'Autre du chrétien, comme sadique, serait sollicité de répondre à la voix de ce dernier. « Pas trop vite, pour n'aller pas non plus trop loin » nous avertit déjà Lacan. Car Sade ne pousse pas sa

[318] *Ibid.*, p. 774.

logique suffisamment loin pour pouvoir l'articuler au commandement chrétien *tu aimeras ton prochain comme toi-même*, en jeu dans cette construction christique. La question sera reprise à la fin du texte : Sade « se refuse à être mon prochain » non par sadisme, mais plutôt par manque de sadisme : il « n'est pas assez voisin de sa propre méchanceté, pour y rencontrer son prochain[319] ».

La pensée de Sade ne le conduit pas au christianisme, mais à une autre histoire qui est la logique de sa vie.

IV. L'ŒUVRE ET LA VIE DE SADE

Les différentes scènes sadiennes, qui valent comme autant de présentations du fantasme, surgissent comme particulières. Tout semble assez loin de l'universalité recherchée. Comme on l'a vu à partir de la maxime sadienne, l'universalité n'est visée que comme « synthétique », c'est dire qu'elle est à construire et elle ne pourra être construite qu'à partir de quelque chose qui n'est pas universel, à partir de l'objet *a* (situé à la place de l'Autre), plus précisément à partir de la quatrième forme de l'objet *a*, la *voix* du tourmenteur.

La *voix* de Sade lui-même est cependant fort différente de la voix du tourmenteur des scènes sadiennes. D'emblée elle s'universalise, elle concerne l'universalité des hommes et elle proclame d'emblée une déclaration universelle des droits de l'homme, c'est « la délégation que Sade fait à tous, dans sa République, du droit à la jouissance[320] ».

Le passage de la voix du tourmenteur (voix qui apparaît dans la particularité de telle mise en scène) à la voix de Sade (qui vise l'universalité de l'homme), autrement dit le passage d'une voix particulière à une voix universelle, est présenté par Lacan par « la rotation d'un quart-de-cercle » ; c'est le passage du schéma 1 (page 774) au schéma 2 (page 778) :

319 *Ibid.*, p. 789.
320 *Ibid.*, p. 778.

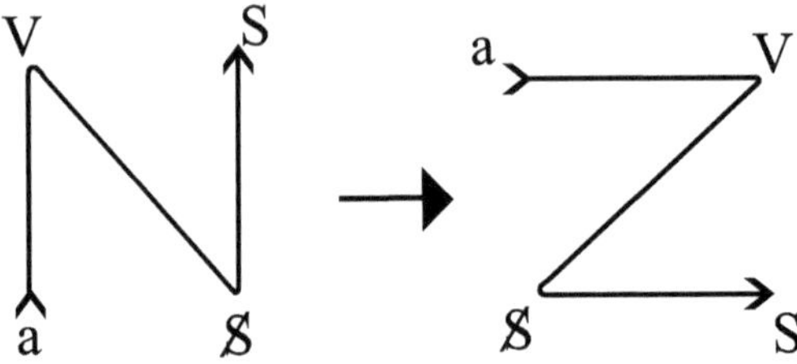

Que lire dans cette rotation d'un quart-de-cercle ?

Insistons d'abord sur les caractères communs aux deux schémas, qui les rapportent tous deux au zigzag du schéma L. Chaque fois, la production de S à partir de *a* se joue moyennant le passage par l'axe d'énoncé, moyennant le filtre imaginaire qui articule la Volonté sadique (V) au sujet barré de la victime (S barré). Chaque fois, l'objet *a* est en position de grand Autre et il finit par produire S (la ligne A-S non représentée dans les schémas vaut comme l'axe d'énonciation).

De plus, chaque fois aussi, c'est le désir qui motive le schéma ; la fonction du désir opère toujours à la même place et ne subit pas la rotation d'un quart-de-cercle (nous verrons que cette place sur la ligne inférieure de chacun des schémas a une valeur particulière et non universelle).

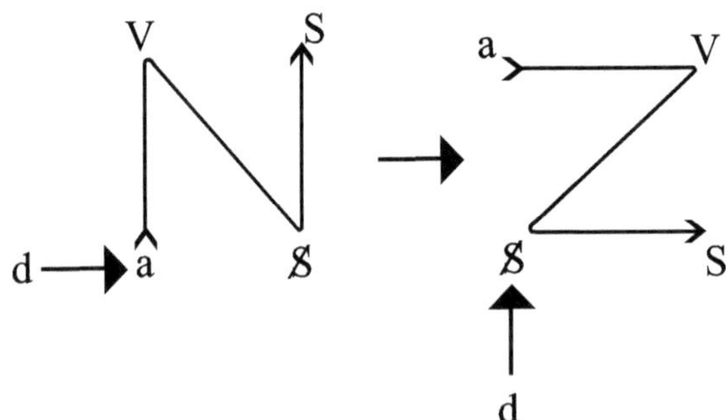

Voyons maintenant les différences. L'objet *a* et le S produit ont des positions différentes dans les deux schémas. Le quart-de-cercle par lequel le premier schéma se transforme en deuxième schéma élève l'objet *a* à la ligne supérieure du schéma tandis qu'il rabaisse le sujet S à la ligne inférieure. Quelle est la valeur de cette position « supérieure » ou « inférieure » ?

Dans le premier schéma, qui vaut pour une scène sadienne *particulière*, c'est le « sujet brut du plaisir (sujet "pathologique") » qui est produit à la fin du zigzag et ce sujet vaut comme un *universel* (on va du particulier « a » vers l'universel « S ») ; c'est bien en quoi l'universalité est produite ou synthétique. Dans le deuxième schéma, qui vaut comme une théorie *universelle* présentée par l'œuvre et la vie de Sade, c'est « le sujet brut incarnant l'héroïsme propre au pathologique », qui est produit et il est incarné dans des *particuliers* qui valent comme héros ou dans le lecteur particulier de l'œuvre de Sade (on va de l'universel au particulier) ; ici, c'est l'analyse de l'universalité sadienne qui produit des effets particuliers, sur le lecteur par exemple.

Dans les deux schémas, la ligne supérieure est occupée par des valeurs se voulant universelles. Dans le premier schéma, c'est « la volonté dominant toute l'affaire[321] » et le beau sujet épuré par la seconde mort. Dans le deuxième schéma, c'est l'objet *a* comme la voix de Sade (qui se veut universelle), énonciatrice des droits universaux à la jouissance et la volonté de jouissance (V). Dans les deux schémas, la ligne inférieure est occupée par des valeurs particulières. Dans le premier schéma, c'est la particularité de telle ou telle voix d'un tourmenteur et la particularité de telle ou telle douleur du sujet barré. Dans le deuxième schéma, c'est le sujet barré et « le sujet brut incarnant l'héroïsme propre au pathologique »[322]. Dans cette rotation, les valeurs d'universalité et de particularité sont transmutées pour l'objet *a* et pour le sujet produit. Mais, remarquons-le, dans les deux schémas, les termes imaginaires ne changent pas : la volonté (V) reste universelle et le sujet barré reste particulier.

On peut lire dans ces deux schémas que le désir reste chaque fois ce qui motive le schéma, il ne le fait qu'au niveau particulier, à savoir en bas à gauche dans les deux schémas. Dans le schéma du fantasme, le désir suscite la voix du tourmenteur (objet *a*) ; dans le schéma de l'œuvre de Sade, le désir suscite le S barré, qui vaut dans ce schéma comme l'effacement du sujet Sade lui-même.

---

321 *Ibid.*, p. 775.

322 Lacan, « Kant avec Sade », dans *Écrits*, p. 778-779.

L'articulation du fantasme, c'est-à-dire le poinçon qui unit a et S barré, ne s'articule que dans la particularité, dans la ligne inférieure, et ce n'est possible que dans le premier schéma. Autrement dit, si la voix se développe dans le deuxième schéma comme la voix de Sade, elle s'arrache aux conditions mêmes de l'expérience sensible et, en même temps, aux conditions particulières et pathologiques du fantasme pour valoir comme principe de création d'une universalité à partir de la liberté, à partir de l'énonciation. Mais en se développant ainsi dans le sens de la liberté, la voix perd sa particularité et son articulation fantasmatique directe avec S barré. L'écriture du fantasme (a poinçon du sujet barré) disparaît. Il y a des fantasmes oraux, des fantasmes anaux, des fantasmes scopiques. Il est beaucoup plus difficile d'imaginer des fantasmes vocaux, parce qu'ils dérivent tout de suite vers l'énonciation, où la statique fantasmatique est surmontée par la mise en acte d'une dynamique pulsionnelle.

Dans le deuxième schéma, la voix de Sade (a) et S barré ne peuvent s'articuler que par la mise en acte d'une volonté de jouissance (V), laquelle volonté est représentée par Madame de Montreuil, belle-mère de Sade, mère incastrable qui tire les ficelles du destin de Sade : son incarcération au donjon de Vincennes, puis à la Bastille et à l'asile de Charenton (1778-1790), son emprisonnement ordonné sous le jeune Premier Consul Bonaparte en 1801, son transfert à nouveau à l'asile de Charenton où il meurt en 1814.

Comme S barré, Sade disparaît, se barre et ne veut laisser aucune trace ; dans son testament, il avait demandé à être enterré non religieusement : « la fosse une fois recouverte, il sera semé dessus des glands, afin que par la suite, le terrain de ladite fosse se trouvant regarni, et le taillis se retrouvant fourré comme il l'était auparavant, les traces de ma tombe disparaissent de dessus la surface de la terre, comme je me flatte que ma mémoire s'effacera de l'esprit des hommes ». « *Mè phunai*, ne pas être né, sa malédiction moins sainte que celle d'Œdipe ne le porte pas chez les Dieux », mais vers le néant. Cette position radicale du sujet barré vaut comme la position imaginaire de Sade opposée à la position de la Mère incastrable. La malédiction du *Mè phunai* s'éternise pour assurer « l'insubmersible flottaison » de son œuvre. Au prix de la néantisation de l'auteur, l'œuvre écrite de Sade s'éternise comme voix universelle à visée scientifique, comme œuvre fondamentale pour toute l'humanité, même si son importance, touchant au Réel, est régulièrement masquée dans une bibliothèque par des œuvres se limitant au symbolique, c'est-à-dire par des œuvres rhétoriques (comme saint Jean Chrysostome) ou par des œuvres de pensées (comme les *Pensées* de Blaise Pascal).

On a pu dire que l'œuvre de Sade était ennuyeuse[323]. Oui, elle ennuie en tant qu'elle dérange par le Réel. Car sa fonction est de donner une place universelle au fantasme qui « est en effet bien dérangeant, puisqu'on ne sait où le ranger ». On ne sait où le ranger dans les tiroirs de la technique ou du principe de plaisir, puisqu'il implique toujours déjà le principe de la jouissance. Il implique ainsi l'entièreté de la structure du schéma L, qui n'est autre qu'une structure de discours : à partir de l'Autre, l'objet *a* qui vaut comme vérité du discours, l'agent imaginaire de la Volonté s'adresse à son répondant imaginaire le Sujet barré, pour produire le Sujet pathologique, résultat de l'expérience sadienne. Le discours n'est pas maîtrisé par le prétendu agent du discours, il échappe à « vos pouvoirs » (et au pouvoir de « monsieur le juge et monsieur l'académicien », mais aussi au pouvoir de Mme de Montreuil). Il est commandé par le petit a, qui interpelle votre propre désir, et c'est celui-ci, inséré dans le fantasme, qui vous demande « de vous mettre en règle avec vos désirs ». Le schéma 2 se termine par le lecteur qu'il atteint comme « S le sujet brut incarnant l'héroïsme propre au pathologique ». Dans la vie de Sade, il était représenté par ses fidèles sujets « ceux qui furent d'abord complaisants à ses excès, sa femme, sa belle-sœur, son valet, pourquoi pas ? ». C'est la volonté de jouissance, incarnée dans la mère non castrée (la Présidente de Montreuil) en position de V, de Vel, qui divise le sujet en Sujet barré (Sade) et S comme sujet brut (ses proches et ses lecteurs « d'abord complaisants à ses excès »), mais ce n'est pas elle qui commande le discours sadien. Nous reviendrons plus loin sur la toute-puissance de cette mère.

* * *

323 En 1956, Jean-Jacques Pauvert est accusé d'outrages aux bonnes mœurs pour la publication de quatre œuvres de Sade, *La philosophie dans le boudoir*, *La nouvelle Justine*, *Juliette* et *Les cent vingt journées de Sodome*. Son avocat Maurice Garçon appelle quatre témoins à la défense de Pauvert : Bataille, Paulhan, Breton et Cocteau. Alors qu'il avait été condamné en première instance à une forte amende et à la destruction des ouvrages saisis, il finit en appel par obtenir la suspension de l'exécution du jugement. « Monsieur le juge et monsieur l'académicien (Cocteau) » s'étaient entendus pour dire que l'œuvre de Sade était « ennuyeuse ».

Auquel des quatre discours classiques correspond chacun de ces deux schémas ?

On a l'habitude de désigner (et donc de penser) le discours en fonction de son semblant : discours hystérique, magistral, universitaire, analytique, parce que tenus respectivement par un hystérique, un maître, un universitaire et un analyste. Ce ne sont que des semblants et, dans nos deux schémas, ces semblants sont représentés par la Volonté. Ils s'apparenteraient ainsi aux discours kantiens qui eux aussi pourraient sembler commandés par la Volonté, volonté de savoir pour la première critique et volonté de bien faire pour la deuxième. C'est la lecture que Lacan en fait à partir du semblant (les *Fondements de la métaphysique des mœurs* commencent effectivement par la volonté de bien faire, mais ce n'est là qu'un exposé pédagogique qui se doit de prendre appui sur l'opinion commune, c'est-à-dire sur le semblant). Mais comme on l'a vu, la *vérité* de la *Critique de la raison pratique* part bien du *principe* de la loi morale et non d'une volonté polarisée sur le bien (volonté de bien faire).

Les schémas sadiens peuvent eux aussi être spécifiés par le semblant, c'est-à-dire par la Volonté. Mais quelle est la vérité des deux schémas sadiens ? Sade « donne la vérité de la *Critique*[324] », de la *Critique* kantienne, qui en resterait au semblant. Les quatre places de chacun des deux schémas peuvent être rapportées aux quatre places des discours :

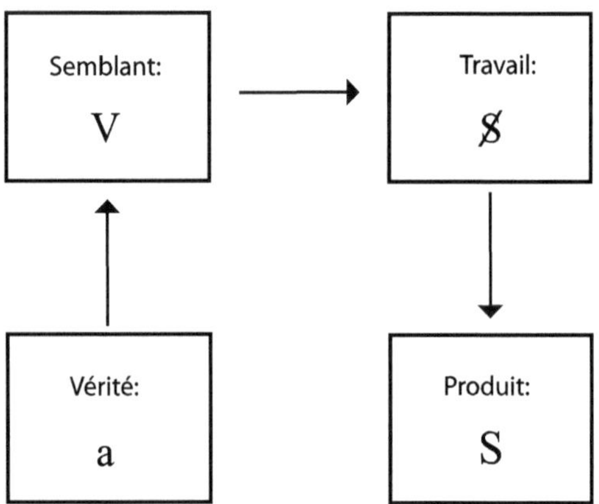

[324] *Ibid.*, p. 766.

Chaque fois la place de la vérité est tenue par l'objet *a*.

C'est par l'objet *a* en position de vérité qu'ils se différencieraient, selon Lacan, des discours kantiens lesquels ne laisseraient aucune place au grand Autre et à l'objet *a*. Cette différenciation suppose que l'on traite les discours kantiens à partir de leur *semblant*, tandis que l'on aborde les discours sadiens (les deux schémas) à partir de leur *vérité*. Il vaudrait mieux pouvoir traiter aussi les discours kantiens à partir de leur vérité, ce qui implique de traiter le discours de la raison pratique à partir du principe comme principe et non à partir de la volonté.

En raison de l'approche *lacanienne* des discours, à partir de la vérité pour Sade et à partir du semblant pour Kant, les discours de Sade apparaissent plus vrais que ceux de Kant. Ce qui se trouve à la place de la vérité dans les deux schémas sadiens c'est chaque fois l'objet *a*.

Par l'objet *a* en position de vérité (à la place de l'Autre), les deux schémas correspondent au discours hystérique. Dans le premier schéma, l'objet *a* est présent comme particulier, c'est la particularité de tel ou tel hystérique qui est en jeu. Dans le deuxième schéma, l'objet *a* est présent comme universel, c'est l'universalité du discours scientifique (en tant que chercheur et inventeur de la science) qui est en jeu, tout en restant dans la structure du discours hystérique.

Si nous caractérisons maintenant les deux schémas par l'autre terme (S barré) du fantasme (objet *a* poinçon de S barré), autrement dit par ce qui se trouve à la place du travail, c'est-à-dire par le partenaire imaginaire du semblant ou par le partenaire imaginaire de la Volonté de jouissance, alors chacun des deux schémas correspondrait au discours psychanalytique en tant justement qu'il fait travailler (à la place de l'Autre) le sujet barré ; et ici, il n'y a pas lieu de distinguer universel et particulier, car le sujet barré est toujours particulier (sur la ligne inférieure dans chacun des deux schémas).

Il nous semble plus *vrai* d'interpréter le discours du fantasme et le discours de Sade en fonction de ce qui se joue à la place de la vérité et ils valent tous les deux comme discours *hystérique*, où la Volonté vaut comme le pur semblant qui va faire travailler le signifiant du Sujet barré ou de l'évanouissement du sujet, pour produire le sujet pathologique, comme savoir. Les *deux* schémas s'articulent selon la structure du discours hystérique, le premier correspond au discours de l'hystérique avec son objet *a* particulier, le second au discours du scientifique (le chercheur) avec son objet *a* se voulant universel. Ces deux discours hystériques répondraient respectivement aux discours kantiens : le premier au discours magistral centré sur le devoir (*Critique de la raison pratique*), le deuxième au discours universitaire centré sur le savoir (*Critique de la raison pure*). Non sans promouvoir le discours psychanalytique[325].

Mais comment ces deux discours sadiens (schéma 1 et schéma 2) peuvent-ils renvoyer tout à la fois à la structure du discours hystérique et à celle du discours psychanalytique ? Et en quoi peuvent-ils contribuer à la *vérité* du discours psychanalytique ?

Si l'on veut bien considérer que la vérité du discours psychanalytique c'est le savoir en tant que savoir de la structure *du fantasme* et de ce qu'il implique, on remarque que la vérité des deux schémas implique le savoir de toute la structure (y compris l'ouverture du l'agir et la liberté), parce que l'objet convoqué est précisément la *voix* et non l'objet oral, comme dans l'hystérie ordinaire, autrement dit la forme de l'objet *a* qui peut difficilement s'inscrire dans le fantasme et qui force à sortir du fantasme. Cet objet vocal nous intime justement de nous mettre en règle avec nos désirs. C'est en quoi l'analyse du fantasme sadien (premier schéma) et de Sade lui-même (deuxième schéma) contribuent *essentiellement* au discours psychanalytique.

Malgré l'importance capitale des trois petites pages sur la table du rien (à la fin de l'analytique de la *Critique de la raison pure*), Kant ne pouvait avoir idée de ce qui est en jeu dans le *nihil negativum* ou dans l'objet vocal (à savoir le discours hystérique et le discours psychanalytique). Le refoulement a sûrement une place de droit dans son architectonique ; dans sa théorisation, rien n'en est développé et c'est une place vide. Pour introduire le refoulement et donner toute sa place à l'inconscient, il était nécessaire d'introduire une opposition fondamentale, un « contre-investissement ».

325 On doit rappeler une fois de plus la place prépondérante de l'équivalent de l'objet *a* dans l'architectonique tant de la *Critique de la raison pure* que de la *Critique de la raison pratique.* Pour la première, l'objet possible du savoir n'apparaît jamais que sur le fond de l'impossibilité de l'objet, comme l'indique très brièvement, mais très clairement la table du rien qui termine l'Analytique transcendantale. Pour la deuxième, la loi morale et la liberté n'apparaissent que sur le fond de ce qui nie les conditions de l'expérience sensible en général, autrement dit que sur le fond du *nihil negativum*, autrement dit de ce qui correspond à l'objet vocal lacanien.

Le mécanisme d'investissement/contre-investissement est ce qui fonde le refoulement, c'est le « refoulement originaire ». C'est l'introduction du refoulement dans la considération de la loi pratique et de la jouissance. Et c'est ce qui se joue précisément dans notre chapitre suivant consacré au combat de Lacan contre Kant.

CHAPITRE 3

LE COMBAT DE LACAN CONTRE KANT

I. COMMENT SE METTRE EN RÈGLE AVEC SES DÉSIRS DE L'OPPOSITION ENTRE LOI ET JOUISSANCE[326]

Le désir pour tous

Le lecteur est invité à s'approcher « avec révérence de ces figures exemplaires qui, dans le boudoir sadien, s'agencent et se défont en un rite forain[327] ». À l'intérieur même du scénario sadien, « la posture se rompt ». La *rupture* des postures, la pause ou la scansion représentent déjà la mise en suspens ou une certaine esquisse de rejet du pathologique, rejet par lequel Kant selon Lacan introduisait la Loi morale. « Saluez-y (dans cette pause ou cette scansion) les objets de la loi[328] », en tant qu'ils s'absentent dans la Loi morale et de qui « vous ne saurez rien », puisque la Loi morale supposerait précisément l'absence de l'objet avec la suspension ou l'*Aufhebung* du savoir.

Pour en savoir quelque chose de ces objets de la loi, qui s'absentent dans la loi morale, il faudrait savoir comment ces objets de la loi peuvent être « cause du désir ». Ces objets de la loi en leur absence valent en fait comme la voix en tant que rupture des conditions de possibilité de l'expérience sensible et suspension de tout le champ phénoménal. Ce *nihil negativum* qu'est la voix ouvre le champ de l'énonciation de la maxime sadienne, l'universalité synthétique en même temps que le champ de la liberté kantienne.

Pour se retrouver dans les désirs, on s'appuie sur le fantasme, on part ainsi de l'énonciation particulière de la voix, *J'ai le droit de jouir de ton*

326 Le premier apologue de Kant

327 Lacan, « Kant avec Sade », *op. cit.*, 779.

328 *Ibid.*, p. 780.

corps... (schéma 1), mais aussi de l'énonciation universelle, de « la délégation que Sade fait à tous (...) du droit à la jouissance[329] » (schéma 2). Sade nous fait cette charité. « Il est bon d'être charitable », ce qui n'est pas sans évoquer aussi le commandement « aime ton prochain comme toi-même » (nous en verrons la différence radicale, de principe). Reste la question de l'*application* concrète de ce principe sadien : « Il est bon d'être charitable. Mais avec qui ? Voilà le point ».

Qui est le prochain ? Suffit-il d'y reconnaître une figure du Réel ?

Étincelles de jouissance éclairant la dialectique du désir

C'est la jouissance (et non la loi morale) qui éclaire le désir.

Certes, nous ne connaîtrions pas la liberté du désir, si nous ne connaissions pas la loi morale. Le désir ne peut cependant s'éclairer que par le principe de jouissance inhérent à la loi.

Les exemples que Lacan convoque ici servent à questionner l'essence du désir (de la « faculté de désirer supérieure » chez Kant), du désir en tant qu'il suppose « l'abnégation », la négation des besoins pathologiques. Le premier exemple (celui de Verdoux) présente le désir à partir des besoins, le deuxième (celui du Bouddha) sous la forme de l'abnégation pure.

À partir des besoins. Afin de subvenir charitablement aux besoins de sa femme invalide et de son fils, Monsieur Verdoux, personnage d'un film éponyme de Charlie Chaplin de 1947, prend pour épouses de riches veuves qu'il fait disparaître très vite après les noces pour détourner leur richesse à ses fins charitables. « Il pensait que les siens désiraient vivre confortables ».

Du côté de l'abnégation. C'est encore la « charité » qui semble en jeu. Les *Jakatas* racontent que dans une vie antérieure le Bouddha Shakyamuni « se donnait à dévorer à ceux qui ne connaissent pas la route », ceux qui ne connaissent pas la voie du vide, il se serait offert à une tigresse affamée, pour éviter qu'elle ne dévore ses propres petits. Dans les deux exemples, il s'agirait de nourrir une mère ; mais la comparaison s'arrête là, car chez M. Verdoux, aucune place n'est laissée au vide, au *nihil*

329 *Ibid.*, p. 778.

negativum qui est bien présente chez le Bouddha. Le cas de M. Verdoux relève d'une erreur qu'« un peu de graine de *Critique* » – la *Critique de la raison pratique* – eût pu éviter : il aurait suffi qu'il se pose la question de la condition de l'universalité, pour s'apercevoir que l'universalisation de sa maxime entraînerait la disparition de l'humanité. La Raison pratique aurait pu lui donner directement une directive « plus économique en même temps que plus légale » que la sanction finale qui lui fut réservée : la guillotine (« la chaise électrique », dit Lacan).

Mais pourquoi proposer de tels exemples qui ne nous concernent guère, semble-t-il ?

Les « molécules », les éléments de ces scénarios (Monsieur Verdoux, sa femme, les riches veuves, le Bouddha, la tigresse, ses petits et tous les personnages des scénarios chez Sade) s'assemblent pour composer une « jouissance spintherienne », qui fait des étincelles (du grec *spinther*, étincelle). Ces étincelles de jouissance ont pour but de nous réveiller à la question de la jouissance toujours impliquée dans le désir et inhérente à la loi morale. Jouissance qui, dans les cas ordinaires, reste le plus souvent engluée dans les arrangements des principes de plaisir et de réalité qui semblent pouvoir tout gérer. Avec toutes ces étincelles, le désir ne peut pas être considéré comme monobloc, il n'existe que par la dialectique.

Le désir est le désir de l'Autre

Dans les scénarios de M. Verdoux ou du Bouddha, les différentes figures semblent liées par le besoin ou l'extinction du désir. Mais elles ne sont liées que par les désirs qui commandent le scénario tout en impliquant la jouissance. Dans les deux cas, il est « manifeste que le désir, c'est le désir de l'Autre », le désir de la femme de M. Verdoux en deçà de ses besoins ou le désir mystérieux de la tigresse (« il n'est pas sûr que la tigresse aime à manger du Bouddha »). Et la voix, c'est la voix à la place de l'Autre, c'est la voix de Madame Verdoux que l'on n'entend pas et c'est la voix du vide plus que de la tigresse.

Le désir « se supporte d'un fantasme dont un pied au moins est dans l'Autre et justement celui qui compte », à savoir l'objet *a* et plus précisément l'objet vocal. « Même et surtout s'il vient à boiter », car la voix ne se manifeste qu'en boitant, comme *nihil negativum*, comme la clocherie dans le champ phénoménal dont elle nie les conditions mêmes d'existence.

« L'objet du désir là où il se propose nu » (c'est-à-dire indépendamment et comme arraché de son articulation avec le sujet barré dans le fantasme) « n'est que la scorie d'un fantasme où le sujet ne revient pas de sa syncope ». Cependant l'objet du désir doit toujours être pensé en fonction du fantasme complet ; autrement dit, il n'existe pas indépendamment du sujet barré. L'objet *a* qui se propose nu reste toujours articulé au sujet barré, il « aime » le sujet barré. Même quand ce sujet se présente comme celui qui « ne revient pas de sa syncope, c'est-à-dire comme un sujet mort, même alors le tourmenteur – celui dont la voix se tient à la place de l'objet *a* – « aime » ce sujet mort : « c'est un cas de nécrophilie ».

Objet du désir (Sade) et sujet du désir (Kant)

« Dans le cas général », sujet barré et objet *a* vacillent de façon complémentaire. Le sujet barré s'évanouit, se barre, disparaît, « le sujet ne revient pas de sa syncope » et la disparition du sujet barré met en évidence l'objet *a*, l'objet cause du désir. À l'inverse, dans la loi morale kantienne, selon Lacan, ce ne serait pas le sujet qui fait défaut et vacille, mais l'objet jusqu'à disparaître complètement[330].

Dans la loi morale kantienne, ce serait le sujet qui remplirait la place et la fonction restées vacantes de la voix. Il resterait seul en présence, mais « sous forme de la voix »[331], mais une voix « au dedans ». Ladite voix y perdrait-elle sa caractéristique propre d'*objet a qui s'oppose au sujet* ? Ce qu'elle dit le plus souvent est « sans queue ni tête ». Pour cause, ajouterions-nous, car cette voix subjective – même intérieure – dérive nécessairement de l'objet *a* vocal, du *nihil negativum*, complètement désarrimé du phénoménal et contredisant les conditions mêmes du phénoménal ; c'est de là que surgit le « sans queue ni tête ».

Et si le sujet apparaît ainsi détaché de tout objet, sans queue ni tête, il est sans signifié qui lui donnerait queue ou tête, il dépend complètement du signifiant. Il est « ce que représente le signifiant pour un autre signifiant ». Le sujet barré (chez Kant) est détaché du fantasme (illustré par Sade), il est « lâché du fantasme dont il dérive ». Mais il

330 *Ibid.*, p. 780.
331 *Ibid.*, p. 781.

est aussi à la dérive sans le support du fantasme qui fixe le désir ; il lui manque son articulation avec l'objet *a* que Lacan prétend avoir découvert chez Sade.

Le symbole de la barre (sujet barré) « rend sa place au commandement du dedans dont s'émerveille Kant », à « la loi morale en moi[332] ». Il dépendrait tout simplement de V, de la Volonté (lecture courante, erronée de la *Critique de la raison pratique*). Or, le sujet *en tant que sujet barré* est déjà mis en évidence dans les paralogismes de la *Critique de la raison pure* de Kant. C'est parce qu'il est essentiellement barré que l'on ne peut pas supposer un sujet substantiel préalable. Il faut donc toujours déjà supposer la structure complète du fantasme *avant* le sujet y compris et elle comprend nécessairement la question du dérobement de l'objet.

Le *dérobement* de l'objet était exposé au début de l'Analytique de la *Critique de la raison pratique*[333] (ce dérobement est *de principe* et non *de facto*) et Lacan y avait insisté dans son exposition de la loi morale kantienne[334]. Ce dérobement entraîne avec lui le désir, car c'est *le manque* d'objet qui cause le désir (on voit ici comment ce manque est *de principe*). La barre du sujet barré introduit la rencontre entre la Loi et le désir, « la rencontre qui, de la Loi au désir, va plus loin qu'au dérobement de leur objet, pour l'une comme pour l'autre[335] ».

Cette rencontre est introduite précisément par la voix, *nihil negativum*, négation des conditions de possibilités du phénoménal comme tel. La « rencontre » en question (qui est non seulement une *tuchè*, rencontre hasardeuse, mais plus encore le sens même de la *tuchè* en général, c'est-à-dire la nécessité structurelle de ce « hasard » ou de cette contingence)

---

332 « Deux choses remplissent le cœur d'une admiration et d'une vénération toujours nouvelles et toujours croissantes, à mesure que la réflexion s'y attache et s'y applique : *le ciel étoilé au-dessus de moi et la loi morale en moi* » (Kant, *Critique de la raison pratique, op. cit.*, p. 801-802).

333 « Tous les principes pratiques qui supposent un *objet* (matière) de la faculté de désirer, comme principe déterminant de la volonté, sont dans leur ensemble empiriques et ne peuvent servir de lois pratiques » (Kant, *Critique de la raison pratique, op. cit.*, p. 630).

334 « Retenons le paradoxe que ce soit au moment où ce sujet n'a plus en face de lui aucun objet, qu'il rencontre une loi, laquelle n'a d'autre phénomène que quelque chose de signifiant déjà, qu'on obtient d'une voix dans la conscience, et qui, à s'y articuler la maxime, y propose l'ordre d'une raison purement pratique ou volonté » (Lacan, « Kant avec Sade », *op. cit.*, p. 767).

335 *Ibid.*, p. 781.

ne peut être que la rencontre de ce qui nous échappe complètement. Dans cette rencontre « joue l'équivoque du mot liberté » ; celle-ci peut en effet s'entendre tantôt comme la possibilité de choisir n'importe quel objet, n'importe quel objet de plaisir et de caprice dont on reste dépendant, tantôt, selon les mots de Kant, comme la volonté « entièrement indépendante de la loi naturelle des phénomènes dans leurs rapports réciproques[336] ». Si l'équivoque de l'interdit/inter-dit articule la jouissance à un certain niveau (homophonie), c'est en raison de l'équivoque du mot liberté.

Le moraliste ordinaire fait « main basse » sur le mot liberté ; il suppose la liberté de faire telle ou telle action *phénoménale* et la morale consiste à décider où est le bien, quelle est la bonne et quelle est la mauvaise action (interdite). Mais cette conception se fondant sur les exemples manque le principe de la loi morale comme on l'a vu (qui joue au contraire sur l'inter-dit). La liberté introduite par le *nihil negativum*, la liberté de commencer une nouvelle série phénoménale, de changer radicalement le cours déterministe des choses ne peut pas être connue comme un phénomène donné dans une suite donnée, mais elle est postulée à partir du factum de la loi morale. Loi morale et liberté vont de pair : pas de liberté sans loi morale, pas de loi morale sans liberté. Mais l'articulation réciproque de la liberté et de la loi morale n'est pas symétrique : nous n'avons aucune connaissance de la liberté sinon par le truchement de la loi morale[337]. Et c'est, rappelons-le, pour illustrer la dépendance radicale du postulat de la liberté par rapport à la loi morale que Kant a introduit la paire d'apologues déjà cités plus haut.

Lacan le moraliste

Comme on l'a déjà dit, au lieu d'analyser la *raison structurelle* de ces apologues, Lacan, qui prend ici la position du moraliste ordinaire, préfère s'attarder à la *réponse* concrète qui pourrait être donnée dans ces deux exemples par un seul et même « sujet », par un seul et même individu (ce n'est ni le sujet barré, ni S le sujet pathologique), par le « sujet dont on nous avertit d'abord que chez lui beaucoup se passe en paroles ». Selon Lacan, Kant ne nous donne pas la « lettre » de la réponse en question, se contentant de dire « il n'est pas difficile de deviner ce qu'il répondrait » dans le cas du premier exemple (il résisterait

[336] Kant, *Critique de la raison pratique*, *op. cit.*, p. 641.
[337] *Ibid.*, p. 642-643.

à sa passion pour éviter le gibet !). Selon Lacan, tout est pourtant dans la « lettre » par laquelle notre sujet devrait s'engager et ne s'engage pas. Le « sujet » convoqué par Kant dans ces deux apologues ne serait en effet rien d'autre que le « bourgeois idéal[338] », qui se tient à l'écart de la « lettre » (et du Réel), qui tire les marrons du feu, sans prendre aucun risque[339] : « il ne mangerait pas de ce pain-là[340] ». Cette révérence soi-disant kantienne devant la figure du bourgeois idéal contrebalancerait, selon Lacan, la révérence classique devant les figures de l'aristocratie, elle s'expliquerait notamment par l'intention de « faire pièce à Fontenelle, le centenaire trop galant[341] ».

338 *Ibid.*, p. 782.

339 La figure du « bourgeois idéal » est sans doute tirée de Kojève, « Faust ou l'intellectuel bourgeois » (1936 inédit). Voir Auffret, *Alexandre Kojève, la philosophie, l'État, la fin de l'Histoire*, Paris, Grasset, 1990 : « À la différence de l'esprit aristocratique, le bourgeois est hypocrite, il fait mine de prendre des risques ; quand il les calcule, c'est qu'il n'y a pas de risques mais un intérêt, et quand il ne les calcule pas, c'est qu'il n'y rien à y perdre » (p. 144). Selon Lacan, Kant établirait son système sur la transcendance qui relèverait fondamentalement d'un esprit bourgeois, refusant de se mouiller les mains. Kant aurait donné corps à son système à partir « du bourgeois qui ne peut imaginer que de la transcendance, l'esthétique comme la dialectique » (Lacan, « L'Étourdit », *op. cit.*, p. 480). Confusion catastrophique de la transcendance (épargnée du risque) et de la transcendantalité (impliquée concrètement dans tout ce qui se voit, se pense et se fait). La première — comme référence à une Chose en soi inatteignable — est sévèrement critiquée par Kant. La deuxième — comme condition nécessaire de toute expérience phénoménale — est au fondement de sa *Critique*. Plus lourdement, l'introduction de la figure du bourgeois pour caractériser Kant ou le kantisme pourrait aussi se référer implicitement et sournoisement à Horkheimer et Adorno et à leur *Dialectique de la raison* déjà citée. Adorno pense pouvoir établir une relation de filiation entre Sade et Hitler par le moyen terme du bourgeois, héritier de Kant. « La relation établie par Adorno entre Sade et le fascisme passe précisément par une analyse extrêmement serrée et violente du rationalisme formaliste bourgeois hérité des Lumières, et dans lequel se dessine l'infrastructure métaphysique de tous les totalitarismes » (Marty, *Pourquoi le XXe* siècle *a-t-il pris Sade au sérieux ? op. cit.*, p. 43). La référence à Adorno ne saurait cependant être appliquée ici directement, car Lacan ne met pas Sade du côté de la bourgeoisie. Sade vaudrait plutôt comme un remède contre la bourgeoisie ; Lacan se situe ainsi du côté de Blanchot et Mascolo, de leur critique de l'intellectualisme humaniste et de l'aliénation bourgeoise (que l'on peut par ailleurs difficilement rapporter à Kant directement, comme on vient de le dire). « L'unique axiome qui autorise une démystification radicale de l'aliénation bourgeoise, c'est la thèse sadienne par excellence, celle qui pose que le Mal est plus réel que le Bien, que la négation est plus vraie que l'acquiescement, qui pose que, puisque le Bien est intégralement aliéné, alors le Mal est intégralement inaliénable. Axiome qui revient à dire que le seul réel est le Mal » (Marty, *ibid.*, p. 122). On voit le mirage où le Mal sadien « réalise » l'image inversée du Bien attribué à Kant.

340 Lacan, « Kant avec Sade », *op. cit.*, p. 781.

341 *Ibid.*, p. 782.

La lecture du texte de Kant montre que le personnage des deux apologues n'est ni aristocrate, ni bourgeois, ni prolétaire ou de quelque condition sociale que ce soit ; c'est un personnage de fiction qui est confronté au seul calcul des plaisirs et déplaisirs dans le premier apologue (principe de plaisir seul) et à la loi morale dans le deuxième apologue (principe de plaisir *et principe de moralité*). La référence au « centenaire trop galant » est tirée d'un tout autre contexte du corpus kantien ; loin de vouloir faire pièce à l'aristocratie de Fontenelle, Kant s'appuie sur un sujet quelconque pour préciser l'objet du véritable respect (troisième chapitre de l'analytique de la raison pratique), il ne s'agit pas de s'incliner devant un grand (aristocrate ou bourgeois, peu importe), mais devant plus moral que soi-même, c'est-à-dire devant la vraie grandeur humaine, indépendante des classes sociales : « *Je m'incline devant un grand*, disait Fontenelle, *mais mon esprit ne s'incline pas.* Et moi j'ajouterai : devant un homme de condition inférieure, roturière et commune, en qui je vois la droiture de caractère portée à un degré que je ne trouve pas en moi-même, *mon esprit s'incline*, que je le veuille ou non, si haute que je maintienne la tête pour lui faire remarquer la supériorité de mon rang[342] ».

Écartons très provisoirement le deuxième apologue[343] pour nous concentrer avec Lacan sur celui de la passion luxurieuse suivie du gibet. Dans la fiction inventée par Kant, le personnage est intégralement pris dans le calcul des plaisirs et déplaisirs (le conflit des intérêts se joue intégralement selon le principe du plaisir-réalité, quant à la luxure et quant au gibet). Ce personnage, décrit par Lacan comme le « bourgeois idéal », est radicalement *en dehors* de la moralité kantienne : ce n'est pas qu'il soit immoral ou amoral, c'est que l'histoire ne comporte pas de loi morale et c'est à ce titre qu'il ne jouit d'aucune liberté au sens kantien.

Alors que cette fiction kantienne se situe en dehors de toute morale, Lacan lui substitue une tout autre histoire en supposant « un tenant de la passion (...) assez aveugle pour y mêler le point d'honneur », c'est-à-dire pour y introduire des étincelles de jouissance. Le seul calcul des plaisirs et déplaisirs déterminait intégralement l'issue du premier apologue kantien. Avec la prise en compte de la « passion », de

342 Kant, *Critique de la raison pratique*, *op. cit.*, p. 701. La citation est tirée du chapitre qui traite du respect.

343 « Nous dispenserons donc le mauvais garçon du témoignage sous serment » (Lacan, « Kant avec Sade », *op. cit.*, p. 782).

l'aveuglement et du point d'honneur, ce premier apologue est arraché à son contexte fictionnel kantien, où tout était censé calculer en fonction du principe de réalité. Avec ce changement de paradigme introduit par Lacan, l'issue semble maintenant indéterminée ; il faut « constater que nulle occasion ne précipite plus sûrement certains vers leur but, que de le voir s'offrir au défi, voire au mépris du gibet ». Soit. Il n'en reste pas moins que nous sommes toujours dans une causalité purement pathologique, c'est-à-dire en fonction du principe de plaisir débridé. Si l'on prétend parler ici de « jouissance » (la passion, le point d'honneur, le défi), il faut reconnaître qu'il s'agit encore et toujours d'une variante *du plaisir*. Ce qui ne contredit nullement l'esprit kantien de l'apologue : tout se joue en fonction du plaisir (dans la détermination ou l'indétermination, peu importe), il n'y a pas de moralité, *il n'y a donc aucune liberté*, peu importe que, échauffé par sa passion, il aille au gibet ou que, prudemment « bourgeois », il n'y aille pas. Si Lacan veut introduire ici un conflit, un combat entre cette recherche de plaisir bourgeoise et une recherche de plaisir débridée (« jouissance »), *ce conflit n'est pas le conflit de la loi morale.*

Il n'y a aucune question morale dans le premier apologue kantien ni dans sa modification lacanienne. Mais Lacan *veut* y trouver une nouvelle moralité ; il pense pouvoir opposer la jouissance à la moralité de petit bourgeois qui n'a en fait rien à voir avec une moralité kantienne (la « moralité » du bourgeois n'est qu'un simple conseil de prudence). L'argument kantien de la crainte du gibet qui confinait le premier apologue kantien dans une position *hors morale* est détourné par Lacan pour y voir « l'amour de la vie » où pourrait se retrouver la dignité de vivre et pour ainsi introduire dans le premier apologue la dimension de la morale et de la jouissance. Dans ce but, Lacan se réfère à une citation de Juvénal, repêchée à un tout autre endroit du texte de Kant. *Et non propter vitam vivendi perdere causas.* Il ne faudrait pas « renoncer, pour la vie, aux vertus, qui nous rendent dignes de vivre[344] ». La citation suppose justement le cadre de la moralité. Il ne faudrait pas par amour de la vie perdre les causes morales de vivre, il ne faudrait pas par amour de la vie perdre la question de la jouissance. Cette citation *introduit* maintenant la moralité et la thématique possible de la jouissance dans un exemple fictionnel qui, *par principe*, n'en comportait pas. Nous sommes déjà passés au *deuxième* apologue qui lui, par

[344] Juvénal, *Satires*, III, VIII, 79-84, traduction de Pierrot, 1826, citée dans Kant, *ibid.*, p. 1508.

principe en comporte. La citation de Juvénal s'inscrit en fait comme un commentaire dans l'histoire du deuxième apologue : « Si l'on t'appelle en témoignage sur un fait incertain ou douteux, quand Phalaris (tyran sicilien du sixième siècle ACN) t'ordonnerait un parjure, en présence de son taureau brûlant, regarde comme un grand crime de préférer l'existence à l'honneur, et de renoncer, pour la vie, aux vertus, qui nous rendent dignes de vivre[345] ».

Dialectique de la loi et du désir

Mais pourquoi cette opiniâtreté de Lacan à introduire le conflit inhérent à la loi morale, là où il n'y en a ni conflit ni loi morale ?

« Se mettre en règle avec ses désirs » implique de prendre en considération la distinction kantienne entre la « faculté de désirer inférieure » et la « faculté de désirer supérieure » ; la première détermine la volonté en fonction du plaisir (« le sentiment de l'agrément ou du désagrément[346] »), la deuxième en fonction de l'impératif catégorique, de la loi morale et de la liberté qui lui est liée. « Le désir, ce qui s'appelle le désir », qui fait écho à la seule faculté de désirer supérieure, « suffit à faire que la vie n'ait pas de sens à faire un lâche[347] ». Qui est ce lâche ? C'est le bourgeois qui calcule sans prendre aucun risque, c'est celui qui « cède sur son désir » en réduisant le désir à la recherche du plaisir et des jouissances ordinaires (la faculté de désirer inférieure) en oubliant la question de l'au-delà du principe de plaisir, de la loi morale et de la véritable jouissance (la faculté de désirer supérieure). Quand le sujet est pris dans la loi, dans la loi au sens ordinaire du terme (la loi du bourgeois), quand celle-ci est vraiment là et qu'elle règle tous les risques, « quand la loi est vraiment là, le désir ne tient pas », le désir cède et se réduit à la recherche du plaisir (faculté de désirer inférieure). « C'est pour la raison que la loi et le désir refoulé sont une seule et même chose. » La loi ordinaire (la loi du bourgeois) fait dis-paraître le désir sans le supprimer pour autant. Alors la faculté de désirer supérieure se cache derrière la faculté de désirer inférieure.

Le désir n'apparaît d'ailleurs que dans cette disparition ; il se présente fondamentalement comme un *désir refoulé*. « C'est même ce que Freud a découvert ». Dans la *Traumdeutung*, Freud avait d'abord

345 Kant, *Critique de la raison pratique*, *op. cit.*, p. 798 (mes parenthèses).
346 Kant, *ibid.*, p. 633.
347 Lacan, *ibid.*, p. 782.

émis la thèse *le rêve est un accomplissement de désir ou de souhait*. Il doit aussitôt préciser que le rêve, qui pourtant semblait se dégager des contingences de la loi, est l'accomplissement *déguisé* d'un souhait *réprimé, refoulé*[348]. Le désir ne peut être soutenu que moyennant son déguisement, sa répression et son refoulement dans la loi. La loi, elle qui refoule, soutient le désir plutôt qu'elle ne l'annihile : « je ne connaîtrais pas le désir, s'il n'y avait pas la loi » (Romains 7, 7). Le « désir, ce qui s'appelle le désir » apparaît-disparaît comme toujours refoulé. Ce n'est que par ce refoulement du désir qu'est la Loi, que vous pouvez arriver à « vous mettre en règle avec ses désirs ». Ce n'est que par la Loi morale et par le refoulement que l'on peut rencontrer « l'équivoque de la liberté », en tant qu'elle implique toujours la liberté kantienne dont nous ne savons rien (c'est bien le contexte et la raison des deux apologues kantiens).

Dans son *combat* avec Kant à propos des deux apologues, Lacan visait à mettre en évidence le désir comme refoulé, le *combat* du désir et refoulement. Le combat que Lacan engage avec Kant est identiquement le combat que le refoulement engage avec le désir.

Lacan s'adresse maintenant à Kant : « Nous marquons le point à la mi-temps, professeur[349] ». Il a pris le premier apologue kantien comme un exemple visant à démontrer la loi morale (on sait qu'il est insensé de démontrer le *factum* de la loi morale par quelque exemple que ce soit) et il a montré que la loi particulière est justement identique au désir refoulé. Il pense avoir driblé Kant, mais il n'a driblé que la méprise du moraliste ordinaire, en s'étant placé lui-même d'abord dans la position du moraliste et de ses exemples pour y découvrir le refoulement.

Pour Kant, la faculté de désirer supérieure, même si elle nous échappe, se situe précisément au niveau du *principe* de la Loi morale (à bien distinguer d'une loi morale quelconque, d'une loi morale bourgeoise par exemple). C'est grâce à ce principe de la Loi que la loi en général peut apparaître comme le désir refoulé.

---

348 Freud, *L'interprétation du rêve*, *op. cit.*, p. 196.
349 Lacan, « Kant avec Sade », *op. cit.*, p. 782.

II. LA TACTIQUE EMPLOYÉE PAR LACAN POUR METTRE EN ÉCHEC KANT ET SA SUPPOSÉE TENTATIVE DE FAIRE PENCHER LA BALANCE DU CÔTÉ DE LA LOI MORALE

Dans la section précédente, Lacan pense avoir mis en échec la visée du premier apologue kantien qui aurait consisté, selon lui, à démontrer la nécessité et l'universalité de la loi morale (on a vu comment cet apologue consiste au contraire à partir d'un exemple où la loi morale est complètement absente pour y constater en conséquence l'absence totale de liberté). Soit. Lacan a mis en évidence une jouissance possible en opposition avec une « loi » bourgeoise, qui n'est en fait qu'un calcul de prudence. « Se mettre en règle avec ses désirs » ne consiste pas à les brider sous la loi (comme on pourrait le penser à partir d'une lecture très simpliste de Kant). Se mettre en règle avec ses désirs, c'est ranimer les étincelles de jouissance qui rappellent que le désir est toujours le désir de l'Autre (donc conflictuel, donc dans le refoulement). Dans son combat contre Kant, Lacan attribue le succès de sa démonstration à la « piétaille », aux pions désirants sans qualité particulière, aux hommes du commun en tant qu'ils sont toujours déjà dans la structure complexe du désir. C'est cette structure générale du désir et du fantasme qui est « reine du jeu comme on sait ». Il aurait pu, dit-il, gagner la partie en faisant intervenir d'autres pièces de ce jeu d'échecs avec Kant : le Cavalier Sade, le Fou de la psychiatrie, la Tour des droits de l'homme, la Dame de l'amour courtois. Manque singulièrement au tableau la pièce majeure, le Roi que le jeu vise précisément à mettre en échec et mat[350].

Déplacer toutes ces pièces majeures (hormis le Roi qu'on oublie), « c'eût été déplacer trop de monde, pour un résultat moins sûr ». Ces pièces qui valent comme de notoires *exemples* nous écarteraient en effet de la structure générale (nous sommes bien dans la ligne kantienne : les exemples ne peuvent servir à déterminer la volonté). Chacune de ces pièces aurait pu, à sa façon, contrer la « loi » du bourgeois (en fait,

350 C'est Kant qui en tient ici la place et, comme on l'a vu, Lacan aurait dû faire intervenir cette pièce centrale plus sérieusement, c'est-à-dire en considérant que le Roi de son adversaire n'est pas immobile, que Kant, loin d'être figé dans une conception analytique, est centré sur le synthétique et l'énonciation plus que sur l'énoncé de la loi morale et que l'absence d'objet est l'ouverture du champ de la liberté.

le principe pragmatique de prudence) pour mettre en évidence la jouissance.

Si l'on convoquait le Cavalier Sade pour répondre à la situation du premier apologue plus cavalièrement que le bourgeois idéal, la « récompense » pour ce « tenant de la passion (...) assez aveugle pour y mêler le point d'honneur » se présenterait de toute façon : embastillement si pas gibet. Nous resterions dans la gestion policière de la question.

On aurait pu aussi faire appel à la conduite du Fou pour contrer la gestion sans risque du bourgeois idéal. Le Fou n'est jamais totalement envahi par sa folie, on le sait depuis Pinel : l'on peut rencontrer la raison à l'intérieur de la folie. La folie n'est donc plus opposée à la raison, elle en devient proprement « morale » et, dès lors, le traitement en sera lui aussi raisonnable et moral. Et donc « bourgeois ». D'ailleurs le Fou reste susceptible d'être interné ; Sade lui-même a séjourné longuement à l'asile de Charenton. « Tout ce qui pense est d'accord[351] » pour dire que ce n'était pas sa place. Les « bien-pensants », d'une pensée bien rangée, les bourgeois, l'auraient envoyé au bagne ou sur l'échafaud. Au contraire, « ceux qui pensent bien », pour se laisser déranger par le désir, l'auraient mis en dehors de tout enfermement. Pinel n'est qu'un « moment de la pensée », en tant qu'il vise à canaliser les excès. Pas plus. « Bon gré mal gré, il cautionne l'abattement qu'à droite et à gauche, la pensée fait subir aux libertés que la Révolution vient de promulguer » au nom de la Liberté[352].

Or, Sade appelle les Français : « Encore un effort si vous voulez être républicains », toujours pour contrer le bourgeois idéal. Avec la République, c'est la Tour des droits de l'homme qui s'avancerait, parmi lesquels il faut compter le droit à la jouissance promulgué par la maxime sadienne elle-même « j'ai le droit de jouir de ton corps... ». Mais « tout le monde sait maintenant » que la vérité des droits de l'homme y compris des droits à la jouissance « se ramène à la liberté de désirer en vain ». En convoquant Cavalier, Fou et Tour, nous pouvons bien « faire main basse » sur « le mot liberté[353] », mais c'est la liberté de mourir,

---

351 *Ibid.*, p. 783.

352 Foucault venait de publier son *Histoire de la folie à l'âge classique* (1961) qui critique tout à la fois l'enfermement psychiatrique et la liberté rendue aux fous, laquelle liberté n'est, selon Foucault, « que l'envers d'une chute dans l'objectivité » (Marty, *op. cit.*, p. 138).

353 *Ibid.*, p. 781.

comme le confirme l'histoire de Sade, embastillé, interné avec les fous et frôlant la guillotine. Le gibet est effectivement à la sortie de la maison de luxure. Une telle liberté apparaît bien ainsi comme un concept vide, sans nourriture sensible. Elle ne fait que renouveler le conflit des *besoins* sensibles, toujours relatifs au plaisir et à son principe, et des *désirs*, qui semblent bien rester un concept vide, tournant autour de l'absence de tout objet. Sous l'enseigne de cette « liberté », qui, du besoin ou du désir, se saisira du « *Bien* » comme objet de convoitise par excellence, de l'huître des plaideurs (La Fontaine) ? Dans ce conflit entre besoin et désir, c'est le troisième venu, le *juge* du conflit, « c'est la Loi qui vide l'écaille ». De nouveau, on doit l'entendre, Lacan imagine que la Loi kantienne vise essentiellement le Bien et qu'elle surgit au milieu du conflit entre besoins et désirs, pour en *juger* et s'emparer du *Bien* qu'ils convoitaient, ne leur laissant qu'une coquille vide.

N'est-ce pas Lacan lui-même qui, ici, tente de « vider l'écaille » du désir ?

Dans ce combat que Lacan entend mener « pour la pièce à faire à l'apologue kantien » et pour favoriser le désir aux dépens des besoins et en opposition à la Loi, la Dame de l'amour courtois tient une position privilégiée puisqu'elle représente le réel de la Chose tout en introduisant un troisième objet à débattre et à juger, l'amour venant s'ajouter au besoin et au désir. Dans *L'Éthique de la psychanalyse*, Lacan évoque les cours de justice d'amour, « des juridictions de casuistique amoureuse[354] » qui impliquait tout un savoir, « une scolastique de l'amour malheureux ». La voie de la Dame de l'amour courtois n'est donc nullement un retour au désir naturel ; au contraire, « elle exige d'être érudit[355] ». « Être érudit par position, c'est s'attirer les érudits ». Tout se situe alors dans le champ du savoir et de l'enseignement. Mais expliquer ce que doit être l'amour et en faire un enseignement relève déjà du comique. L'amour n'est pas soluble dans le savoir. « Les érudits en ce champ (de l'amour), c'est l'entrée des clowns. »

Kant n'entre pas dans ce champ de l'amour et s'en épargne le comique. Au dire de Lacan, il manque du sens du comique. On peut remarquer de fait que, pour lui, le rire n'est rien d'autre que la résultante d'un

354 Lacan, *L'Éthique de la psychanalyse*, *op. cit.*, p. 175.

355 Lacan, « Kant avec Sade », *op. cit.*, p. 783.

soudain anéantissement d'une attente essentiellement corporelle[356]. Pas d'amour dans tout cela. Et c'est précisément ce qui « pour un rien nous ferait perdre notre sérieux[357] ». Car notre sérieux c'est celui qui suit la série des conséquences logiques de la structure du fantasme, du besoin, du désir et de l'amour.

Pour gagner son combat contre Kant, Lacan ne va pas faire intervenir sa Dame (de l'amour courtois), mais la structure générale de la dialectique du désir, impliquant les besoins et le principe de plaisir qui leur est attaché, la Loi et l'amour. Nous suivrons dans le paragraphe suivant comment Lacan pense porter le coup fatal au deuxième apologue kantien par cette dialectique du désir.

Par le biais de l'absence de la thématique de l'*amour* aussi bien chez Kant que chez Sade, nous pouvons déjà mesurer les déficiences de l'un et l'autre par rapport à cette dialectique du désir.

L'amour participe d'un sentiment comique[358], en ce qu'il met en scène la fonction du *phallus*, comme l'illustre bien le discours d'Aristophane dans le *Banquet* de Platon, discours pour lequel l'amour se présente sous la forme de vouloir accrocher sa moitié complémentaire par le truchement de l'appareil génital, par le phallus[359]. Pas d'amour, donc

356 « Dans tout ce qui provoque de violents éclats de rire, il faut qu'il y ait quelque absurdité (où l'entendement ne pourra donc trouver en soi aucune satisfaction). *Le rire est un affect qui résulte du soudain anéantissement de la tension d'une attente.* Ce bouleversement de l'attente n'est certes pas réjouissant pour l'entendement, mais c'est pourtant ce qui précisément nous réjouit indirectement, pour un court moment et de manière très vive. Il faut donc que sa cause réside dans l'influence de la représentation sur le corps et dans l'interaction du corps et de l'âme, non pas qu'objectivement la représentation soit un objet de plaisir (comment en effet une attente déçue pourrait-elle faire plaisir ?), mais uniquement parce que, en tant que simple jeu de représentations, elle produit un équilibre des forces vitales dans le corps » (Kant, *Critique de la faculté de juger*, dans Œuvres philosophiques T III, *op. cit.*, p. 1120-1121).

357 Lacan, « Kant avec Sade », *op. cit.*, p. 783.

358 « ... la demande d'amour. Ce que nous demandons, c'est à mourir, et même à mourir de rire — ce n'est pas pour rien que je souligne toujours ce qui de l'amour participe à ce que j'appelle un sentiment comique » (Lacan, *L'angoisse*, Paris, Seuil, 2004, p. 304-305).

359 « Ce fait confirme ce que je vous ai dit être l'essentiel du comique, qui est toujours, en son fond, référence au phallus. Et ce n'est pas par hasard que c'est Aristophane qui parle de cela. Il est le seul à pouvoir le faire. Mais Platon ne sait pas qu'en le faisant parler de ça, il se trouve nous apporter, à nous ici, la cheville, qui fait basculer toute la suite du discours d'un autre côté » (Lacan, *Le séminaire, Livre VIII, Le transfert*, Paris, Seuil, 1991, p. 116).

pas de phallus chez Kant. Pas d'amour chez Sade, mais comment oser dire que le phallus n'y est pas, alors que le sexe masculin y est constamment érigé ?

Pour éclairer la fonction du phallus dans la dialectique du désir (et pour éclairer comment, malgré les apparences, la véritable fonction phallique est déficiente chez Sade), nous proposons ici un schéma extrait du graphe de Lacan[360], un schéma des fonctions du phallus, petit phi et grand Phi. C'est ici que nous pourrons pointer précisément en quoi la dialectique du désir et du phallus défaille chez Sade. C'est aussi en ce point précis que devrait prendre toute sa place le Roi, sûrement pas Louis XVI, dont Sade se passe allègrement sans se rendre compte que lui échappe une fonction pourtant fondamentale pour la jouissance : la fonction du Nom-du-Père, qui pourrait être évoquée par celle du Roi dans le jeu d'échecs.

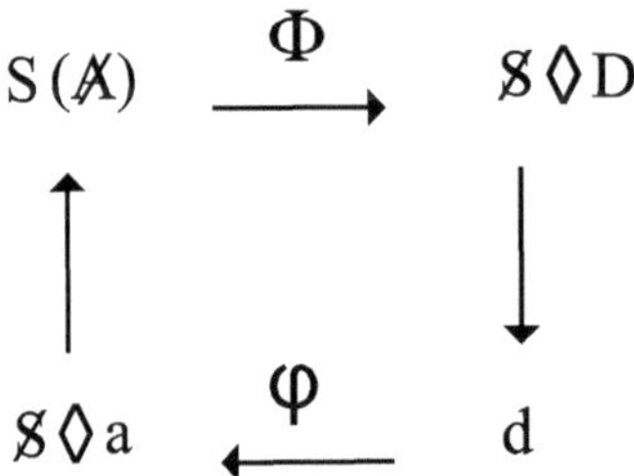

Ligne inférieure du petit phi (bien présente chez Sade). Le phallus imaginaire, petit phi, sert bien à fixer le désir dans le fantasme des scénarios sadiens, le sexe masculin est constamment érigé pour soutenir le passage du désir (d) à l'articulation du fantasme (S barré poinçon de petit a). Cette articulation est développée dans le schéma 1.

Ligne supérieure du grand Phi (absente chez Sade). L'objet *a* inhérent au fantasme se développe jusqu'à la voix – quatrième forme de l'objet *a* – qui sort du fantasme (passage de « S barré poinçon de petit a » à « signifiant du grand Autre barré ») et implique le vide absolu, le *nihil negativum*, autrement dit, il implique bien l'impossibilité définitive de toute preuve de l'existence de l'Être suprême, de l'existence de Dieu. Il s'écrit ici comme le signifiant du grand Autre barré. Lorsqu'on laisse

360 Lacan, « Subversion du sujet et dialectique du désir », *op. cit.*, p. 817 et suivantes.

jouer le signifiant du grand Autre barré entre l'absence de toute preuve (et même de tout indice d'existence du grand Autre) et la nécessité de le faire exister, le sujet barré n'a plus d'autre issue que de créer, que de s'engager dans l'articulation avec sa demande, autrement dit dans la pulsion qui invente avec liberté (« liberté » au sens kantien) ; telle est la valeur grand Phi du phallus. C'est cette opération du grand Phi qui est complètement absente chez Sade. Chez lui, le sujet barré ne s'engage pas du tout dans sa demande, il n'y a pas d'invention de la pulsion ; l'inexistence de l'Être suprême (bien affirmée dans *Français, encore un effort*... même si elle est reniée dans *Juliette*) se fige dans la rigidité du fantasme répétitif (au niveau inférieur du petit phi). Cette présentation obvie du phallus rigidifié oblitère le cycle complet du phallus. Le cycle complet du phallus qui développe pleinement le désir est ainsi absent chez Sade : le Phallus (le grand Phi) est absent, même si le phallus (le petit phi) crève l'écran.

C'est la raison pour laquelle Sade manque « tout à fait absolument » de ce sens du comique (qui devrait se soutenir du cycle complet de la fonction phallique). Malgré son athéisme, le signifiant du grand Autre barré ne fonctionne pas. Chez Kant, le signifiant du grand Autre barré a bien une place structurelle (cf. la critique et la fonction de l'idéal de la raison pure, dans la Dialectique transcendantale de la première critique) ; mais le comique chez lui reste amputé dans sa présentation, Kant ne le développe que dans le champ du corps et de ses tensions. La thématique de l'amour est quasi-absente et le comique ne s'articule pas dans la dimension de la pensée et l'entendement. La critique de l'idéal de la raison pure, l'absence radicale de preuve de l'existence de Dieu, qui correspondrait au signifiant du grand Autre barré ne débouche que sur une Loi grave (où la dimension du comique est perdue). Faute d'une articulation suffisamment développée du conflit, du combat inhérent au *refoulement* et à l'*objet a*.

III. POUR ÉVALUER LE PLAISIR, LE DÉSIR EST PLUS JUDICIEUX QUE LA LOI[361]

Selon Lacan, les deux apologues seraient introduits par Kant « pour montrer que la Loi met en balance non seulement le plaisir, mais douleur, bonheur ou aussi bien pression de la misère, voire amour de la

[361] Réponse au deuxième apologue de Kant.

vie, tout le pathologique[362] ». Il s'agirait de peser les différents biens pathologiques pour choisir le plus adéquat. Contrairement à la visée de Kant (montrer que la liberté n'apparaît dans la connaissance *qu'à partir* de la loi morale), Lacan part de ces apologues pour introduire de multiples variations dans les plateaux de la balance de ce qui se ferait concrètement.

Le deuxième apologue exposait le cas d'un tyran ordonnant de porter un faux témoignage contre un honnête homme. La question sous-jacente est celle de la vérité et du mensonge possibles impliqués dans le témoignage. Quelle est la valeur de la vérité dans cette affaire de témoignage ?

Rappelons la position de Kant par rapport au mensonge. Dans un petit texte tardif, *D'un prétendu droit de mentir par humanité* (1797), Kant réfute le relativisme par rapport à la vérité. « Dire que la vérité n'est un devoir qu'envers ceux qui ont droit à la vérité » est le « *prôton pseudos* »[363], la première méprise qui, par son relativisme, attaque radicalement l'impératif catégorique et semble le détruire définitivement. Les *exemples* qui sont convoqués pour soutenir ce relativisme considèrent toujours la vérité comme l'*adéquation* d'un dit avec une chose[364]. Cette position réductrice de la vérité à ladite adéquation est le soubassement de la méprise première (*prôton pseudos*) de l'attaque relativiste contre l'impératif de vérité. Pour donner la vraie place à la vérité, il faudrait au contraire comprendre la vérité comme la fidélité à l'être de parole, au parlêtre qui ne se pense justement pas en fonction de situations techniques ou pragmatiques ; il faut d'abord questionner l'essence de la vérité qui nous échappe toujours et qui fait que nous ne pouvons faire mieux que de « tenir pour vrai » (*Fürwahrhalten*). Cette question de la vérité comme « tenir pour vrai » (et non comme vérité absolue) est traitée explicitement par Kant à la fin de la *Critique de la raison pure*, dans la méthodologie de la raison pure[365].

362 Lacan, « Kant avec Sade », dans *Écrits*, p. 784.

363 Kant, *D'un prétendu droit de mentir par humanité,* dans Œuvres Philosophiques TIII, *op. cit.,* p. 436. Il est piquant de voir que Kant emploie ici précisément ce terme de « prôton pseudos ».

364 On ne peut aucunement soutenir que la vérité se réduisait pour Kant à cette adéquation. Voir à ce propos son questionnement sur la vérité dès les premières pages de la logique transcendantale de la *Critique de la raison pure* (*op. cit.,* p. 817 et suivantes ; A56 ; B82). Une tentative de réponse à la question *qu'est-ce que la vérité ?* implique l'ensemble des trois critiques.

365 Troisième section du Canon de la raison pure : *De l'opinion, du savoir et de la foi.*

Le raisonnement de Kant à propos d'un prétendu droit de mentir ne consiste pas à promouvoir « tu diras toujours la vérité » (cela supposerait implicitement une vérité réduite à l'adéquation parfaite du dit et de la chose), mais bien plutôt à montrer comment il ne peut pas y avoir de devoir moral de mentir (cf. l'exemple du dépôt déjà cité[366]) ; les « exemples » sont toujours des contre-exemples : « tu dois mentir pour arriver à tes fins » ne peut être universalisé, ce n'est donc pas une loi morale. Le raisonnement kantien, tout en négatif, n'est donc pas la promulgation positive d'un « devoir dire la vérité comme adéquation du dit et de la chose ».

Le témoignage comme témoignage implique la vérité comme correspondance du dit avec la chose. Or, cette vérité d'adéquation ou le témoignage sont instrumentalisés pour de tout autres intentions : le serviteur ou l'esclave de Phalaris voudrait perdre l'homme honnête contre lequel il porterait un faux témoignage, il voudrait éviter d'être jeté dans la gueule du taureau brûlant ou tout simplement il voudrait plaire au tyran. Vrai ou faux témoignages ne déterminent ici aucune Loi morale pour la simple raison qu'ils ne sont que des moyens techniques pour arriver à l'une ou l'autre fin (principes techniques). Et cette fin répond au principe de plaisir, plaisir de voir tomber son ennemi, plaisir de fuir la mort, plaisir de faire plaisir au tyran (principes pragmatiques).

C'est dans le cadre d'une mise en question généralisée de la vérité que Lacan porte l'apologue de la vérité à un niveau supérieur. Non sans ironie. Il transpose d'abord ledit esclave à Sparte comme « ilote », en train de questionner son tyran à la manière stoïcienne quant au témoignage de « vérité » comme moyen de satisfaire l'envie du tyran : devrait-il aussi « porter un vrai témoignage, au cas que ce fût le moyen dont le tyran pût satisfaire son envie[367] » ? Devrait-il aussi dire au tyran les vérités qui lui font plaisir ? Puis Lacan généralise l'apologue à toute la tyrannie. Devrait-on porter un vrai témoignage pour le plaisir des grands tyrans de notre histoire (Hitler, Innocent III, Staline) ? Faudrait-il dénoncer le Juif pour le plaisir d'Hitler (et l'envoyer ainsi aux camps d'extermination) ? Faudrait-il dénoncer l'athée pour le plaisir d'Innocent III (et l'envoyer ainsi au bûcher) ? Faudrait-il dénoncer celui qui s'éloigne de la ligne du Parti pour le plaisir de Staline (et l'envoyer au Goulag) ?

---

366 Lacan, « Kant avec Sade », *op. cit.*, p. 767.
367 *Ibid.*, p. 784.

Dans tous ces cas, celui dont on attend un témoignage vrai est sans aucun doute *techniquement* compétent quant à la vérité d'adéquation, il est « homme à mieux s'entendre sur la portée de l'accusation (juif, athée ou dissident) qu'un consistoire qui ne veut qu'un dossier ». C'est lui qui est le porteur de la vérité technique de ce que c'est un Juif, de ce qu'est le questionnement de l'athéisme, de ce qu'est la révision de la ligne du Parti. Mais le Juif, l'athée et le dissident ne sont jamais tout à fait innocents, ni tout à fait blancs ; *la vérité ne se réduit pas à l'adéquation*. C'est le tyran qui réduit la vérité à un témoignage par oui ou non (principe technique) pour en faire un instrument de son envie (principe de plaisir). « Le tyran est celui qui s'arroge le pouvoir d'asservir le désir de l'Autre » : il détourne le principe de jouissance (caché, mais pourtant bien présent chez l'esclave, le Juif, l'athée, le dissident) pour tout réduire à la technique assurant son propre plaisir.

« On peut ériger en devoir la maxime de contrer le désir du tyran, si le tyran est celui qui s'arroge le pouvoir d'asservir le désir de l'Autre. » Refuser le désir du tyran, en tant qu'il se réduit à employer ici le témoignage comme technique pour son plaisir, ce serait libérer le désir de l'Autre qui se déploie dans une logique quaternaire mise en évidence dans le fantasme sadien, comme on l'a vu. C'est en fonction de cette logique quaternaire que le désir pourrait « mettre en balance » et prendre la mesure des différents « biens », bref « tout le pathologique » dont il s'agirait de juger. Dans cette pesée, Lacan privilégie le désir, par rapport à la loi kantienne : « le désir peut n'avoir pas seulement le même succès, mais l'obtenir à meilleur droit ».

L'opposition loi/désir est présente dans tout le match où Lacan veut s'opposer à Kant. Selon Lacan, c'est le désir lacanien qui gagne à tous les coups, car, pour lui, la loi (« kantienne ») est identiquement le désir diminué par le refoulement, le désir *refoulé*. Mais cette façon d'opposer loi et désir par le truchement du refoulement ne vaut qu'au niveau du maniement des exemples, où la loi particulière s'oppose effectivement au désir. La Loi – la Loi en tant que principe, en tant telle qui dépasse tous les exemples, la Loi dont parle Kant – peut être foncièrement *unie* au désir et non pas opposée comme Lacan le reconnaîtra par ailleurs lui-même un peu plus tard[368] ; cette union est précisément l'enjeu

[368] « La vraie fonction du Père » est foncièrement « d'unir (et non pas d'opposer) un désir à la Loi » (Lacan, « Subversion du sujet et dialectique du désir », *op. cit.*, p. 824).

de la « faculté de désirer supérieure » chez Kant[369]. Contrairement à ce que l'expression de la « loi comme désir refoulé » pourrait faire entendre, le désir n'est pas une réalité première que la loi viendrait secondairement refouler, il n'est jamais à l'état pur ou non refoulé. On ne part pas d'un désir supposé primordial pour le juguler ensuite sous une loi particulière ; c'est au contraire la Loi qui élève le désir et le magnifie dans la faculté de désirer supérieure. Il faut lire dans le schéma L de Lacan que la Loi est toujours déjà supposée à la place de l'Autre non sans s'appuyer sur le signifiant du grand Autre barré[370] pour articuler le désir et son exposition quaternaire.

Lacan dit avoir accepté de suivre la *Critique de la raison pratique* (où il a pris note de « l'absence de l'objet ») dans le but de savoir où cette *Critique* « voulait en venir ». Maintenant qu'il pense avoir gagné la partie contre son adversaire Kant, maintenant qu'il pense avoir démontré – par les variations introduites dans les deux apologues – que la structure du désir répond mieux et « à meilleur droit » au but poursuivi de « mettre en balance (…) tout le pathologique », il pense qu'il serait temps de revenir sur les concessions qu'il a faites à Kant, notamment de revoir « la disgrâce dont un peu vite furent frappés tous objets à se proposer comme biens, d'être incapables d'en faire l'accord des volontés : simplement d'y introduire la compétition ».

Lacan parle de *biens* là où Kant parle d'*objets* : la recherche d'un même bien vs d'un même objet ne peut constituer une volonté de tous ; car chacun y veut son propre plaisir. Cette impossibilité est illustrée dans le « défi lancé par le roi François Ier à l'empereur Charles Quint : Ce que veut mon frère Charles (Milan), je veux l'avoir aussi[371] ». L'objet convoité (Milan) est incapable de « faire l'accord des volontés : simplement d'y introduire la compétition ».

Si Lacan introduit ici le bien à la place de l'objet c'est dans la perspective de *peser* les biens en fonction d'un *Bien* supérieur (la Loi morale reste alors comprise comme dépendante du Bien). C'est pour régler sa pesée entre les différents biens que Lacan introduit un « objet » très

---

369 Kant, *Critique de la raison pratique*, *op. cit.*, p. 632.

370 On notera que sa fonction est bien représentée chez Kant, d'une part dans la critique radicale de toutes les preuves de l'existence de Dieu (l'idéal de la raison pure dans la *Critique de la raison pure*), d'autre part dans la nécessité pour le sujet de poser la Loi lui-même dans son autonomie (le théorème IV dans l'Analytique de la *Critique de la raison pratique*).

371 Kant, *Critique de la raison pratique*, *op. cit.*, p. 640.

particulier – bien plus rien (*nihil negativum*) qu'un objet – : « l'objet du désir » qui vient à la place du principe kantien.

Car, les objets ordinaires (Milan par exemple) *ne sont pas* « objets du désir », pas plus que des principes. Alors que Kant avait exclu *tous* les objets (au sens commun du terme) dans la détermination de la volonté morale par le principe moral, Lacan introduit un sens inédit du terme objet, un *nouvel* « objet », « l'objet cause du désir » (« l'objet *a* »), qui est le déterminant central dans la question de la volonté morale. « L'objet du désir » n'est aucunement un objet au sens courant du terme, il correspond à la question de la possibilité et de l'impossibilité de l'objet en général, c'est la *mise en question* de l'objet. Cette question est d'ailleurs parfaitement articulée par Kant à la fin de l'Analytique transcendantale de la première critique (même si ce n'est que très brièvement) : c'est le concept « d'un objet en général (pris de manière problématique, et sans décider s'il est quelque chose ou rien)[372] ». Pour poser cette question de savoir s'il est quelque chose ou rien, on suivra la table du rien chez Kant qui correspond à la table des différentes formes de l'objet *a*.

Armé de ce questionnement inhérent à l'objet *a*, on peut mieux comprendre comment le désir est « le désir de l'Autre, pour ce qu'il est d'origine désir de son désir »[373]. Le désir consiste toujours non pas à désirer *ce* que l'Autre désire (Milan par exemple), mais à désirer que l'Autre désire, par exemple que le partenaire sexuel soit dans un processus de désir[374]. Pour que l'Autre désire, on peut tenir pour lui la position de « l'objet *a* », objet de satisfaction qui se refuse (objet oral, dans l'hystérie par exemple), objet contradictoire (objet anal, dans la névrose obsessionnelle par exemple), objet comme champ vide ouvert à toutes les possibilités (objet scopique) ou objet comme absence radicale de tout objet phénoménal (objet vocal). Avec cette mise en place de l'objet *a*, « l'accord des désirs » est « concevable » pour autant que

---

372 Kant, *Critique de la raison pure, op. cit.*, p. 1010 ; A290 ; B347. C'est à la suite de ce concept d'un objet dont on ne décide pas encore s'il est quelque chose ou rien, que Kant introduit sa table du rien. Lacan lui-même a rapporté son objet *a* à cette table kantienne du rien dans son séminaire *L'identification* (inédit, leçons du 28 février et du 28 mars 1962). Voir à ce propos Fierens, « Logique de la vérité et logique de l'errance chez Kant et chez Lacan », *op. cit.*, p. 71-73.

373 Lacan, « Kant avec Sade », *op. cit.*, p. 784.

374 « Le désir de l'homme est le désir de l'Autre, où le de donne la détermination dite par les grammairiens subjective, à savoir que c'est en tant qu'Autre qu'il désire (ce qui donne la véritable portée de la passion humaine) » (Lacan, « Subversion du sujet et dialectique du désir », *op. cit.*, p. 814).

l'on puisse suivre la dialectique complète de cet objet *a* (ou de la table kantienne du rien). Mais pas sans danger, car le questionnement généralisé inhérent à l'objet *a* ne permet pas de se fier à un objet matériel qui ne bouge pas. Le désir renvoie au désir qui renvoie au désir dans une quête infinie où chaque élément n'existe et ne consiste que dans l'intégralité des mouvements de désir. Cette chaîne « ressemble à la procession des aveugles de Breughel, chacun sans doute, a la main dans la main de celui qui le précède, mais nul ne sait où tous s'en vont[375] ». La procession des désirs, qui implique la procession des différentes formes de l'objet *a* (oral, anal, scopique, vocal) échappe à tout regard divin qui aurait arrangé les choses (S de grand A barré). « À rebrousser chemin », à refouler le désir par la loi, « tous font bien l'expérience d'une règle universelle » ; mais ils n'en savent pas plus pour autant. De toute façon, le désir et la loi s'articulent dans le suspens du savoir : je dois « supprimer » (*aufheben*) le savoir pour faire une place à la Loi qui magnifie en même temps le désir[376].

Désir qui est refoulé par la loi, Loi qui magnifie le désir : « la solution conforme à la Raison pratique serait-elle qu'ils tournent en rond ? »

Le *regard*, troisième forme de l'objet *a*, qui équivaut à « l'intuition vide sans objet[377] » de Kant (c'est-à-dire à l'espace-temps, pure forme de l'intuition) ou encore à la topologie des lieux du fantasme, est bien là, même s'il apparaît « manquant » comme chez ces aveugles de Breughel entraînés dans la procession des désirs. Il est bien là, car cet objet *a* matérialise la cause du désir en liant les deux foyers du sujet : le centre du sujet psychologique qui s'imagine être (*cogito ergo sum*) et l'absence du sujet, le sujet barré (là où je pense, je ne suis pas). Autour de ces deux foyers du centre et de l'absence du sujet, le regard parcourt l'ellipse de tous les *possibles* du sujet. Le regard, « intuition vide sans objet », est *en attente de* l'inscription de l'objet. Il permet ainsi de matérialiser la cause du désir et d'attendre l'objet (au sens le plus courant) qui viendra s'y inscrire.

Au contraire du regard, la voix, quatrième forme de l'objet *a* se présente comme « l'objet vide sans concept » parce que le concept se

375 Lacan, « Kant avec Sade », *op. cit.*, p. 784-785.

376 Cf. Kant : « je devais supprimer (*aufheben*) le savoir (*Wissen*), pour trouver une place pour la foi (*Glauben*) » (*Critique de la raison pure*, *op. cit.*, p. 747 ; BXXX) ; c'est la foi qui s'engage dans la Loi et la Loi du désir (faculté de désirer supérieure).

377 Ou « *ens imaginarium* » (Kant, *ibid.*, p. 1011 ; A292 ; B348).

détruit lui-même en contenant en lui-même la contradiction radicale des possibilités de l'expérience dans l'espace-temps. La voix est le rien radical, l'*impossible* radical, le *nihil negativum*.

Dans le premier apologue, Lacan a introduit quelque chose qui ne s'y trouvait pas, à savoir le principe de jouissance, qui vaut comme un principe moral (il faut se risquer dans la jouissance, contrairement à l'esprit bourgeois). Dans le deuxième apologue, Lacan a réduit le principe moral qui s'y trouvait, pour le comprendre comme un principe technique au service d'un principe pragmatique. La Loi morale (avec un grand L et qui correspond au principe moral kantien) est ainsi ravalée à une loi morale (avec un petit l, à une règle au sens kantien) qui peut s'opposer aux représentants du désir. La question du désir peut ainsi apparaître dans l'opposition d'un désir et d'une loi, à savoir dans le refoulement : la loi est le désir refoulé. L'avantage de cette présentation est énorme : il permet de montrer comme la Loi morale qui n'est autre que la question du désir implique nécessairement l'opposition de la loi et du désir, autrement dit un refoulement. La pratique de la Loi morale implique la pratique de l'analyse.

CHAPITRE 4

LA PRATIQUE DE LA PSYCHANALYSE

I. LA PSYCHANALYSE RECONNAIT LA VÉRITÉ DU SUJET DANS LE DÉSIR

La vérité du sujet dépend de ce qui se déroule dans l'Autre. Dans le schéma du fantasme sadien (schéma 1 p. 774), ce qui se passe au lieu de l'Autre, la voix, dépend du désir. C'est une vérité qui ne se réduit nullement à l'adéquation entre un dit et une chose, c'est une vérité dans l'exercice singulier de la parole : « moi, la vérité, je parle ». Cet acte d'énonciation propre à la vérité est caché, ça parle depuis « l'inconscient ». On peut méconnaître ces voies du désir. Cette méconnaissance « démontre ce qu'elle refoule », démontre le désir en tant qu'articulé avec le refoulement, c'est-à-dire avec la loi. La méconnaissance des voies du désir démontre encore le désir avec le refoulement, à savoir la Loi morale.

II. IMPASSES SUR LES VOIES DU DÉSIR COMMENTAIRES CRITIQUES DE LA MORALE DE KANT

Le déplaisir et le plaisir sont toujours en jeu dans le désir refoulé ou dans la loi (mais Kant ignorait que la loi est le désir refoulé)

Le *déplaisir* vient toujours s'immiscer dans les voies du désir pour autant que celles-ci impliquent toujours le refoulement. Le déplaisir est omniprésent. D'une part, il se présente comme le prétexte justifiant le refoulement proprement dit ; c'est parce que la satisfaction du désir pourrait provoquer du déplaisir que le désir est refoulé sous la loi. D'autre part, le retour du refoulé, dans le symptôme par exemple, n'atteint la satisfaction du désir que sous la forme du déplaisir. La « voie du désir » et de son refoulement implique donc toujours le déplaisir. La reconnaissance de la Loi passe toujours par le déplaisir.

Le *plaisir* passe toujours par la méconnaissance de la Loi et le refoulement qu'elle implique, aussi bien dans le refoulement du désir que dans le retour du désir refoulé. Le plaisir a une aversion à reconnaître la Loi : le désir est refoulé sous la loi. Cette aversion à reconnaître la Loi redouble le désir refoulé au niveau du retour du refoulé. Car le retour du refoulé implique le désir de satisfaire aux conditions de la loi, c'est-à-dire à la défense contre le désir.

La recherche du bonheur est antinomique à la voie du désir (en ignorant le refoulement inhérent au désir, Kant risquerait d'être encore pris dans la recherche du bonheur)

La voie du désir implique nécessairement la loi, c'est-à-dire le désir comme refoulé (articulé dans le schéma quadrangulaire de Lacan). Le désir implique nécessairement une *rupture* présentée dans l'articulation quadrangulaire du sujet. « Si le bonheur est agrément sans rupture du sujet à sa vie, comme le définit très classiquement la *Critique*[378], il

378 « *Nun ist aber das Bewusstsein eines vernünftigen Wesens von der Annehmlichkeit des Lebens, die ununterbrochen sein ganzes Dasein begleitet, die Gluckseligkeit* » (Suhrkamp Taschenbuch, *op. cit.*, p. 129). La traduction de Barni, que Lacan employait, supposait que le bonheur c'est la *conscience ininterrompue* de l'agrément de la vie : « La conscience qu'a un être raisonnable de l'agrément de la vie, accompagnant sans interruption toute son existence, est le bonheur ». Ce passage est « tout à fait improprement traduit », dit Lacan (« Kant avec Sade », *op. cit.*, p. 785, note). Car il faudrait comprendre que le bonheur n'est pas la conscience du bonheur, mais l'agrément de la vie ; c'est ce dernier qui est « sans rupture » ou « sans interruption » et non la conscience : « le bonheur est agrément sans rupture... ». Mais cette traduction est impossible, car le sujet de la phrase « La conscience... » demande un attribut, qui ne peut être que le dernier mot de la phrase (*die Gluckseligkeit*) : « la conscience (...) c'est le bonheur », n'en déplaise à Lacan. Le bonheur ne peut pas valoir comme apposition directe de l'agrément sans rupture. Il doit passer *par la conscience* dans le texte de Kant, même si nous préférerions pouvoir lire que le bonheur ne passe pas nécessairement par la conscience. La traduction de Ferry et Wizmann dans les Œuvres philosophiques reprend très largement celle de Barni : « La conscience qu'a un être raisonnable de l'agrément de la vie, conscience qui accompagne sans interruption toute son existence, c'est le bonheur » (*Critique de la raison pratique, ibid.*, p. 631). 'est aussi d'ailleurs le bonheur *comme conscience* que le stoïcien pensait pouvoir garantir par la vertu : « le stoïcien soutenait que la vertu est *tout le souverain Bien*, et que le

est clair qu'il se refuse à qui ne renonce pas à la voie du désir[379]. » Dans le bonheur, tout baigne, il n'y a aucun point de rupture. Le bonheur, ainsi défini par Kant et par bien d'autres qui ne mesurent pas la place du refoulement (défini en fonction de la « conscience »), est absolument incompatible avec la voie du désir qui implique le refoulement. Dans la ligne du plaisir et de la méconnaissance de la Loi inhérente au désir, les épicuriens ont voulu trouver le bonheur. Revers de la même position, les stoïciens, par la vertu, ont voulu renoncer aux voies du désir. Chaque fois, c'est « aux prix de la vérité de l'homme, ce qui est assez clair par la réprobation » qu'ils ont « encourue devant l'idéal commun », où les voies du désir doivent être respectées. L'ataraxie des épicuriens et des stoïciens destitue leur sagesse, car elle évacue ou minimise la place du désir : les épicuriens abaissent le désir au niveau du bonheur et les stoïciens abaissent le désir pour faire place à la vertu. Comme Kant ne saisit pas que la loi c'est le désir refoulé, il « ne leur tient aucun compte de ce qu'ils abaissent le désir ». L'abaissement du désir, chez les épicuriens et les stoïciens, qui se joue en fonction du bonheur, comme « agrément sans rupture » n'a rien à voir avec le refoulement du désir qui implique au contraire la rupture, l'opposition radicale (le conflit est bien présent chez Kant). L'abaissement du désir ne conduit pas au désir refoulé ou à la loi ; la loi n'est pas « remontée d'autant ». Au contraire, « qu'on le sache ou non » (Kant ne savait pas que la loi c'est le désir refoulé), lorsque la voie du désir est écartée, la Loi morale – celle que Kant prétend montrer – est « jetée bas », parce qu'il y manque l'articulation du désir et du refoulement. Autrement dit, la Loi morale de Kant lui-même est *nécessairement* mécomprise en raison de l'absence de son articulation avec le désir par le truchement du refoulement (même si le conflit inhérent au « devoir » en indiquait déjà la place). Lacan ne pouvait faire autrement que de partir d'une mécompréhension de la Loi morale kantienne.

La liberté de désirer introduite par la Révolution conduit à son autodestruction

Sade sert ici de représentant de la voie du désir pour renverser les morales du bonheur. Contrairement à la proposition de Saint-Just qui prétendait que « le bonheur est une idée neuve en Europe », le bon-

bonheur n'est que la conscience de la possession de la vertu, comme appartenant à l'état du sujet » (*ibid.*, p. 745).

379 Lacan, « Kant avec Sade », *op. cit.*, p. 785.

heur est absolument central dans toutes les morales prékantiennes et la nouveauté est du côté de la *voie du désir*, plus précisément du côté de la liberté de désirer. « C'est la liberté de désirer qui est un facteur nouveau. » Ce n'est pas le terme « désir » qui est un facteur nouveau en tant qu'il pourrait inspirer la Révolution, car « c'est toujours pour un désir qu'on lutte et qu'on meurt » et toute révolution est toujours articulée au désir. C'est l'articulation du *désir* avec la *liberté* qui est un facteur nouveau ; la Révolution française a voulu « que sa lutte soit pour la liberté de désirer ».

On pourrait penser que ce facteur nouveau de la liberté a été introduit par Kant dans la troisième antinomie de la *Critique de la raison pure* (1781) et qu'il est au cœur de la Loi morale de la *Critique de la raison pratique* (1788). Mais la « liberté » de la Révolution n'a pas du tout été comprise dans le sens de la « liberté » kantienne[380]. La Révolution introduit la liberté dans la loi comme droit fondamental de l'homme et du citoyen (1789). La liberté est ainsi comme l'épouse de la loi (avec une minuscule). Mais la Révolution veut aussi que la loi elle-même « soit libre, si libre qu'il la lui faut veuve ». La Révolution s'appuyant sur la guillotine (la Veuve) tue l'époux de la loi, à savoir la liberté. « La Veuve par excellence (…) envoie votre tête au panier pour peu qu'elle bronche en l'affaire[381] ». Une telle volonté de liberté tue la liberté. Ce qui laisse entendre qu'elle ne peut servir de maxime universelle, puisqu'elle se contredit elle-même.

Saint-Just, le jeune révolutionnaire exalté, eût mieux fait de rester habité par la voix du désir articulée dans les fantasmes, notamment dans ses fantasmes d'*Organt* (poème lubrique qu'il rédigea à l'âge de dix-neuf ans alors qu'il était emprisonné[382]). Le poème est une satire de la société non sans comporter tout un côté pornographique. En poursuivant ce côté fantasmatique (du côté de Sade et du schéma 1), le jeune génie de la politique révolutionnaire « eût peut-être fait de Thermidor son triomphe » (au lieu d'avoir été guillotiné en juillet 1794 – thermidor – avec les principaux partisans de Robespierre).

380 La liberté kantienne doit être articulée avec la quatrième forme de l'objet *a*, la voix, le *nihil negativum*.

381 *Ibid.*, p. 786.

382 Il avait volé les bijoux et autres objets précieux de sa famille et avait été emprisonné à la demande de sa mère.

Reconnaître dans le désir la vérité du sujet ne peut se réduire à une pure recherche du bonheur. Il ne s'agit pas non plus d'exalter une fausse idée de la liberté, la « liberté de désirer », qui conduit à sa destruction. On doit faire remarquer que Lacan expédie un peu vite la question de la liberté « au panier », car la « liberté de désirer » promue par la Révolution n'est pas la liberté kantienne de la faculté de désirer supérieure, qui reste un pur principe, qui n'est connaissable que par le truchement de la loi morale (c'est le sens des deux apologues) et qui ouvre la possibilité de création d'une nouvelle forme toujours à réinventer (à partir de l'Autre). Il aurait pu l'articuler plus explicitement avec la voix.

L'énonciation du droit à la jouissance (Sade) dépasse l'égoïsme du bonheur (attribué à Kant, le « bourgeois »)

Le chemin du désir c'est la vérité du sujet et il implique la jouissance. « Le droit à la jouissance s'il était reconnu, relèguerait dans une ère dès lors périmée, la domination du principe du plaisir » (la domination du principe de plaisir, lisible dans le bonheur des hédonistes et encore dans la liberté proclamée par la Révolution). La jouissance pour être reconnue dépend de son énonciation et c'est par cette énonciation au lieu de l'Autre, que « Sade fait glisser pour chacun d'une fracture imperceptible l'axe ancien de l'éthique : qui n'est rien d'autre que l'égoïsme du bonheur ».

Dans le théorème II de l'analytique, Kant avait déjà écarté l'égoïsme du bonheur comme axe de l'éthique, ce qui menait directement à la faculté supérieure de désirer[383]. Cependant, selon Lacan, cet égoïsme du bonheur comme axe de l'éthique ne serait pas éteint chez Kant pour autant ; il pense en trouver la preuve décisive « dans les exigences dont il (Kant) arguë aussi bien pour une rétribution dans l'au-delà que pour un progrès ici-bas[384] ». Rappelons que ladite rétribution dans l'au-delà n'intervient que comme solution de l'antinomie de la raison pratique, de l'incompatibilité du bonheur et de la vertu : il est nécessaire d'admettre que la recherche du bonheur (le principe de plaisir) ne disparaît pas, n'est jamais périmée, il faut donc supposer la conciliation possible entre vertu et bonheur « au-delà » de la vie phénoménale que

---

383 Kant, *Critique de la raison pratique*, *op. cit.*, p. 631-632.

384 Lacan, « Kant avec Sade », *op. cit.*, p. 785.

nous connaissons ici. L'immortalité de l'âme n'est rien d'autre que la poursuite illimitée du principe de jouissance – équivalent au principe moral – qui doit toujours en découdre avec le principe de plaisir. Et l'existence de Dieu n'est rien d'autre que l'existence d'un être suprême qui rendrait possible la conciliation des deux principes[385]. Quant à l'ici-bas, le soi-disant « progrès » attendu par Kant ne vaut que comme l'inscription sensible d'un acte qui porte à conséquence dans la réalité du monde phénoménal.

Du côté de l'au-delà (le « Souverain Bien ») comme du côté de l'ici-bas (le « progrès »), Lacan stigmatise la Loi supposée kantienne comme déterminée par le Bien vers lequel elle serait tendue. Rappelons encore une fois que, pour Kant, c'est la Loi qui fait apparaître le Bien et non le Bien qui orienterait la Loi. Pour contrer cette polarisation vers le Bien (supposée kantienne), Lacan en prend le contre-pied en introduisant, avec Sade, le Mal et le « bonheur dans le mal[386] » et espérant ainsi atteindre une éthique du Réel. Ainsi, « le statut du désir change, imposant son réexamen[387] ». Mais le changement et le réexamen qu'il implique tiennent plus à la Chose, au Réel introduit par Kant lui-même[388], qu'au contre-pied du « bonheur dans le mal ». Et l'opposition Bien-Mal n'a pour fonction que d'introduire le combat et le contre-investissement propres au refoulement, absent certes dans l'œuvre de Kant (malgré la mise en évidence du *conflit* propre au devoir dès les *Fondements*).

385 Suivant la position de Lacan, Alenka Zupancic réduit aussi la Dialectique de la raison pratique à une simple rétribution pour service rendu dans la moralité. On comprend qu'elle puisse alors distinguer deux éthiques : une éthique du réel, fondée sur la loi morale (cf. l'Analytique de la raison pratique) et une éthique fondée sur la supposée rétribution, telle qu'elle serait développée dans la Dialectique de la raison pratique et qui suit toujours l'ancien axe de la recherche du bonheur (*L'éthique du réel, Kant avec Lacan*, Caen, Nous, 2009).

386 Lacan, « Kant avec Sade », *op. cit.*, p. 765.

387 *Ibid.*, p. 786.

388 Dès la table du rien et dans toute la dialectique de la raison pure (*Critique de la raison pure, op. cit.*).

III. ÉVALUATION DE L'ŒUVRE DE SADE À PARTIR DU DÉSIR

La jouissance est introduite par le biais du fantasme

« Jusqu'où Sade nous mène-t-il dans l'expérience de cette jouissance ? » Quelle est la série de *conséquences* qui ruissèlent du principe de jouissance ? Jusqu'où Sade nous mène-t-il dans l'expérience et la recherche de la *cause* de cette jouissance ?

D'une part, les scénarios sadiens (à rapprocher du symbolique) démontrent la cascade d'effets de la jouissance, « ces buffets d'eau du désir édifiés pour qu'elle irise les jardins d'Este d'une volupté baroque ». D'autre part, cette eau du désir pourrait sourdre dans le ciel (à rapprocher du réel) et cette source céleste nous rapprocherait de « la question de ce qui est là ruisselant ».

L'eau du désir pourrait se présenter chez Sade sous la domination alternative de l'amour et de la haine (comme chez Empédocle d'Agrigente). Dans la voix du tourmenteur, dans l'objet *a* en position de grand Autre, amour et haine sont insécables (où l'on voit apparaître dans l'exposition de la forme vocale de l'objet *a*, la structure d'opposition et de contradiction propre à la forme anale de l'objet *a*, mais aussi propre au refoulement). C'est un atome, un quelque chose à la limite d'un rien ou un rien à la limite d'un quelque chose (cf. *mèden* de Démocrite[389]) où s'entrelacent indissociablement amour et haine et cet « atome amour-haine » subit d'aléatoires déviations spontanées (comparables au *clinamen* d'Épicure), d'« imprévisibles quantas ».

La cascade de la jouissance et l'animation de l'atome amour-haine impliquent le « voisinage de la Chose ». Elles restent dépendantes de la Chose et restent voisines de l'endroit indicible de leur origine en deçà de l'opposition du Bien et du Mal. Le Réel de la Chose apparaît comme le prochain (*Nebenmensch*), « le plus proche », plus particulièrement par le truchement de l'objet *a* vocal qui, en étant la négation des conditions de toute expérience sensible, remet en question l'Être lui-même.

389 « Démocrite en effet nous fit cadeau de l'*atomos* du réel radical, à en élider le "pas", *mè*, mais dans sa subjonctivité, soit ce modal dont la demande refait la considération. Moyennant quoi le den fut bien le passager clandestin dont le clam fait maintenant notre destin » (« L'Étourdit », *op. cit.*, p. 494 ; voir Fierens, *Lecture de l'Étourdit*, Paris, L'Harmattan, 2002, p. 294-295).

C'est par la voix que la question de l'Être qui fait la nature de l'homme (*Dasein*) émerge. « L'homme émerge par un cri », le cri qui « vocifère que l'univers est un défaut dans la pureté du Non-Être[390] ». C'est là qu'est la place de l'homme et c'est la place de la jouissance, déployée dans cette cascade d'effets (à rapprocher du symbolique et de l'imaginaire) à partir du Réel de la Chose.

Mais ce qui s'éprouve de cette expérience de la cascade symbolique et imaginaire de jouissance à partir de la Chose comme sa cause réelle dépasse les limites du fantasme. Le fantasme supporte le désir en le figeant, « il se constitue de ces limites » liées à la représentation du scénario.

Le désir au-delà du fantasme : mise en question de l'abord du Réel par le Mal

« Ces limites, nous savons que dans sa vie Sade est passé au-delà[391]. » Lacan expose ce dépassement dans le passage du schéma 1 (p. 774) au schéma 2 (p. 778). Il a voulu disparaître après sa mort, enterré dans un fossé sans aucune pierre tombale. Sans le Réel de sa propre disparition déjà en jeu avant sa mort (S barré), sans la prégnance du Réel dans sa vie, Sade n'aurait pas pu nous donner « cette épure de son fantasme », présentée dans « ces pyramides humaines, fabuleuses à démontrer la jouissance en sa nature de cascade ». Lacan entend bien ici mettre en question ce que l'œuvre de Sade traduit du Réel, « de cette expérience réelle », en deçà et au-delà du fantasme.

En prenant systématiquement le contre-pied du Bien, Sade situe la méchanceté dans la transcendance, au-delà de l'imaginable et du sensible, du côté de Dieu. Bien mieux que le Bien, la méchanceté du côté de la transcendance aurait pour fonction de nous introduire au Réel. La méchanceté *devrait* nous introduire au trou fondamental dans le symbolique, en termes kantiens à l'*Aufhebung* du savoir, en termes freudiens à la castration de la mère, en termes lacaniens au S de grand A barré. Mais chez Sade, cette méchanceté ne « nous apprend pas ici beaucoup de nouveau » sur les « modulations de cœur », celles « d'une fille envers sa mère » au niveau du fantasme et celle de Sade lui-même par rapport à la castration de la mère.

390 Lacan, « Subversion du sujet et dialectique du désir », *op. cit.*, p. 819.
391 Lacan, « Kant avec Sade », *op. cit.*, p. 786.

L'œuvre de Sade comme sermon

L'œuvre de Sade « qui se veut méchante », autrement dit l'œuvre de Sade qui veut introduire le Réel *par le mal*, n'aurait pas dû « se permettre d'être une méchante œuvre », c'est-à-dire une œuvre qui méchoit, une œuvre qui échoue à être vraiment une œuvre digne de ce nom[392]. Elle est moralisante au sens péjoratif du terme : elle prétend nous dire ce qui serait bien pour l'humanité. « Ça prêche un peu trop là-dedans ». L'œuvre de Sade veut faire l'éducation des jeunes filles et c'est comme traité de l'éducation qu'elle est fondamentalement « sadique-anale ». Le côté « sadique-anal » révèle au grand jour l'atmosphère « qui enfumait ce sujet (l'éducation des jeunes filles) dans son insistance obsédante aux deux siècles précédents ». Le sermon prononcé par Sade reste un sermon « assommant pour la victime, infatué de la part de l'instituteur ». Le contenu du discours ne vaut pas mieux que la forme : l'information historique, la physiologie et l'éducation sexuelles se réduisent à quelques banalités.

Le manque d'humour et l'absence de retournement dialectique chez Sade

L'intention éducative est communément impuissante. D'où « l'obstacle à tout compte rendu valable des effets de l'éducation », car il s'agirait toujours d'y avouer son échec : les résultats ne correspondent pas à l'intention éducative. Cela se vérifie pour les traités des deux siècles précédents, mais également pour les traités de Sade. L'intention éducative vise toujours à dire ce qu'il faut faire ; autrement dit, la loi y est hétéronome et l'action doit correspondre à l'énoncé de la loi par l'éducateur. Heureusement, cette intention éducative est foncièrement impuissante et le fantasme s'efforce de mettre en jeu toute autre chose, à savoir le désir et son surgissement autonome dans l'énonciation. Le scandale du fantasme sadien aurait pu être mené plus loin et montrer que « l'impuissance où se déploie communément l'intention

392 Lacan avait joué sur le double sens de « mauvais » dans *L'Éthique de la psychanalyse* à propos de l'œuvre de Sade. Dans ce séminaire, la mauvaise tenue littéraire était vue comme une qualité pouvant renvoyer pertinemment au Mal ! « Que le livre tombe des mains prouve sans doute qu'il est mauvais, mais le mauvais littéraire est peut-être ici le garant de cette *mauvaiseté* — pour employer un terme encore en usage au XVIIIe siècle — qui est l'objet même de notre recherche » (*L'éthique de la psychanalyse*, *op. cit.*, p. 237).

éducative » est précisément l'impuissance « contre quoi le fantasme ici s'efforce ».

Mais Sade n'a pas pu reconnaître l'impuissance radicale de l'éducation ou « l'impuissance sadique ». S'il avait pu le faire, il aurait bien mieux exploité le fantasme et il aurait mieux dévoilé la structure du désir qui implique précisément cette impuissance. Cette carence à reconnaître les « effets louables de l'impuissance sadique » se confirme dans le fait que la victime reste la victime sans jamais consentir à l'intention de son tourmenteur. Ce renversement aurait pourtant couronné le fantasme en son développement, comme articulation non seulement de l'objet *a* (le tourmenteur) et du sujet barré (la victime), mais aussi, en sens inverse, du sujet barré et de l'objet *a*. Mais dans le fantasme sadien, la victime reste la victime et le tourmenteur reste le tourmenteur.

Si la victime sadienne avait pu consentir à l'intention du tourmenteur, cela aurait montré d'une autre vue que le désir est l'envers de la loi. Par son consentement, la victime aurait plus clairement manifesté que cette loi dépend du désir qui la conditionne ; elle aurait adhéré au désir plus qu'à la loi. Car la loi n'est que le refoulement de ce désir et le consentement, comme retour du refoulé, aurait manifesté le désir sous forme d'un désir actif chez celle qui auparavant n'était que victime.

Au contraire, dans le fantasme sadien : le tourmenteur reste à sa place de tourmenteur et la victime à sa place de victime, dans une loi qui répartit bien les rôles ; « on est toujours du même côté, le bon ou le mauvais ». C'est la dichotomie, du bien et du mal, du tourmenteur et de la victime, qui domine toute l'affaire. La moralité sadienne est fondée sur cette dichotomie. Justine est la bonne et Juliette la mauvaise (*Histoire de Juliette ou les Prospérités du vice*). Si « Justine ou les malheurs de la vertu » passe du côté du vice, c'est encore le triomphe de la dichotomie qui se joue de la séparation du bien et du mal. Le paradoxe du vice qui vaut comme vertu « ne fait que retrouver la dérision propre au livre édifiant, que la Justine vise trop pour ne pas l'épouser[393] ».

Pour être entièrement prise dans cette logique binaire du bon ou du mauvais côté, l'œuvre de Sade manque totalement de retournement. On perçoit que l'introduction de l'opposition Bien-Mal, du conflit loi-jouissance, du combat Kant-Lacan devrait mener le lecteur à l'opération où toutes les positions et tous les principes se retournent dans

393 Lacan, « Kant avec Sade », *op. cit.*, p. 787.

la structure. C'est la seule façon honnête de lire Kant avec Lacan. Au contraire, chez Sade, il n'y a pas de retournement et pas d'humour, sauf peut-être à la fin du *Dialogue d'un prêtre et d'un moribond* (1782, un écrit très précoce dans l'œuvre de Sade), où le prêtre venu pour convertir le moribond libertin échoue à lui prouver l'existence de Dieu et se laisse convertir et pervertir par le libertin dans une voluptueuse conformité à la « nature »[394]. Ce manque de retournement et en conséquence d'humour est certes voilé par « l'invasion pédantesque » des écrits érudits consacrés à Sade depuis la Deuxième Guerre mondiale[395].

Malgré l'énonciation à partir de la voix du tourmenteur, l'universalité chez Sade reste encore essentiellement analytique

Quand Sade « prône la calomnie », c'est dans la suite directe (analytique) de son attaque contre l'universalité des lois[396]. On a vu plus haut comment, à tort, Lacan reprochait à Kant d'en être resté essentiellement à l'universalité *analytique* des lois ou l'universalité dans l'énoncé (ce qui ne concerne que la première formule de l'impératif catégorique). Selon Lacan, c'est Sade qui aurait mis en évidence l'universalité *synthétique* de la Loi ou l'universalité dépendant de l'énonciation, notamment dans la proclamation de droit à la jouissance. Ici, Lacan revient sur la question, se retourne *contre* Sade et lui reproche maintenant d'en être resté à l'universalité *analytique* des énoncés.

Où trouver la véritable critique de l'universalité *analytique* purement formelle ? On aurait préféré que Sade « y mît le piquant d'un Renan » dans sa *Vie de Jésus* (1863). « Félicitons-nous, écrit ce dernier, que Jésus n'ait rencontré aucune loi qui punit l'outrage envers une classe de citoyen[397] », qu'il n'y eût pas de loi particulière protégeant la classe parti-

394 À l'heure de sa mort, « le moribond sonna, les femmes entrèrent et le prédicant devint dans leur bras un homme corrompu par la nature, pour n'avoir pas su expliquer ce que c'était que la nature corrompue » (dernière note à la fin du dialogue).

395 Adorno, Klossowski, Bataille, Blanchot, etc.

396 « Ce serait ici une absurdité palpable que de vouloir prescrire des lois universelles ; ce procédé serait aussi ridicule que celui d'un général d'armée qui voudrait que tous les soldats fussent vêtus d'un habit fait sur la même mesure ; c'est une injustice effrayante que d'exiger que des hommes de caractères inégaux se plient à des lois égales : ce qui va à l'un ne pas point à l'autre » (Sade, La *Philosophie dans le boudoir*, *op. cit.*, p. 208).

397 Renan, *Vie de Jésus*, 17 éd., p. 339 ; cité par Lacan, « Kant avec Sade », *op. cit.*, p. 788.

culière des pharisiens, grands défenseurs des lois comme énoncés universels (universalité analytique). C'est ainsi que Jésus a pu s'attaquer à l'universalité et qu'il a collé sur la peau du Juif, fils des pharisiens, représentants de l'universalité analytique, formelle de la loi, « cette tunique de Nessus du ridicule ». Les traits raillant l'universalité analytique « se sont inscrits en ligne de feu sur la chair de l'hypocrite et du faux dévot ». Voilà vraiment une critique de l'universalité analytique qui porte : elle touche au cœur de l'universalité fabriquée par Saint Paul, pharisien d'origine et apôtre des gentils, universalisant l'universalité des pharisiens à toute l'humanité. Voilà une critique bien plus pertinente de l'universalité que l'apologie par Sade de la calomnie : « que l'honnête homme en triomphera toujours[398] », où nous retrouvons, si nous voulons bien le lire, le « bourgeois idéal » par lequel Lacan stigmatisait Kant. C'est Sade qui se trouve finalement dans la position du bourgeois.

Comment toucher au Réel au-delà de Sade ?

La platitude de l'argumentation sadienne s'en prenant à l'universalité des lois « n'empêche pas la sombre beauté qui rayonne de ce monument de défis » qu'est l'œuvre de Sade. Cette « sombre beauté » cache l'horreur de l'expérience de la Chose, du Réel du désir « que nous cherchons derrière la fabulation du fantasme[399] ». Ce Réel de la Chose est en jeu dans l'expérience tragique au-delà des émotions de crainte et de pitié provoquées et traitées dans la tragédie grecque. L'œuvre de Sade ne s'attarde pas à la crainte et à la pitié ; elle provoque la sidération devant le côté le plus noir de l'humanité. « Sidération et ténèbres », la sidération ne nous conduit pas ici à l'étincelle qui rend le mot d'esprit éclairé selon Freud (« sidération et lumière »). Chez Sade, le manque absolu du sens du comique[400] aussi bien que du sens du mot d'esprit[401] s'explique par le tragique d'un Réel qui dépasse de loin le tragique classique analysé par Aristote en termes de crainte et de pitié. Le tragique

398 « De deux choses l'une : ou la calomnie porte sur un homme véritablement pervers, ou elle tombe sur un être vertueux. On conviendra que dans le premier cas il devient à peu près indifférent que l'on dise un peu plus de mal d'un homme connu pour en faire beaucoup ; peut-être même alors le mal qui n'existe pas éclairera-t-il sur celui qui est, et voilà le malfaiteur mieux connu (...). La calomnie porte-t-elle sur un homme vertueux ? Qu'il ne s'en alarme pas : qu'il se montre, et tout le venin du calomniateur retombera bientôt sur lui-même » (Sade, La *Philosophie dans le boudoir*, *op. cit.*, p. 211).

399 Lacan, « Kant avec Sade », *op. cit.*, p. 788.

400 Lacan, « Kant avec Sade », *op. cit.*, p. 783.

401 *Ibid.*, p. 787.

introduit par Sade est celui où tout est mis en œuvre pour détruire le désir lui-même et le processus vital proprement humain[402]. Or cette destruction est encore ce qui permet au désir de renaître. Lacan renvoie ici à la trilogie claudélienne des Coûfontaine (*L'otage*, *Le pain dur* et *Le Père humilié*) qu'il venait d'analyser dans son séminaire sur *Le Transfert*[403]. La tragédie des œuvres de Sade aussi bien que celle des Coûfontaine – plus tragiques que la grecque – ne se fonde plus sur le chant et le chœur (sur Melpomène, la muse du chant) ni sur l'histoire relatant les faits (sur Clio, la muse de l'histoire).

Sur quoi se fonde-t-elle si les assises s'écroulent aussi bien émotionnelles (le chœur) que factuelles (l'histoire) ?

La réponse, qui n'est pas donnée dans le texte de Lacan, ne peut que laisser sous-entendre l'introduction de la Loi morale par Kant, qui ne se fonde effectivement ni sur les émotions qui sont toujours relatives au plaisir (le chant), ni sur les faits de ce qui est (l'histoire), mais bien sûr le principe de ce qui *doit* être en deçà et au-delà de toute émotion (crainte et pitié) et en deçà et au-delà de ce qui est pratiqué effectivement par l'homme (anthropologie). Voilà donc Kant qui doit être réhabilité, à condition toutefois d'être passé par le combat, l'opposition du désir et de la loi, par le refoulement, à condition aussi d'avoir dépassé le champ du regard (où le fantasme risque bien de traîner) et d'avoir ouvert la porte de la voix et de la liberté de donner une nouvelle forme (cf. l'inconscient).

IV. LA PLACE DU RÉEL DANS LA PSYCHANALYSE

Le recul devant le Réel

Le recul devant le commandement chrétien « tu aimeras ton prochain comme toi-même ».

402 Cette destruction absolue non pas simplement de l'une ou l'autre vie, mais du principe de vie est évoquée notamment par la dissertation de Pie VI dans la quatrième partie de l'*Histoire de Juliette* (voir Marty, *op. cit.*, p. 213-214).

403 « Le drame, tel qu'il se poursuit à travers les trois temps de la tragédie, est de savoir comment, de cette position radicale, peut renaître un désir, et lequel » (Lacan, *Le transfert*, Paris, Seuil, 1991, p. 355).

Dans son livre *Sade, mon prochain*, publié en 1947[404], Pierre Klossowski situe le récit sadien et ses mises en scène fabuleuses au niveau de la conscience ordinaire tout en les mettant en rapport avec une pensée manichéenne qui oppose le Mal au Bien et l'Être-suprême-en-méchanceté au Souverain Bien. Nous l'avons vu, l'analyse de Lacan semble bien dans la ligne de livre de Klossowski : les scènes sadiques exposent la structure ordinaire du fantasme de chacun tout en les mettant en rapport avec le Mal, la destruction radicale, la seconde mort. Lacan avait même posé la question de savoir si l'œuvre de Sade n'était pas « rédemption, âme immortelle, le statut du chrétien[405] ». Peut-on tout simplement donner une explication théologique chrétienne de Sade ?

Lacan est d'accord avec Klossowski, « le fantasme sadien trouve mieux à se situer dans les portants de l'éthique chrétienne[406] », dans les présupposés de cette éthique plutôt qu'en dehors. Pourtant, l'œuvre de Sade reste fondamentalement *en deçà* du christianisme. Car l'opposition statique du Bien et du Mal et l'absence complète de tout retournement entre le bourreau et la victime ne laissent aucune voie pour introduire vraiment le Réel (Sade manque complètement d'humour, le bon et le mauvais restent toujours du même côté). Au contraire de Sade, le Jésus de Renan apporte une mise en question radicale de l'universalité analytique, en même temps qu'un bouleversement radical qui permettent d'introduire le Réel.

Lacan précise maintenant le recul de Sade par rapport à l'éthique chrétienne, en fonction du commandement « tu aimeras ton prochain comme toi-même ». Le prochain, le *Nebenmensch,* est une figure du Réel, de la Chose.

Le titre de Klossowski présente la thèse *Sade, mon prochain*. Lacan veut bien y reconnaître son prochain à lui et, comme telle, une figure du Réel (c'est même pour introduire le Réel, qu'il a convoqué le Mal sadien en opposition au Bien supposé kantien). Mais la réciproque n'est pas vraie : « Sade, lui, se refuse à être mon prochain ». Sade a explicitement rejeté « cette absurde morale, d'aimer notre prochain

404 Klossowski expliquait le titre de son livre ainsi : « Si quelque esprit fort se fût avisé de demander à saint Benoît Labre ce qu'il pensait de son contemporain le marquis de Sade, le saint eût répondu sans hésiter : "c'est mon prochain" » (Annie Le Brun, *Soudain un bloc d'abîme*, Sade, Paris, Gallimard, « Folio », 2014, p. 33).

405 Lacan, « Kant avec Sade », *op. cit.*, p. 778.

406 *Ibid.*, p. 789.

comme nous-mêmes[407] ». Freud lui aussi refuse le commandement chrétien[408]. Qu'il s'agisse du prochain dans le mal ou du prochain dans le bien, d'un côté comme de l'autre, la raison fondamentale de ce refus est l'horreur du Réel caché dans le *Nebenmensch*. « Sade n'est pas assez voisin de sa propre méchanceté[409] », non pas que ses personnages ou que lui-même n'imaginent pas assez d'horreurs, mais bien plutôt, ils restent assez éloignés du *principe* même de cette méchanceté, si bien que toute perspective de retournement reste impensable. Ils restent éloignés du Réel de la Chose. Car ce dernier ne se laisse pas réduire à une opposition imaginaire entre le bien et le mal, mais il implique toujours les retournements dialectiques et l'acte d'énonciation créateur que l'on trouve dans le Jésus de Renan.

Avant d'examiner plus avant la raison de ce recul sadien devant le Réel de la Chose, reprenons la question : quelle est la position de Kant par rapport au commandement chrétien « tu aimeras ton prochain comme toi-même » ? Lacan n'en dit mot, bien que Kant ait longuement explicité cette position dans le troisième chapitre de l'Analytique de la *Critique de la raison pratique*, consacré au respect. Kant accepte *fondamentalement* le commandement chrétien ; la loi morale est « tout à fait en concordance » avec ce commandement[410] qui exige le respect (*Achtung*) réservé à la loi morale. La seule réticence de Kant par rapport au commandement chrétien porte sur la formulation qui mélange le champ de La loi morale (l'impératif catégorique) avec le champ des inclinations pathologiques (l'amour)[411]. Ce mélange en effet risque bien de perdre la trace de la question du Réel.

---

407 *La Philosophie dans le boudoir*, *op. cit.*, p. 207.

408 Freud, « Le malaise dans la culture », dans Œuvres complètes, Tome XVIII, Paris, PUF, 1994, passim (p. 296 ; p. 330).

409 Lacan, « Kant avec Sade », *op. cit.*, p. 789.

410 « *Hiermit stimmt aber die Möglichkeit eines solchen Gebots, als :* Liebe Gott über alles und deinen Nächsten als dich selbst, *ganz wohl zusammen* » (dans Immanuel Kant, *Werkausgabe Band VII*, *op. cit.*, S. 205). C'est ici la traduction française de Ferry et Wismann qui recule devant le commandement chrétien en affaiblissant l'accord *complet* (*ganz wohl*) de Kant avec ce même commandement : « Mais cette manière d'envisager les choses n'exclut nullement un ordre comme celui-ci : *Aime Dieu par-dessus tout et ton prochain comme toi-même* » (*Critique de la raison pratique*, *op. cit.*, p. 708-709). C'est sans doute cette traduction impropre qui peut donner à penser au lecteur français que Kant recule devant le commandement chrétien (par exemple, Éric Marty, *op. cit.*, p. 201).

411 Kant faisait remarquer le côté paradoxal de l'ordre du terme « *aimer* ». Dans le commandement chrétien, les distinctions entre l'inclination (aimer, exécuter « volontiers ») et l'impératif catégorique (le commandement, aimer la Loi morale et

Pulsion de mort et peine de mort

Le test qui permet de voir si un auteur peut accepter le Réel (ou en termes freudiens, la « pulsion de mort ») ou de façon équivalente le « commandement » d'aimer son prochain, c'est, selon Lacan, sa position vis-à-vis de la peine de mort, laquelle peine de mort « est un des corrélats de la Charité ». La Charité[412] est ici synonyme de respect absolu de l'autre et de ce qu'il a fait, autrement dit respect du Réel du prochain. Sous prétexte de respecter la nature, Sade refuse la peine de mort ; voici ce qu'il dit : « le meurtre doit-il être réprimé par le meurtre ? Non, sans doute. N'imposons jamais au meurtrier d'autre peine que celle qu'il peut encourir par la vengeance des amis ou de la famille de celui qu'il a tué[413] ».

Deux ans après ce rejet de la peine de mort par Sade dans *La Philosophie dans le boudoir*, Kant prend la position inverse dans la *Métaphysique des mœurs* (1797) : « S'il a commis un meurtre, il doit *mourir*. Il n'existe ici aucun succédané qui puisse satisfaire la justice[414] ». Il ne s'agit pas ici de rentrer dans le débat de la peine de mort, mais d'évaluer la position de la *raison*, le *raisonnement*, la manière de raisonner par rapport à la mort, à la peine de mort. La position de Sade se justifie dans l'optique d'un laisser faire la *nature* (qui joue comme un imaginaire). Celle de Kant dans l'optique d'un devoir de la raison de prendre en compte le Réel de la pulsion de mort et de ses conséquences chez les criminels concernés. La peine de mort est prononcée « proportionnellement à leur intime méchanceté[415] ». Supposons que le choix soit donné aux criminels entre le mort ou l'emprisonnement à perpétuité : « l'homme d'honneur choisira la mort, le coquin, le bagne ». La raison de la peine de mort n'est ni la vengeance ni la prévention. Elle vise seulement à ce que la peine ou les conséquences du crime soient proportionnelles à la raison du criminel, à son honneur.

---

sa liberté), entre le pathologique et le pratique, entre le phénoménal et le nouménal sont effacées. Or il faut maintenir l'opposition irréductible inhérente au devoir entre l'inclination (« volontiers ») et la loi morale (le « commandement »). Le Réel ne peut se réduire en aucune façon à l'inclination ou à ce qui se fait volontiers.

412 Il ne faudrait pas confondre cette « Charité », comme respect fondamental du côté du Réel, avec la charité imaginaire, que Lacan critique dans *Télévision* : « Un saint (...) ne fait pas la charité. Plutôt se met-il à faire le déchet : il décharite » (Lacan, *Télévision*, dans *Autres Écrits*, *op. cit.*, p. 519).

413 Sade, *La Philosophie dans le boudoir*, *op. cit.*, p. 249.

414 Kant, *Métaphysique des mœurs*, dans Œuvres philosophiques T III, *op. cit.*, p. 603.

415 *Ibid.*, p. 604.

C'est dans ce sens que Lacan propose le test de la « peine de mort » pour savoir si la pulsion de mort est prise au sérieux (à entendre dans la série qui va du crime à la peine)[416] : celui qui refuse catégoriquement la peine de mort ne prend pas le commandement chrétien au sérieux. Chez Sade, le Réel et la pulsion de mort ne sont justement pas pris au sérieux, « Sade n'est pas assez voisin de sa propre méchanceté ». Et il en va de même chez Freud lorsqu'il condamne le commandement d'aimer son prochain comme soi-même, qui nous implique jusque dans le Réel de la pulsion de mort. Tout comme Sade, Freud recule devant le commandement de la Charité, la « Charité » (avec un grand C) d'aimer son prochain comme soi-même, d'aimer le Réel de la pulsion de mort chez l'autre comme chez soi-même. On doit bien reconnaître que le raisonnement de Kant prend en compte précisément le Réel du crime et de ses conséquences. Il y a bien chez lui toute la place pour la prise en considération de la mort, sans concession.

Le point d'arrêt chez Sade

Sade s'est arrêté « là, au point où se noue le désir à la loi[417] ». « Qui lui jetterait la pierre[418] », s'il découvre le désir à partir de la loi, si, comme Saint Paul, il peut connaître la convoitise à partir de la Tora[419] et si, comme chez Kant, il peut déduire la liberté à partir de la loi.

L'opération peut paraître chaque fois la même, elle est caricaturale chez Sade qui prend systématiquement le contre-pied de la loi, de la loi qui équivaut au désir refoulé, avec l'idée qu'il pourrait ainsi dévoiler un désir purifié de ses entraves.

Cela ne saurait suffire, car le désir *se noue* à la loi, autrement dit, il n'est pas sans son refoulement. Et ce nouage du désir au refoulement implique justement le Réel. « Ce n'est pas seulement que chez lui comme chez tout un chacun la chair soit faible, c'est que l'esprit est

---

416 Pour plus de développement de la question de la peine de mort, voir Derrida, *Séminaire La peine de mort, Volume* I (1999-2000), Paris, Galilée, 2012 et *Volume II (2000-2001)*, Paris, Galilée, 2015.

417 Lacan, « Kant avec Sade », *op. cit.*, p. 789.

418 *Ibid.*, p. 760

419 « Que dirons-nous donc ? Que la Tora (la loi) est faute ? Certes non ! Mais je n'ai connu la faute que par la Tora. Je ne connaîtrais pas la convoitise, si la Tora n'avait dit : "Tu ne convoiteras pas." » (Saint Paul, « Lettre aux Romains », 7, 7, dans *La Bible*, trad. Chouraqui, Paris, Desclée de Brouwer, 2003, p. 2196).

trop prompt pour n'être pas leurré[420] ». Chez Sade, la jouissance file du côté de la chair et elle se réduit facilement à un plaisir poussé à l'extrême, tout en perdant sa spécificité de *principe*, comme dans l'usage le plus vulgaire de ce terme de jouissance. Mais aussi chez Sade, l'esprit est trop prompt en opposant si facilement le mal au bien, il est leurré et perd la question du Réel (et de l'articulation du désir et de la loi, autrement dit l'articulation du désir dans la dialectique du refoulement). « L'apologie du crime ne le pousse, qu'à l'aveu détourné de la Loi » et pas à la reconnaissance du Réel.

La Nature (grand Autre substantifié) vient boucher la question du Réel

Aussi bien à la place du Réel de l'inexistence du grand Autre (S de grand A barré), Sade réinstaure l'envers du Souverain Bien, le Mal, l'Être suprême en méchanceté. « L'Être suprême est restauré dans le Maléfice ».

Sade pense « en remplaçant le repentir par la réitération, en finir avec la loi au-dedans ». Avec son envers de culpabilité, avec le repentir, la Loi morale au cœur de l'homme se présente comme la deuxième des deux grandes choses qui, selon Kant, « remplissent le cœur d'une admiration et d'une vénération toujours nouvelles et toujours croissantes, à mesure que la réflexion s'y attache et s'y applique[421] ». Sade pense pourtant pouvoir en finir avec cette deuxième chose admirable qu'est la Loi morale ; il pense pouvoir ne retenir à la place que la loi *naturelle*, la première chose admirable qui commande le « ciel étoilé » des galaxies dont nous ne sommes qu'une infime poussière.

Il pense pouvoir tout réduire au seul principe naturel et ne retenir que « la promesse que la nature magiquement, femme qu'elle est, nous cèdera toujours plus ». « On aurait tort de se fier à ce typique rêve de puissance », où la « nature » n'est rien qu'un avatar de la Mère toute puissante, non châtrée.

Dans le sens de la Nature comme seul Être suprême chez Sade, on aurait pu penser avec Klossowski que l'œuvre de Sade se situait « dans les prolongements de la leçon "athée" de Spinoza : "*Deus sive Natura*"[422] ».

---

420 Lacan, « Kant avec Sade », *op. cit.*, p. 790.

421 Kant, *Critique de la raison pratique*, *op. cit.*, p. 801-802.

422 Klossowski, *Sade mon prochain* précédé de *Le philosophe scélérat*, Paris, Seuil, 1967, p. 122.

À partir d'une nature infiniment plus respectable que l'homme, toutes les lois *humaines* pourraient et même devraient être transgressées. D'où la dépendance radicale de l'homme par rapport au Dieu-Nature dans *L'Éthique*, chez Spinoza. D'où la place de l'homme par rapport à la Nature originelle, dont il n'est que l'un de ses instruments de la Nature, chez Sade.

Cette mise en parallèle ignore cependant la place fondamentalement différente de la Nature chez l'un et chez l'autre. Chez Spinoza, elle dépend de l'intelligence de Dieu. Chez Sade, elle dépend de la sensibilité, magnifiée dans l'imagination de la Mère originelle toute-puissante.

La Mère non castrée chez Sade

« Ce qui manque ici à Sade », c'est la castration de la Mère ou encore le signifiant du grand Autre barré. *La Philosophie dans le boudoir* se clôt sur la nécessité de recoudre tous les trous de la Mère[423], par l'aiguille courbe qui vient restituer définitivement la Mère dans son incastrabilité. Mais c'est aussi l'aiguille qui transperce l'œil voyeur à travers la serrure comme dans *El* de Buñuel, l'œil voyeur qui tenterait justement de vérifier la non-castration de la Mère (non sans évoquer les souvenirs d'enfance de Buñuel[424]).

On n'a rien gagné à remplacer la Diotime de Socrate (qui soutient un trou radical dans le savoir et donc la castration de la mère) par le Dolmancé de Sade (qui soutient une Nature sans trou et une Mère non castrée). Au contraire. Dans ses comportements sexuels, Dolmancé est d'ailleurs effrayé par la voie sexuelle ordinaire, en tant qu'elle pose précisément la question de la castration. À la fin du texte de Sade, la mère – Madame de Mistival, dans *La Philosophie dans le boudoir* – est cousue,

423 « Mme de Saint-Ange : Je crois qu'il est maintenant très essentiel que le venin qui circule dans les veines de madame ne puisse s'exhaler ; en conséquence, il faut qu'Eugénie vous couse avec soin et le con et le cul, pour que l'humeur virulente, plus concentrée, moins sujette à s'évaporer, vous calcine les os plus promptement. Eugénie : L'excellente chose ! Allons, allons, des aiguilles, du fil ! Écartez vos cuisses, maman, que je vous couse, afin que vous ne me donniez plus ni frères, ni sœurs » (Sade, *La Philosophie dans le boudoir*, *op. cit.*, p. 283).

424 Enfant, « il regardait les femmes se déshabiller dans les cabines de plage. Muni d'un morceau de verre placé sur la serrure, il pouvait les regarder sans risque de se faire transpercer l'œil par une aiguille. Les femmes utilisaient ce système pour se défendre des voyeurs » (Trichet et Marion, « Ce que nous apprend *El* de Bunuel sur l'économie de la jouissance dans la paranoïa », dans *Cliniques méditerranéennes*, Toulouse, Érès, 2012/2, n° 86 p. 159).

elle restera interdite, elle restera intacte et en dehors de la castration. *Noli tangere matrem*, ne touche pas à la Mère Nature incastrable.

Tout se présente certes sous l'aspect d'une certaine « castration » apparemment encourue dans les scènes sadiques. Mais cette « castration » reste purement imaginaire et donc sans effet de retournement, sans castration symbolique et sans conséquence du côté du Réel. Tout reste effectivement dans la non-castration essentielle de la Mère, non-castration qui est encore réassurée à la fin du récit lorsque l'aiguille vient recoudre tous les trous de la Mère qui n'a été violée que comme pour du beurre : violée et cousue.

Dans le viol sadique, c'est le désir qui voudrait se dire libéré de la loi, libéré d'une loi dont Sade veut prendre le contre-pied, le désir qui serait libéré du refoulement. Mais les lettres du « viol » et de « violée » contiennent en elles-mêmes les trois lettres i-o-l, inversées, dont s'écrit la l-o-i. Même lorsqu'il tente d'effacer la loi au cœur du viol, il reste le mystérieux V…, le V de la Volonté ? Mais non sans convoquer la structure complète, même si elle reste voilée : « V…ée et cousue », la loi et la castration restent présentes, même si elles sont effacées. La loi reste sous-jacente audit viol : « notre verdict est confirmé sur la soumission de Sade à la Loi ». Mais c'est une soumission que l'on doit dire « voilée » (v…ée, non sans y impliquer à nouveau la loi) en ce qu'elle évite absolument la castration de la Mère ou le signifiant du grand Autre barré.

« D'un traité vraiment du désir, peu donc ici, voire rien de fait. » Car tout en reste non pas au fait du désir dans sa structure complète, mais à la représentation du désir par le fantasme sans jamais élever le désir à la véritable problématique de la jouissance qui implique le refoulement, le signifiant du grand Autre barré et l'agir de la pulsion (cf. la ligne supérieure du graphe de Lacan et notre présentation de la fonction phallique). Ce qui s'annonce de ce travers radical du traité, où Sade ne rencontre pas vraiment son prochain ou le Réel, « n'est au plus qu'un ton de raison ». Faute d'avoir vraiment accepté l'enjeu du Réel qui passe par la castration de la Mère, par le signifiant du grand Autre barré, l'œuvre sadienne n'est finalement qu'une variation tonale du raisonnable, dégénérescence de la raison.

TROISIÈME SECTION

PRATIQUE DE L'INCONSCIENT

CHAPITRE 1

D'UNE LECTURE L'AUTRE. DE KANT ET DE LACAN

La lecture de la morale kantienne est le plus souvent faussée à plus d'un titre. Elle est très généralement vue comme une variante de la morale d'un individu bourgeois cherchant le Bien, sans prendre de risque, regrettant l'absence d'objet parfaitement adéquat à ses appétits et devant se contenter le plus confortablement possible de s'inscrire dans le cadre d'une loi donnée caractérisée par sa prétention à l'universalité.

Pas besoin d'attendre Eichmann pour produire cette mauvaise lecture de Kant, sur laquelle peut s'appuyer la « banalité du mal » en général. On peut imaginer qu'elle s'était déjà produite dans le chef de Sade dès la parution de la *Critique de la raison pratique*. Mais quoi qu'il en soit, le divin Marquis n'a pas tergiversé pour *répondre* à cette morale qui tarde à être vraiment « républicaine ».

Chargé d'introduire l'œuvre de Sade par une préface, Lacan voulait montrer que Sade donnait la vérité de la *Critique de la raison pratique* de Kant.

On l'a vu, la lecture de Lacan est régulièrement déséquilibrée, décalée, désaxée par rapport aux lignes de force de la morale kantienne proprement dite : elle y stigmatise une recherche du *Bien* comme objet premier de la loi morale (en lieu et place de fonctionnement primordial du principe moral), elle y suppose un *individu sujet* préalable (plutôt que de concevoir le sujet comme une conséquence du factum moral), elle l'appuie sur les *exemples* (plutôt que de tout faire jouer en fonction des principes), elle y comprend l'universalité comme un critère *analytique* purement formel (plutôt que de la comprendre comme jugement synthétique *a priori*, qu'il faut donc créer toujours à nouveau) et en conséquence, elle ne tarde pas à n'y rencontrer qu'une « morale » de bourgeois, la « morale » commune qui consiste à s'inscrire dans l'universalité sans trop se mouiller tant en y cherchant le plus grand profit possible.

Mauvaise lecture de Kant par Lacan donc. Ne nous targuons cependant pas d'être en possession de la *bonne*. Il ne s'agit en effet pas de partir du concept de bon/mauvais ; mais du principe de fonctionnement préalable à ces jugements.

Pourvu que l'on accepte de lire soigneusement tant Kant que Lacan, on remarque alors tout le mouvement qui anime la pensée tout à la fois chez Kant, chez Sade et chez Lacan.

Lacan part certes d'une mauvaise lecture de Kant – et c'est la lecture classique, à laquelle nous n'échappons jamais totalement –. Mais c'est à partir de cette déficience inévitable que tout commence à devoir bouger. Il faut répondre à cette faille. Et c'est Sade qui est convoqué pour ce faire. Sade fait-il « mieux » que Kant ? Sûrement pas. Il répond et remet au travail ce que nous avions trop facilement et trop faussement admis dans notre abord de la morale, dans notre abord de l'inconscient, dans notre compréhension facile de la jouissance, à savoir : qu'il y a un individu sujet (la *question* du sujet est effacée et le « sujet » est pris pour une personne), qu'il y a tout simplement d'un côté le Bien et de l'autre le Mal (la bonne et la mauvaise lecture, par exemple, mais aussi le Bien et le Mal dans ce que devrait faire le « patient », les bonnes et les mauvaises solutions), que les exemples sont des guides pour notre pratique (les vignettes cliniques pour nous expliquer ce qu'il faudrait faire dans la pratique), les universalités formelles dans lesquelles on pourrait camisoler nos patients et leurs conduites (les « cadres » conceptuels ou concrets qui devraient formater notre clinique). Tout cela nous permettrait d'organiser notre psychanalyse bourgeoise (n'a-t-on pas dit que la technique freudienne était adaptée à la bourgeoisie viennoise du début du XXe siècle ?).

Mauvaise lecture certes. Pourvu qu'elle introduise le renversement, le mouvement de la dialectique. Sade, plus frondeur que marquis et plus démoniaque que divin, ne semble être rien d'autre d'abord que le représentant d'une statique antithétique à la statique de la morale bourgeoise. Mais il faut lire la position bourgeoise (la mauvaise lecture de Kant) et la position sadienne non pas comme des statiques, mais dans le mouvement de la structure. Ce mouvement, on peut le pressentir dans « ces figures exemplaires qui, dans le boudoir sadien, s'agencent et se défont en un rite forain[425] ». Lacan en a dégagé la

425 Lacan, « Kant avec Sade », *op. cit.*, p. 779.

structure quadripartite et mouvante du fantasme en général. Non seulement le mouvement du fantasme s'inscrit dans la sensibilité ; mais il est aussi la condition *sine qua non* de l'exercice de toute sensibilité en général. Sensibilité donc où pointe la jouissance au cœur de l'exercice du désir. Mais cela ne saurait suffire. Car la sensibilité, la jouissance, le désir ne valent jamais qu'avec leur contrepoint d'intelligibilité, qu'avec la jouissance épurée, qu'avec la différence entre la « faculté de désirer inférieure » (ce serait du côté de Sade) et la « faculté de désirer supérieure » (mise en évidence par Kant).

Manque d'objet chez Kant ? Qu'à cela ne tienne, Lacan y introduit ce qui deviendra l'objet *a*, à la fois excessivement sensible et excessivement intelligible, puisqu'il est la *question* – quelque chose ou rien ? – qui conditionne (intelligible) l'apparition de tout objet (au sens sensible et courant du terme).

Fort de cet « objet *a* » au cœur de la jouissance, Lacan peut revenir au combat contre Kant. La loi s'oppose au désir. Mais n'est-ce pas plutôt l'inverse ? Le sensible s'oppose à l'intelligible. Mais n'est-ce pas plutôt l'inverse ? Ces questions n'ont sans doute pas de sens univoque, puisque c'est le renversement qui compte. Dans ce combat, aucun combattant ne peut se dire vainqueur. Car c'est le combat lui-même qui gagne la partie pour lui-même. Le combat donne la structure même du refoulement (du refoulement originaire) : investissement et contre-investissement qui s'appuient l'un sur l'autre pour *apparaître* dans une rigidité figée certes, mais qui reste tout entière construite de forces vives propres à l'inconscient. Le Réel n'est pas la réalité figée, il n'existe que dans les forces vives de la structure, qui témoignent du pouvoir créatif de l'inconscient.

Même s'il ne pouvait pas envisager cette quatrième forme de tenir pour vrai qu'est le refoulement, Kant était, sans aucun doute, bien mieux armé pour saisir ce mouvement de la structure que Sade, chez qui tout se figeait trop facilement dans l'opposition du Bien et du Mal, entre le Non et le Oui, sans aucun renversement possible.

Si Lacan prend la mesure de cette rigidité fondamentale (malgré les changements de postures dans les scènes sadiennes), ce n'est pas pour « faire la leçon ». *Kant avec Sade* ne se résume à une leçon administrée à Sade, le pervers, depuis une « position mandarinale[426] », comme

426 Marty, *Pourquoi le XX*e siècle *a-t-il pris Sade au sérieux ? op. cit.*, p. 233.

il pourrait paraître. La rigidité (le mouvement qui se rigidifie dans le fantasme) s'inscrit bien dans le mouvement dialectique de la pratique, dont Kant ouvre la porte.

Quelles sont les conséquences de ce mouvement initié par la *Critique de la raison pure*, relevé par Lacan avec le concours de Sade, pour y trouver la jouissance ? Comment l'inconscient s'en trouve-t-il relancé ?

CHAPITRE 2

L'INCONSCIENT ET LE PRINCIPE DE JOUISSANCE

I. L'INCONSCIENT ET LA JOUISSANCE

Ce qui spécifie l'inconscient, c'est qu'il « donne une autre forme ». C'est une fabrique infatigable de nouvelles formes. Tout psychanalyste et tout analysant après Freud peuvent en constater l'efflorescence dans le rêve. Ils peuvent aussi constater que cette production de formes qu'est l'inconscient ne s'embarrasse d'aucune contingence ou d'aucune nécessité relatives aux données empiriques, sensibles du rêveur : l'inconscient ne pense pas, ne calcule pas, ne juge absolument pas.

À partir de cette constatation (les nouvelles formes remplacent la prise en considération des données sensibles de la vie courante), il est possible de concevoir l'inconscient de deux façons diamétralement opposées selon le statut que l'on donnera à ces nouvelles formes. Soit elles sont supposées issues d'une machine purement mécanique, déréglée, sans aucune loi ; les nouvelles formes purement aléatoires n'ont alors aucun sens, même si elles sont parfaitement déterminées par cette folle machine à transformer dans un monde purement empirique en relation directe et simple avec notre sensibilité. Soit l'inconscient en tant qu'il produit de nouvelles formes répond à un *principe* situé en dehors du monde purement empirique, en dehors de notre sensibilité, en dehors des lois déterministes de la nature. L'inconscient peut être ici proprement créateur non sans supposer la liberté inhérente à l'inconscient et à sa création : c'est à partir d'un principe x *non empirique*, qu'il fait apparaître de nouvelles formes. Nous ne pourrons jamais prouver la validité de cette deuxième conception, puisque notre connaissance et notre science se limitent au monde empirique accessible à notre sensibilité. Nous ne pourrons jamais non plus la réfuter pour la même raison.

Le scientisme – qui prétend tout expliquer par la science (et par les seules données sensibles) – exclut de fait la deuxième conception des nouvelles formes. Le scientisme est une croyance non scientifique, puisqu'elle est fondée sur une exclusion qui n'est en rien scientifique, c'est une foi absolue dans le monopole absolu de la science : tout sans exception pourrait s'expliquer en fonction de l'expérience sensible. De près ou de loin, tout serait science.

La psychanalyse – qui prétend agir effectivement avec l'inconscient – *doit* accepter la deuxième conception. Pour soutenir sa pratique qui consiste à agir avec l'inconscient, pour transformer ce qui paraissait bien déterminé dans les symptômes, la psychanalyse doit croire – c'est aussi une croyance – que cela est possible, autrement dit qu'une nouvelle forme peut être produite qui ne consiste pas en des variations dans le cadre d'un déterminisme absolu. Il doit être possible de partir de l'inconscient et de commencer une nouvelle expérience de vie.

Rien ne permet de prouver ou de réfuter la première conception (scientiste) de l'inconscient. Rien ne permet de prouver ou de réfuter la deuxième conception (psychanalytique) de l'inconscient. Ce ne sont que des croyances ou des fois appelées par une pratique. La première par une pratique de la science qui, à tort, s'imagine devoir *tout* expliquer (c'est une universalisation de la démarche scientifique) et exclure toutes les autres pratiques possibles pour pouvoir avancer. La deuxième par une pratique de la parole qui fait foi dans le pouvoir fondamentalement transformateur issu de l'inconscient et qui n'est sûrement *pas tout* (puisqu'elle reconnaît par ailleurs la pertinence des données sensibles et donc de la science).

La nouvelle forme produite par l'inconscient ne fonctionne pas essentiellement en tenant compte des données sensibles de l'expérience ; elle ne fonctionne donc pas par rapport à un gain de plaisir (escompté ou garanti) ni non plus par rapport à une utilité quelconque (prévue explicitement ou non)[427]. Ce double décalage (par rapport au plaisir et par rapport à l'utilité) correspond très précisément à ce que l'on appelle cou-

[427] Mieux que quiconque, Bataille a mis en évidence la nécessité d'un décalage radical par rapport à la notion d'utilité, pour toutes les questions essentielles concernant l'humain : « le débat est nécessairement faussé et (...) la question fondamentale est éludée » chaque fois qu'il « dépend de la valeur fondamentale du mot *utile* » (Bataille, *La part maudite*, précédé de *La notion de dépense*, Paris, Éd. de Minuit, 1967, p. 25).

ramment la « jouissance » toujours en décalage par rapport au plaisir (une douleur ou un plaisir ex-agéré, ex-alté, c'est-à-dire *hors* des normes du plaisir), toujours en décalage par rapport à une utilité quelconque (ça ne sert strictement à rien). C'est pourquoi nous devons dire que la spécificité de l'inconscient et du travail de la psychanalyse est à trouver *dans la jouissance.* Encore faut-il toujours à nouveau préciser ce qu'est la jouissance, différente du plaisir. Comme elle ne peut être comprise ni par des pensées bien arrêtées, ni par des jugements déterminant le statut des choses, ni par des calculs visant tel ou tel but précis, elle ne peut être explicitée que *comme principe.* Comment expliciter ce principe si nous ne pouvons pas nous appuyer sur tout ce qui nous est pourtant si familier ?

II. LE PRINCIPE DE JOUISSANCE ET LA DIMENSION ÉTHIQUE DE L'INCONSCIENT

Les principes théoriques apparaissent d'abord comme des énoncés contraignants des relations entre concepts. Les principes pratiques comme des propositions renfermant une détermination générale de la volonté. De part et d'autre, ils semblent indiquer le mode d'emploi, le mode d'emploi des concepts vs le mode d'emploi de la volonté : comment faut-il faire théoriquement ou pratiquement ? Ce mode d'emploi est généralement explicité par des opérations bien concrètes, inscriptibles dans l'expérience sensible. Avec un principe ordinaire, on peut faire le calcul, déduire des jugements bien précis sur ce qu'il faut faire et ne pas faire et produire des pensées bien arrêtées sur les procédures à effectuer.

On l'aura remarqué, le « principe de jouissance », qui vaut comme le principe fondamental de l'inconscient, non seulement ne correspond pas à ce schématisme des principes comme algorithme ou comme mode d'emploi, mais il s'y oppose radicalement : le travail de l'inconscient « ne pense, ne calcule, ne juge absolument pas, mais il se borne à ceci : donner une autre forme (*umformen*) ». La jouissance et l'inconscient ne correspondent à aucun mode d'emploi.

Nous devons dégager un principe, indépendant des conditions sensibles de l'expérience et irréductible à quelque algorithme, à quelque mode d'emploi que ce soit. Telle est le problème de l'inconscient.

La structure formelle du problème *de l'inconscient* chez Freud est identiquement la structure de l'éthique, plus précisément celle *de la raison pratique* chez Kant. C'est pourquoi nous devons dire que « le statut de l'inconscient (...) est éthique[428] ».

Comment se dirige le travail de l'inconscient s'il n'a pas le secours des pensées, des calculs et des jugements sur les choses empiriques concrètes ? Comment se dirige l'éthique ou la raison pratique si elle n'a pas le secours de ce qu'on peut savoir à partir de l'expérience sensible ?

Certes, on peut dire que la « matière » de l'inconscient, c'est la « jouissance », tandis que celle de la raison pratique kantienne, c'est la « loi morale ». Mais nous ne savons pas ce que sont ces matières de « jouissance » et de « loi morale », impossibles à définir à proprement parler. L'important est de bien entendre que la « jouissance » et la « loi morale » ne se trouvent et ne se laissent questionner essentiellement *que par leur forme*, par la structure et le fonctionnement de leur *principe*. « Jouissance » et « loi morale » peuvent apparaître comme deux matières différentes, mais elles ne valent essentiellement que par leur forme *qui est la même*. D'où l'importance fondamentale de la *raison pratique* pour mettre en place l'inconscient dans sa dimension essentiellement éthique. Du point de vue de la structure et du fonctionnement, la « jouissance » et la « loi morale » c'est la même chose. Dans la clinique (dans l'expérience empirique), on remarquera d'ailleurs l'intrication incessante entre la loi morale, la culpabilité, la jouissance... et les formations de l'inconscient en général. D'où le passage obligé par la lecture de la *raison pratique* de Kant (les *Fondements de la métaphysique des mœurs* et la *Critique de la raison pratique*).

Une lecture rigoureuse de la « jouissance » et de la « loi morale » est nécessairement ascétique, dépouillée, suprasensible, « dans la pureté du Non-Être ». Le chapitre consacré au « respect » introduit certes la nécessité de faire passer cette épure dans la sensibilité, mais il ne réalise ce passage que sous la forme d'un sentiment, du seul sentiment provoqué par la raison pure. Et une lecture rigoureuse de Kant (en tant que la loi morale est fondée en dehors de la sensibilité) reste sans aucun résultat tangible. Car le sujet de la loi morale n'est pas un individu humain, mais un point de pure raison, c'est-à-dire un point de fonctionnement du principe lui-même, dégagé de tout élément sensible.

428 Lacan, *Le séminaire, Livre XI, Les quatre concepts fondamentaux de la psychanalyse*, Paris, Seuil, 1973, p. 34.

Les exemples cités ne valent que comme exercices propédeutiques pour nous acheminer, par la réflexion, vers la pureté du principe. Il n'y a pas d'action uniment morale effective ni dans le passé, ni dans le présent, ni dans l'avenir.

Reste la forme dans toute sa sécheresse. Comment faire pour présenter la jouissance propre à l'inconscient ?

CHAPITRE 3

COMMENT PRÉSENTER LA JOUISSANCE PROPRE À L'INCONSCIENT ?

Lacan a invectivé ses auditeurs à *lire* la *Critique de la raison pratique*, pour y contrôler « si elle a bien l'effet » qu'il entend démontrer, à savoir son effet de « jouissance », non sans promettre à ses lecteurs « ce plaisir qui se communique de l'exploit[429] », car l'effet de jouissance semble bien ici s'égaler à l'effet de plaisir. Comment cette prime de plaisir est-elle possible à partir d'une telle épure ascétique ? Celle-ci est toujours *appel* à la sensibilité qui ne cesse d'insister et de faire retour. C'est l'expérience de lecture qui le prouve. Or, cette expérience conduit toujours d'abord à une *mauvaise* lecture de Kant. La première lecture de la raison pratique, la lecture classique suppose toujours qu'un sujet bien défini, un individu humain se trouve devant un choix quant à une action bien concrète à accomplir. Cet individu, dans sa solitude, pèserait le pour et le contre en fonction du Bien ou des biens qui pourraient en résulter (le pari de Pascal se situe précisément dans cette pesée), ce ne serait que par l'abstraction des biens d'ici-bas que pourrait apparaître la valeur du Bien suprême en même temps que l'universalité purement formelle de la loi.

La première lecture de la raison pratique par Lacan correspond précisément à cette lecture courante : c'est sa manière d'aborder la loi morale supposée kantienne. Dans cette lecture se mêlent tout à la fois le côté purement formel, mécaniquement formel de la loi morale et l'inscription du principe *dans l'expérience sensible.*

Le lecteur attentif du texte de Kant et du texte de Lacan ne peut manquer de remarquer comment les « erreurs » manifestes de Lacan dans l'interprétation de Kant l'amènent à rabattre la morale kantienne sur une morale stoïcienne moderne, où la vertu et le bonheur tendent à se confondre, où le nouménal et le phénoménal se mélangent. Mais

429 Lacan, « Kant avec Sade », *op. cit.*, p. 768.

le propos de Lacan ne se réduit nullement à ce mélange ou à cette confusion. La vraie question posée par la pureté toute virtuelle et toute nouménale de la loi morale kantienne, c'est de savoir comment nous pouvons y avoir accès, concrètement, dans l'expérience. C'est dans cette question que se jouent tout à la fois le propos de Lacan et le véritable effet (de « plaisir » ou de « jouissance » ?) obtenu par la lecture de la *Critique de la raison pratique*.

Comment un principe nouménal (celui de la loi morale ou celui de la jouissance) peut-il avoir de telles conséquences phénoménales ? C'est la question générale du passage du plan du principe à sa présentation sensible. Comment pourrait-on schématiser le principe ? Comment faire concrètement avec lui ?

I. RENDRE LA JOUISSANCE SENSIBLE DANS LE FANTASME

Comment « sensibiliser » au principe de jouissance ? Comment « schématiser » la jouissance ?

On l'a vu, chez Kant, le schématisme de la raison pratique est donné dans la « typique » : les lois morales doivent suivre le chemin des lois physiques en leur universalité. Mais cette schématisation reste toute théorique et abstraite. Nous prendre tout simplement pour le créateur en train d'inventer de nouvelles lois pour un monde nouveau semble nous mener tout droit à une position et à une jouissance paranoïaques.

Comment suivre le chemin concret de cette création propre à l'*inconscient* et non à un individu ? Une première étape consiste à constater que la lecture de l'épure morale se joue toujours dans le dérapage (la « déformation », l'*Entstellung* freudienne) vers une lecture « pathologique », la lecture courante et erronée de l'œuvre kantienne, dans laquelle Lacan s'est lui-même engagé. Non sans soutenir en même temps la correction de ce dérapage, par l'introduction de Sade.

Car Sade ne donne pas seulement une inscription de la loi morale dans la sensibilité, il nous livre aussi dans ces mises en scène une représentation fantasmatique contestant tous les points contestables de la lecture courante et erronée de Kant. L'individu, le sujet moral devenu victime dans l'expérience sadienne s'y trouve laminé, barré jusqu'à devenir un effet purement sensible. Le solipsisme du sujet purement moral est contrecarré par l'instrument concret du supplice ou par la voix de Sade (à la place du grand Autre). La problématique centrée sur les biens et le Bien suprême est éclipsée par l'incarnation du Mal dans les mises en scène sadiennes. L'universalité purement formelle et analytique de la loi morale, dont dépendrait la loi morale, fait place à la jouissance proclamée d'un droit naturel s'inscrivant avant tout dans la sensibilité.

Quel est le bénéfice de cette introduction du pavé sadien dans la mare de la loi morale kantienne ? La loi kantienne est mise à la question, non pas abstraitement, mais dans le contre-pied et contre-sens qui consiste à la saisir comme engagée dans la chair, compromise dans la sensibilité. Par le feu étincelant des scènes sadiennes répondant à la pureté de la loi kantienne, Lacan a introduit la dimension du fantasme : la pure loi morale kantienne nouménale se prolonge et s'explicite dans le fantasme et sa dimension phénoménale.

Mais il ne s'agit pas d'une simple substitution loi morale/fantasme. Car le fantasme *fait* quelque chose : il comporte une dimension proprement éthique (celle de l'inconscient) explicitée et articulée dans sa structure avec les quatre termes de la mise en question du sujet (schéma 1). Car il faut remettre en question ce sujet monobloc tel qu'il se présente dans la conception ordinaire du sujet en général et dans la lecture commune et vulgaire de la morale kantienne en particulier (ce sujet monobloc qui risque de filer vers une position paranoïaque). Dès que l'on parle de sujet dans la dimension de l'inconscient et de l'éthique qui lui est liée, il faudra toujours déjà distinguer les différentes positions représentées par l'une et l'autre des personnes en jeu (le bourreau et la victime, l'objet et le sujet), mais encore pour chacune d'elles leur mouvement, leur devenir et leur remise en question. Nous l'avons vu, le fantasme ne se réduit pas à unir un sujet barré à un objet *a*. Le poinçon qui les unit cache le mouvement complexe de la structure qui part d'un objet *a* dans la position du grand Autre pour produire et s'imaginer une volonté (V). Laquelle s'attaque à ce qu'elle a en face d'elle, à savoir le sujet-individu pour le barrer (Sujet barré) et pour produire un effet de sujet pathologique (S).

Le fantasme reprend ainsi tous les termes de la morale commune et vulgaire, qui ne sont que des erreurs de lecture de la pureté de la loi morale et de la jouissance (le sujet-individu, le Bien, l'exemplaire, l'universalité analytique) ; mais il les reprend pour les bousculer fondamentalement et les renverser (le sujet barré à la place du sujet, le Réel à la place du bien, le principe à la place de l'exemplaire, l'universalité synthétique à la place de l'analytique).

Ce n'est que dans ce mouvement de mauvaise lecture et de sa correction dans le jeu du fantasme que la Loi morale kantienne et le principe de jouissance peuvent commencer à se dire sensiblement. La « typique » ne consiste donc plus à s'imaginer imiter le créateur des lois du monde ; elle consiste dans le mouvement qui accepte de se tromper (mauvaise lecture) dans la présentation de la jouissance pour se laisser corriger dans la dynamique du fantasme.

II. LE CONFLIT INHÉRENT À LA JOUISSANCE DE L'INCONSCIENT

Comme on l'a vu, après la mise en évidence de la structure du fantasme, Lacan est revenu à Kant, plus précisément à sa lecture (lecture courante) de Kant pour s'y confronter dans un combat de géants. Mais quels sont ces géants ? Kant et Lacan ? Non pas. Toutes les pages consacrées au combat, présenté tantôt comme une partie d'échec, tantôt comme un match en deux mi-temps, ne cessent en fait de traiter de l'opposition – et du combat – entre le « désir » et la « loi ». Ces termes restent entre guillemets parce qu'ils ne peuvent être définis comme tels. Le désir débridé sadien et la loi kantienne, pourrait-on s'imaginer ? Avec Lacan, en position d'arbitre ? Non pas. Car le désir ne saurait se comprendre comme étant sans la loi (malgré l'effort incessant de Sade pour tout ramener à la Nature) et la loi ici convoquée n'est pas kantienne, c'est la loi morale de la mauvaise lecture de Kant, qui s'oppose au désir. Quant à Lacan, loin d'apaiser le conflit, il l'attise et le provoque. Sa victoire, c'est d'avoir pu attiser et articuler l'opposition du désir et de la loi, autrement la dialectique du désir. Cette articulation n'est pas quelconque : il ne s'agit pas d'imaginer l'une puis l'autre des pièces qui la composeraient pour ensuite les assembler. Le « désir » n'existe pas indépendamment de la « loi ». Et inversement. Il s'agit de deux faces de la même surface, deux faces qui ignorent superbement ce qu'elles ont dans le dos et qui pourtant les constitue.

Le combat de géants que Lacan introduit dans sa lecture de Kant c'est le conflit inhérent au désir, au désir qui comporte toujours ces deux faces de désir et de loi. Ce sont les géants du *conflit* inhérent au désir.

Mais ces géants en eux-mêmes ne sont que des tigres en papier qui tirent toute leur consistance du combat, du conflit. Dans sa polémique contre la lecture de Kant qu'il vient d'effectuer, Lacan met ainsi en scène non pas son combat personnel avec Kant, mais le conflit comme conflit. Il se situe là dans la ligne même de Freud qui n'a cessé de soutenir le fondement conflictuel de la réalité psychique (dualité des pulsions sexuelles et d'autoconservation, puis dualité des pulsions de vie et des pulsions de mort), mais aussi dans la ligne même de Kant où le « devoir », constitutif du factum moral, dépend du conflit entre la faculté de désirer supérieure et la faculté de désirer inférieure.

Refoulement de la loi par le désir, refoulement du désir par la loi. La loi c'est le désir refoulé (ou la faculté de désirer supérieure) et le désir c'est la loi refoulée (ou la faculté de désirer inférieure). Cette structure du désir et de la loi écarte l'hypothèse d'un désir non refoulé, mais aussi l'hypothèse d'une loi non refoulée. Le désir et la loi sont ensemble constitués par l'opposition de ces deux forces que n'existent elles-mêmes que par le jeu de leur opposition, que par le refoulement (plus précisément le mécanisme propre du refoulement originaire, le contre-investissement).

III. LA STRUCTURE DU REFOULEMENT

Kant ne pouvait bien sûr pas savoir que Freud allait découvrir le refoulement, le mécanisme de défense fondamental contre le savoir. Fondamentalement, Kant reconnaissait *trois* façons essentielles de tenir pour vrai : l'*opinion* (*meinen*) qui n'a pas d'argument suffisant (ni objectif, ni subjectif) pour ce qu'elle tient néanmoins pour vrai, la *foi* ou la *croyance* (*glauben*) qui se fonde uniquement sur des raisons subjectives sans avoir de preuves objectives (la loi morale relève de la foi) et le *savoir* (*wissen*) qui se fonde sur des raisons objectives, lesquelles, selon Kant, sont supposées entraîner automatiquement l'adhésion de n'importe quel être raisonnable[430]. Dans ce tableau, il manque manifestement un quatrième type de tenir pour vrai, celui qui se construit à l'encontre des raisons objectives pourtant évidentes, celui qui, subjectivement, n'aboutit pas à un savoir, celui du refoulement qui « n'en veut rien savoir » de ces raisons objectives.

[430] Kant, *Critique de la raison pure*, *op. cit.*, p. 1010 ; A290-291 ; B347-348.

À l'intérieur de la loi morale si rigoureusement dégagée par Kant et dans son combat contre lui, Lacan met en jeu précisément le refoulement que Kant ignorait. La loi ne veut rien savoir du désir (c'était déjà sous-jacent dans l'*Aufhebung* du savoir, condition nécessaire pour ouvrir le champ de la raison pratique selon Kant) ; mais aussi le désir ne veut rien savoir de la loi (c'était proclamé par Sade, comme la condition de toute son œuvre).

Cette topologique particulière, propre au refoulement inconnu de Kant, correspond cependant à une structure qu'il connaissait pourtant parfaitement. C'est l'opposition d'une force sensible à une contre-force sensible de même intensité, c'est la négation privative (*nihil privativum*)[431]. On retire d'un côté de ce qu'on donne de l'autre. On chauffe une surface d'un côté et on la refroidit de l'autre. Ou encore on pousse un véhicule avec une force dans un sens et avec une contre-force dans l'autre sens. Le résultat de ce genre d'opération double, faire et défaire, c'est rien, rien ne bouge. C'est une façon de fabriquer du rien (bien connue de l'obsessionnel, qui aime et hait en proportion égale, qui allume et éteint le gaz pour s'assurer... du rien). Pour qu'une telle opération de privation soit possible, il faut naturellement que force et contre-force se rencontrent en un même lieu, en un même point de rencontre et sur le même plan de la sensibilité.

Cependant, il n'est pas possible que la Loi morale kantienne (la pure, la vraie) dont le lieu est supposé *purement* nouménal s'oppose par ce système de privation aux principes technique et pragmatique (de plaisir) dont le lieu est supposé phénoménal. Ce n'est donc pas la Loi morale kantienne qui s'oppose au Désir, mais la loi morale courante (dégradation imaginaire de la Loi, replongée dans le sensible) qui s'oppose au désir courant (dégradation imaginaire du désir situé dans le sensible). Lacan déplace le problème du pur principe de la Loi morale kantienne avec l'introduction de Sade : les choses sensibles morales (tirées d'une mauvaise lecture de Kant) se trouvent contrées par des choses sensibles amorales de même intensité : Julliette est opposée à Justine, le sujet moral est opposé à son immoralité, le Mal s'oppose au Bien, etc. Les contre-forces convoquées par Sade sont supposées strictement égales et de sens contraire à la loi morale courante. C'est une fabrique de rien privatif : c'est le nettoyage complet de la loi morale courante.

431 *Ibid.*, p. 1376 ; A820 ; B840.

Cette opération sadienne de privation (propre au refoulement), conduisant à un rien privatif, suffit-elle pour expliquer le fonctionnement de l'inconscient et le principe de jouissance ?

IV. LE RETOURNEMENT

Malgré ce qui se joue objectivement sur une face (le désir ou la loi), le sujet adhère à la face opposée (la loi ou le désir). Et de plus – et c'est là le point crucial –, l'une face se prolonge dans l'autre. On l'a vu en partant de la loi morale (lecture courante et erronée de Kant) ; en prolongeant la logique de l'universalité formelle (première formule de l'impératif kantien), on découvre qu'elle dérive vers l'impératif lacano-sadien du désir de jouissance (« j'ai le droit de jouir de ton corps... »), où le devoir se prolonge en un droit. On devrait faire le mouvement inverse : en partant du désir de jouissance sadienne porté à son comble et en raison même de sa puissance de destruction de tout le monde phénoménologique, on découvrirait la nécessité de la loi morale. On aura reconnu le parcours sur une surface à deux faces qui s'avèrent être une seule et même face, c'est la bande de Mœbius.

L'intérêt de cette structure mœbienne du désir et de la loi mise en évidence par Lacan, en même temps que de l'impératif moral et de la culpabilité, en même temps que de la jouissance sous toutes ses formes, est *pratique* pour le psychanalyste, pratique au sens de la méthodologie dans la cure : à entendre ce retournement, on entrevoit déjà le principe de la jouissance et de l'inconscient dans toute sa radicalité (donner une nouvelle forme). Là où l'analyste entend le désir, il sait qu'il peut et doit se retourner en loi. Là où il entend la loi, il sait qu'elle peut et doit se retourner en désir. Ce retournement vaut comme une introduction à la jouissance où se dit l'inconscient concrètement. La disponibilité pour retourner la force en contre-force (les deux s'opposant dans le refoulement originaire) peut se présenter sous mille facettes dont on retiendra l'opposition amour-haine. Cependant, l'opposition désir-loi dans la jouissance, mise en lumière par Lacan, semble plus fondamentale ; car elle dévoile la raison même du refoulement, à savoir la question essentiellement pratique (au sens kantien du terme) : que dois-je faire ? Faire en fonction des choses visibles, empiriques, sensibles, phénoménales (principe technique et pragmatique) ? Ou faire en fonction d'une création possible ? Faire en fonction des pensées, des calculs et des jugements ? Ou faire en fonction d'une nouvelle forme ? Le dilemme de la pratique s'enracine dans l'inconscient. Avec ces questions, l'inconscient se donne comme fondamentalement éthique. C'est dans le retournement d'une face à l'autre, autrement dit dans le parcours de la bande de Mœbius du désir et de la loi, que la psychanalyse se dirige en sa pratique. Le psychanalyste fait bien d'avoir non seulement médité sur la raison pratique de Kant (le principe de la *Critique de la raison pratique*), mais aussi sur le conflit inhérent au refoulement au cœur de la même raison pratique (le conflit inhérent à l'objet *a* vocal, dans *Kant avec Sade*), car c'est par le principe et l'objet *a* vocal que la jouissance de l'inconscient peut se penser justement.

L'opposition binaire de l'argumentation sadienne (Bien/Mal, etc.) peut bien servir d'introduction à la structure du refoulement. En sa statique, elle est complètement insuffisante et peut tout aussi bien servir d'obstacle à la dynamique du refoulement. Chez Sade, qui manque absolument de sens du comique, il n'y a place pour aucun retournement : « on est toujours du même côté, le bon ou le mauvais[432] ». Il en va tout autrement chez Freud. Lacan ne manque pas d'insister sur le fait que le principe de plaisir chez Freud, c'est « *son* principe de plaisir ». Certes, le plaisir s'oppose au déplaisir, apparemment comme les deux faces distinctes d'une surface bilatère ; tout semblerait pouvoir à première vue correspondre à l'opposition binaire de l'argumentation sadienne[433]. Il n'en est rien, car le traitement du déplaisir – dans l'histoire du symptôme aussi bien que dans son traitement par le psychanalyse – ne consiste pas à contrer simplement ce déplaisir par un plaisir opposé et d'égale intensité. Le fonctionnement de l'inconscient implique au contraire de donner une autre forme et nous en trouvons déjà une première apparition dans le retournement propre à la surface mœbienne. Dans cette pratique de transformation, le déplaisir se trouve déplacé vers une autre forme de déplaisir, vers un déplaisir voisin. Le déplacement (qui pourrait aussi traduire l'*Entstellung*) conduit ainsi à se retrouver sur ce qui apparaissait comme « l'autre » face, à se retrouver dans le plaisir qui est fondamentalement en continuité avec le déplaisir. Chez Sade, il n'y a aucune place pour le retournement, chez Freud, il n'y a place que pour le retournement (à partir de l'inconscient qui donne une autre forme). Le principe de plaisir *de Freud* est toujours d'abord un principe *de déplaisir*. Plaisir ou déplaisir ? La ques-

432 Lacan, « Kant avec Sade », *op. cit.*, p. 787.

433 Lacan a précisé d'emblée : « Que l'œuvre de Sade anticipe Freud (...) est une sottise » (Lacan, « Kant avec Sade », *op. cit.*, p. 765)

tion n'est pas tellement celle d'une bouteille à moitié vide ou à moitié pleine. C'est une bouteille de Klein, dont « l'intérieur » est en continuité avec « l'extérieur », autrement dit ce qui apparaît comme déplaisir se retourne en ce qui apparaît comme plaisir et réciproquement. C'est un renversement des valeurs continu qui s'opère (alors que chez Sade, le statut des valeurs s'est figé une fois pour toutes dans une rigidité éternelle). Aussi le refoulement originaire qui consiste en l'opposition d'une force et d'une contre-force (contre-investissement) est-il toujours articulé dans son devenir avec son déplacement, avec sa dérive, dans le refoulement proprement dit et dans le retour du refoulé.

CHAPITRE 4

IL FAUT LE FAIRE. LA PRATIQUE DE L'INCONSCIENT

Il n'y a aucune bande de Mœbius donnée dans l'expérience du psychisme. *Il faut la faire*. Ce qui veut dire qu'il faut faire le refoulement et non le constater passivement. On insiste ici trop facilement sur la fabrication d'une bande avec du papier et de la colle (ou en n'importe quelle autre matière) et l'on fabrique aisément une telle bande empirique jusqu'à en faire un objet d'art. Mais cette bande ainsi matérialisée dans la réalité n'a pas grand-chose à voir avec la question du psychisme et de l'inconscient, sinon comme métaphorisation du *il faut le faire* pratique (relevant de l'éthique de l'inconscient et donc du principe de jouissance) par un *il faut le faire* purement artisanal (relevant de principes purement techniques). Avec cette métaphore, la trace du principe de la loi morale et de la jouissance en jeu dans l'inconscient risque bien de se perdre dans la technicité topologique.

I. LE FANTASME NE PEUT SUFFIRE À PRÉSENTER LE PRINCIPE DE JOUISSANCE

C'est le fantasme qui soutient le désir et l'éthique de l'inconscient. En mettant à profit sa lecture de Sade pour mettre en évidence la structure du fantasme, Lacan n'a pas simplement fixé le désir dans le fantasme (S barré poinçon de petit a) ; il a aussi mis en évidence le fonctionnement de relance inhérent au fantasme, tel qu'il est développé dans la quadrature du schéma 1, empruntée au schéma L, au schéma de la mise en question du sujet. Avec ce schéma 1, nous n'avons pas simplement la fixation du désir dans le fantasme, mais aussi le mouvement du fantasme qui représente déjà l'éthique de l'inconscient. De plus, nous pouvons tordre le schéma du fantasme de telle sorte qu'en formant une bande de Mœbius[434], il représente en même temps le retournement continuel du refoulement.

[434] Cf. « D'une question préliminaire à tout traitement possible de la psychose », *op. cit.*, p. 553-554,

Tout est ainsi représenté et Sade lui-même semble se plier et se déplier fidèlement selon les chemins dévoilés par Lacan : le grand Autre est là, l'objet *a* est à sa place, le sujet est remis en question. Le tout est animé par le désir préalable. Le point d'animation est représenté dans le schéma par la forme *vocale* de l'objet *a*, située à la place du grand Autre (la voix du tourmenteur dans le schéma 1 et la voix de Sade dans le schéma 2 commandent toute l'affaire). Bref, tout semble être représenté dans le fantasme.

Nous avons bien, avec la topologie du fantasme, une *représentation* complète de l'articulation du désir ; mais nous n'en avons aucune *présentation* effective (qui comporte le *faire*). Tout est *re*présenté et reste dans l'imagination de l'expérience sensible. La pratique est imaginée (forcément dans la technique), mais le principe de son fonctionnement est complètement effacé dans cette épure d'imagination. Et Sade reste absolument imperméable à tout retournement et que ses personnages restent figés dans leur rôle.

Pourquoi ? La réponse est sans doute à trouver à l'origine du mouvement fantasmatique, à savoir dans la voix et dans la manière dont elle est appréhendée. La voix (du tourmenteur aussi bien que de Sade) y est toujours présentée comme une réalité *empirique* et elle se répète indéfiniment égale à elle-même. Lacan avait pointé la place spécifique de la *voix* (quatrième forme de l'objet *a*) à la place de l'Autre pour soutenir le fonctionnement du désir. Mais la voix réduite à expérience sensible ne saurait suffire. L'expérience de la voix, les vocalises et autres cordes *sensibles* (y compris la voix du tourmenteur) ne correspondent pas directement à la fonction propre de la quatrième forme de l'objet *a*, qui est justement de contredire les conditions mêmes de toute expérience sensible. Autrement dit, la voix est *représentée* (*sensiblement*) à l'opposé de ce qu'elle devrait *présenter* : le trou radical dans le champ du sensible.

II. LA VOIX N'EST PAS UN *STATU QUO*

L'éthique de l'inconscient – qui donne une autre forme – s'appuie sur la mise à l'écart et l'effacement radical de toute expérience sensible, sur laquelle s'appuient les pensées, les calculs et les jugements. Le fonctionnement et l'éthique de l'inconscient s'appuient tout autrement, à savoir sur la quatrième forme de l'objet *a*, ladite « voix » entendue comme *nihil negativum*.

La question est donc maintenant de savoir comment *présenter* cette quatrième forme, cette « voix », de telle sorte qu'elle n'apparaisse pas comme un phénomène (auditif), mais comme un rien et, qui plus est, un rien hors de toute expérience sensible donnée. Il s'agit de concevoir, de fabriquer, de mettre en place un rien, qui ne soit pas repris dans la série des phénomènes, des choses visibles ou audibles et de tout ce qui fait notre sensibilité. Nous avons déjà construit un rien, le rien privatif, *nihil privativum*, qui s'obtient en opposant deux forces de même intensité et de sens contraires (le chaud/le froid, l'amour/la haine, etc.). C'est la statique du refoulement originaire (la « fixation ») et la constitution de la surface bilatère comme lieu d'opposition des investissements (des forces) et des contre-investissements (des contre-forces).

Tout au long de notre interrogation sur le principe fondamental de l'inconscient, nous avons rencontré une série d'oppositions qui répondent à la structure du rien privatif : le mal opposé au bien, le déplaisir opposé au plaisir, la loi opposée au désir. De part et d'autre, il s'agit toujours de choses sensibles, empiriques, expérimentables, même si elles sont généralisables : le mal est partout, le bien est partout, le déplaisir est partout, le plaisir est partout, la loi est partout, le désir est partout. C'est bien pourquoi les six termes peuvent valoir comme des principes généraux de la *sensibilité* applicable à toute action humaine en général.

Ces trois oppositions convoquées dans le texte de Lacan peuvent-elles servir à introduire la question de la voix, quatrième forme de l'objet *a* ? Le principe général du mal chez Sade est opposé au principe général du bien attribué à Kant pour introduire la voix du tourmenteur occupant la place du grand Autre dans le schéma 1. Le principe du déplaisir est opposé au principe de plaisir chez Freud pour introduire la pulsion de mort et la voix qui retentit dans l'entre-deux-morts. Le principe de la loi morale courante est opposé au désir dans le combat que Lacan mène contre Kant pour introduire la fonction de la voix dans la dialectique du désir.

Mais en opposant un froid à un chaud ou une poussée à une autre poussée de même intensité, on obtient un rien privatif, c'est-à-dire un *statu quo* et aucunement le rien radical. En opposant le mal sensible (qui est général) au bien sensible (qui est général), on pourrait penser qu'on obtient un rien radical ou général, où tout le sensible (du côté du bien) a été annulé par tout le sensible (du côté du mal). Mais cette façon de construire un rien par opposition n'a pas fabriqué le *nihil negativum*, car le « bien » et le « mal » ne sont convoqués que comme *principes sensibles* de perception du monde (optimiste et pessimiste). Le « bien » et le « mal », malgré leur face-à-face neutralisant, restent des choses sensibles. Il en va de même pour l'opposition du plaisir et du déplaisir et pour l'opposition du désir et de la loi. Chaque fois, nous arrivons à un *statu quo*, à un pat ou un arrêt où se montre la structure du refoulement comme opposant une force à une contre-force ; chaque fois, cette forme de rien n'évacue absolument pas le sensible, elle ne contredit pas les conditions générales de l'expérience sensible. Malgré la généralité d'un sensible opposée à la généralité du sensible d'un autre principe, elle n'est pas la quatrième forme de l'objet *a*. Elle n'est qu'un rien privatif parfaitement sensible.

Avec ces oppositions, nous n'avons pas encore accès à la voix, à ce qui contredit les conditions mêmes de toute expérience sensible et ouvre ainsi un véritable « faire », le faire de l'inconscient. Pour caractériser le travail de l'inconscient, il est donc tout à fait insuffisant de dire qu'il ne pense ni à bien ni à mal, qu'il ne calcule ni le plaisir ni le déplaisir et qu'il ne juge absolument pas du désir et de la loi. La question reste : selon quel principe peut-il donc donner une autre forme ? C'est un principe « synthétique » en tant qu'il *doit faire* quelque chose (la synthèse relève de la raison pure *pratique*).

III. CE QUE L'INCONSCIENT NE FAIT PAS. L'OUVERTURE DE TROIS CHAMPS DE JOUISSANCE

Chacune des oppositions (bien/mal, plaisir/déplaisir, désir/loi), poussée à sa limite, opère une exclusion (on paralyse ou on exclut le champ du bien et du mal, on paralyse ou on exclut le champ du plaisir et déplaisir, on paralyse ou on exclut le champ de la loi et du désir). Reste chaque fois un champ qui n'a pas été exclu et qui peut servir pour la Jouissance.

Si le travail de l'inconscient *ne pense ni à bien ni à mal*, il exclut l'Imaginaire lié à cette polarité bien/mal. Il lui reste l'articulation possible du réel et du symbolique. La Jouissance peut alors *apparaître* comme *phallique* (où la pensée défaille). Cet aspect de la Jouissance, en tant qu'elle tente d'exclure l'imaginaire, c'est la « *jouissance phallique* ».

Si le travail de l'inconscient *ne calcule ni le plaisir ni le déplaisir*, il exclut le Symbolique qui calcule les moyens de trouver le plaisir et d'éviter le déplaisir. Il lui reste l'articulation possible de l'imaginaire et du réel. La Jouissance peut alors *apparaître* comme *Autre* (où le calcul n'a pas de prise). Cet aspect de la Jouissance, en tant qu'elle tente d'exclure le symbolique, c'est « la *jouissance Autre* » et « la *jouissance de l'Autre* ».

Si le travail de l'inconscient *ne juge absolument pas* du désir et de la loi (commune et vulgaire), il exclut le Réel qui jugerait de ce désir et cette loi. Il lui reste l'articulation du symbolique et de l'imaginaire. La Jouissance peut alors *apparaître* comme *jouissance du sens* (où le jugement n'a pas lieu d'être). Cet aspect de la Jouissance, en tant qu'elle tente d'exclure le réel, c'est le « *joui-sens* ».

Chacune de ces choses exclues (l'imaginaire de la pensée, le symbolique du calcul et le réel du jugement) fonctionne cependant sur un principe spécifique. Le jugement répond à un principe technique. Le calcul répond à un principe pragmatique. Reste la pensée, qui en fonction de la question du bien et du mal, répond à un principe moral. Ce principe moral dont dépend la pensée n'est que le principe moral commun, qui s'adapte à ce qu'il convient de penser du bien et du mal pour penser correctement, c'est-à-dire en suivant la tendance générale. Nous avons bien trois sortes de principes d'action : principe technique, principe pragmatique et principe de morale courante. Et le principe de jouissance se définit comme n'étant réductible à aucun de ces trois, comme un quatrième principe qui, lui, ne suit aucune des voies sensibles, un principe de création inouïe qui « ne pense pas, ne calcule pas, ne juge absolument pas ».

C'est parce qu'elle nie l'imaginaire de la pensée, que la Jouissance (le « principe de jouissance ») peut apparaître comme le négatif du principe moral commun, autrement dit comme jouissance phallique.

C'est parce qu'elle nie le symbolique du calcul, que la Jouissance (le « principe de jouissance ») peut apparaître comme le négatif du principe de plaisir, autrement dit comme jouissance Autre ou jouissance de l'Autre.

C'est parce qu'elle nie le réel du jugement, que la Jouissance (le « principe de jouissance ») peut apparaître comme le négatif du principe technique, autrement dit comme jouissance du sens ou jouï-sens.

Il serait tentant de penser que le principe de fonctionnement de l'inconscient (le « principe de jouissance ») devrait synthétiser l'ensemble et s'organiser tout simplement avec les *trois* dimensions R S I. Le quatrième principe serait ainsi représenté par l'objet *a* de Lacan au centre des trois dimensions.

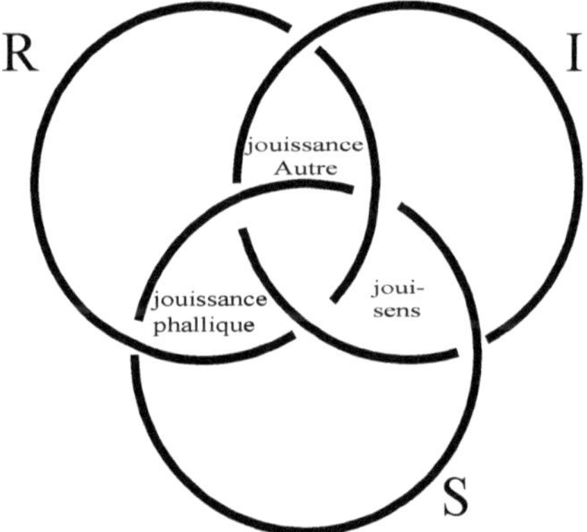

C'est précisément ce que l'inconscient ne fait pas : il n'est pas l'objet *a* qui dominerait la structure en son centre, il n'est pas le super-penseur-calculateur-et-juge. Il « ne pense pas, ne calcule pas, ne juge absolument pas ».

Il faut penser la « synthèse » « autrement », c'est-à-dire sans présupposer la structure borroméenne comme une donnée. Cette synthèse correspond à un pur faire à partir de rien.

IV. CE QUE FAIT L'INCONSCIENT : LA SYNTHÈSE D'UNE AUTRE FORME

Les différentes lois sont plus ou moins connues (« nul n'est censé ignorer la loi »). *En deçà* de ces lois (et donc en deçà des données sensibles de l'expérience) s'impose une culpabilité fondamentale *indépendante des lois connues et des actes commis.* Cette culpabilité est présente chez chacun et la Loi, le *Faktum* dont parle Kant, n'en est que la présentation inversée. C'est en fonction de cette Loi (et de la culpabilité qui lui est liée) que toutes les lois peuvent être remises en question. La présence de cette Loi et de cette culpabilité implique cependant un point de liberté absolue par rapport au cours inexorable et déterministe du monde sensible. Nous sommes obligés en fonction de notre expérience de culpabilité de supposer que nous pourrions faire autrement, « donner une autre forme », à ce monde qui paraît par ailleurs complètement déterminé.

Nous parlons de « liberté », mais nous n'en savons strictement rien, sinon qu'elle se déduit nécessairement de l'expérience de notre devoir faire, de notre culpabilité : nous aurions dû faire autrement et nous pouvons faire autrement ; une autre forme peut être donnée à partir de ce qui nous échappe, à partir de ce que nous ne savons pas, à partir de l'inconscient. Au lieu de « liberté », nous pouvons dire « la Chose », la jouissance, l'autonomie, voire même la faute et la convoitise. Toutes les connotations impliquées dans ces noms sont secondaires par rapport au *processus* par lequel ces choses (la « liberté ») nous arrivent. « Je n'ai eu connaissance de la Chose que par la Loi. En effet, je n'aurais pas eu l'idée de la convoiter si la Loi n'avait pas dit *Tu ne la convoiteras pas* »[435]. « Que dirons-nous donc ? Que la Tora est faute ? Certes non ! Mais je n'ai connu la faute que par la Tora. Je ne connaîtrais pas la convoitise, si la Tora n'avait dit : "Tu ne convoiteras pas" »[436]. C'est le même raisonnement que Kant opère à propos de la loi morale et de la liberté (il est illustré dans les deux apologues cités). C'est à partir de la connaissance de la loi morale que nous pouvons connaître la liberté (Kant), l'objet convoité (Saint Paul). C'est à partir du Surmoi, de la culpabilité ou de l'angoisse que nous pouvons connaître la Chose et le Réel (Lacan) en dehors des conditions de l'expérience, avec la voix.

Nous pouvons bien définir la voix, comme ce qui contredit les conditions de l'expérience sensible ; mais nous ne pouvons rien en savoir puisque tout savoir dépend des conditions de l'expérience sensible. La voix, la quatrième forme de l'objet *a*, surgissant dans les phénomènes n'est *rien d'autre* qu'un trou radical dans le monde phénoménal : en ba-

---

435 Lacan, *L'Éthique de la psychanalyse*, *op. cit.*, p. 101.

436 « Épitre aux Romains », 7-7 dans *La Bible*, trad. Chouraqui, Genève, Desclée de Brouwer, 2003, p. 2196.

layant tout ce qui se rapporte au phénomène, elle ouvre le champ de la liberté de commencer une nouvelle série causale, de donner une autre forme. La présence de la Loi morale et de la culpabilité (le Surmoi) est ainsi la porte d'entrée obligée pour prendre connaissance de la liberté créatrice inhérente à l'inconscient.

Il ne faut jamais « déculpabiliser » le « sujet ». Ce n'est là qu'un mécanisme de défense qui barre l'accès au principe de jouissance, à la liberté et à la création propres à l'inconscient.

CONCLUSION

Le principe de jouissance et l'objet *a*

Le *principe* de jouissance, qui n'est autre que le fonctionnement propre de l'inconscient, nous échapperait complètement s'il n'y avait cette expérience unique – et pourtant commune à chaque être humain – du *Faktum* de la Loi morale et surtout de son envers la *culpabilité* (y compris l'angoisse comme culpabilité inconsciente).

Peut-on rendre sensible ce *principe*, qui commande le fonctionnement aussi bien de l'inconscient que de la pratique psychanalytique proprement dite ? Il ne suffit pas de constater et d'examiner la Loi morale, la culpabilité et l'angoisse et d'en fournir une description clinique. Ce faisant, nous prenons certes en compte les faits, les résultats de l'inconscient, mais son « faire » et son éthique propre restent complètement ignorés ; nous demeurons ainsi dans la position de celui qui constate la pomme tombée au pied de son arbre, sans en saisir le *principe* (le principe de l'attraction universelle). L'ignorance du principe n'empêche pas la pomme de tomber.

Il n'en va pas de même dans le champ de la psychanalyse, fondé sur l'éthique de l'inconscient. L'ignorance du principe de jouissance entraîne la pratique du côté de la recherche du plaisir, sans plus.

La place du psychanalyste se précise justement par rapport au fonctionnement de l'inconscient, c'est-à-dire par rapport au principe de jouissance. Comment l'incarner ? Comment rendre sensible le principe comme principe ?

La lecture lacanienne semble incarner le *principe* de la jouissance (loi morale et culpabilité) dans la représentation du *fantasme*, lequel s'origine dans l'*objet a*. Nous aurions la dérive qui part du *principe* (du côté de Kant) pour aller au *fantasme* (déniché du côté de Sade) et terminer avec l'*objet a* (du côté de Lacan). En bref, l'*objet a* de Lacan remplacerait avantageusement (c'est-à-dire dans l'expérience sensible) le *principe de Kant.*

Cette substitution (du principe qui fait place à l'objet *a*) ne trouve son sens qu'à la condition de questionner l'objet *a*, qui est lui-même une question. Comment comprendre l'objet *a* que doit incarner l'analyste à la place de semblant dans le discours psychanalytique pour laisser fonctionner le principe de jouissance propre à l'inconscient... et au discours psychanalytique ?

Est-ce quelque chose ou est-ce rien ? Cette question, qui fait l'essence de l'objet *a*, peut prendre quatre formes, correspondant aux quatre formes dudit « objet » (ou du rien). Elle correspond en même temps à quatre types de principes.

L'objet peut être ce qui pourrait donner pleine satisfaction (le sein ou le paradis, garants d'un plaisir infini). *Le calcul du plaisir et du déplaisir se fait bien en fonction de cet objet oral.* Est-il quelque chose ou n'est-il rien ? Quelque chose en fonction de la fiction d'une satisfaction. Rien en fonction de sa réalisation. Le *principe* de fonctionnement de cet objet *a* est essentiellement *pragmatique* : il s'agit d'évaluer les chances de plaisir et de satisfaction et de donner ou de se donner des *conseils* en conséquence.

L'objet peut être ce qui se construit par apposition des opposés (les fèces cadeau-et-déchet, le désir-et-loi, l'amour-et-haine). Le jugement du désir et de la loi se fait en fonction de cet objet *anal*. Est-il quelque chose ou n'est-il rien ? Quelque chose en fonction tant du désir que de la loi. Rien en fonction du refoulement et de la paralysie de l'un par l'autre. Le *principe* de fonctionnement de cette forme d'objet *a* est essentiellement *moral* : il s'agit d'apprendre comment il faut « faire », apprentissage de la propreté aussi bien que de l'appropriation. Il s'agit de recevoir et de se donner des *lois* en conséquence.

L'objet peut être le cadre général, les conditions spatio-temporelles de toute expérience sensible (le champ scopique, la cartographie des différentes fonctions psychiques exposées par exemple dans le fantasme par le biais des scènes sadiennes). La pensée du bien et du mal se joue en fonction de cet objet *scopique*, champ plutôt qu'objet à proprement parler. Est-il quelque chose ou n'est-il rien ? Quelque chose en fonction de toutes les expériences sensibles qui s'y inscrivent. Rien en fonction de ce qu'il n'est en lui-même rien d'autre qu'un champ parfaitement vide. Le principe de fonctionnement de cet objet *a* est essentiellement *technique* : il permet de s'y retrouver dans le champ de l'expérience pour discerner les *règles* adéquates pour atteindre le but donné.

Chaque principe et chaque forme d'objet *a* se précisent par ce dont ils se privent et ce qu'il leur reste pour fonctionner.

Le principe pragmatique (plaisir/déplaisir) et l'*objet oral* ne s'embarrassent pas du symbolique : il leur reste le fonctionnement du réel et de l'imaginaire. Le Jouissance se présente comme la *jouissance de l'Autre*. C'est l'Autre qui me donnera l'objet sans que je ne doive le demander dans le symbolique.

Le principe moral (désir/loi) et *l'objet anal* ne s'embarrassent pas du réel (et de la réalité) : il leur reste le fonctionnement du symbolique et de l'imaginaire, autrement dit la recherche du sens. La Jouissance se présente comme le *joui-sens*. C'est le sens qui me donnera l'objet sans que je doive tenir compte de la réalité du Réel.

Le principe technique (bon/mauvais) et l'*objet scopique* ne s'embarrassent pas de l'imaginaire, de la qualité particulière des objets sensibles qui viendraient s'inscrire dans le champ scopique : il leur reste le fonctionnement du réel et du symbolique. La Jouissance se présente comme la *jouissance phallique*. C'est le phallique comme fonction de relance qui me donnera l'objet sans que je doive m'appuyer sur aucune image (*hypotheses non fingo*).

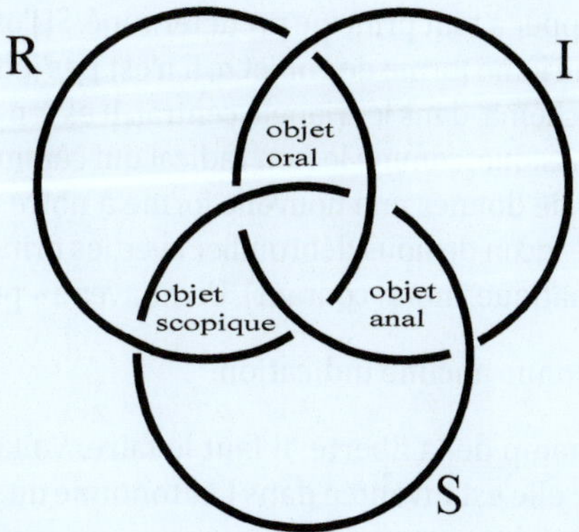

Mais aucun de ces trois principes et aucune de ces formes de l'objet *a* ne suffisent à rendre compte de la Loi morale, de *l'autre forme* donnée par l'inconscient, de la culpabilité fondamentale (qui subsiste alors même que la morale courante est observée avec le plus grand soin).

Malgré toute l'importance de la mise en scène du fantasme dans son rapport à l'objet scopique, ce n'est pas lui qui donne la vérité de la Loi morale kantienne. Ce n'est pas non plus l'objet anal de la morale courante, ni l'objet oral du plaisir. Si Lacan prétend que Sade donne la vérité de Kant, c'est bien parce qu'il veut y entendre déjà la *voix*, porteuse du *nihil negativum* ouvrant la création de la liberté, et non la représentation purement scopique du fantasme. Pour soutenir la fonction de ce *nihil negativum*, on peut certes partir de l'opposition du désir et de la loi, opposition de deux choses sensibles, qui n'aboutit cependant qu'à une morale courante, mauvaise lecture de Kant. Si donc, dans son combat avec Kant, Lacan met bien en évidence la structure du refoulement inhérente au désir, ce refoulement n'ouvre pas encore la voix ou le *nihil negativum.*

Pour saisir la vraie portée de la « voix » (en tant que ce qui contredit les conditions de l'expérience sensible et qui n'est donc pas représentable), il faut passer pour l'ouverture d'un *principe* qui ne correspond à *aucun* des trois autres principes communs de l'action. Le principe de jouissance ne trouve aucune ligne directrice, sinon la liberté de créer ou de donner une autre forme, liberté sous-jacente à la Loi fondamentale et à la culpabilité fondamentale, à un Surmoi qui n'a plus rien à faire avec la morale courante, un Surmoi qui dit « jouis », sans savoir ce que cela veut dire.

Le vrai principe de la moralité et de l'inconscient n'est pas un principe, sinon celui d'échapper à tout principe prédéterminé. Si l'on veut en rendre compte par la quatrième forme de l'objet *a*, il n'est pas judicieux de la placer au centre du schéma, dans le triangle central. Il est en dehors du schéma borroméen classique, comme le rien radical qui commande toujours à nouveau de créer, de donner une nouvelle forme à notre façon d'aborder la clinique, à notre façon de nous débrouiller avec les principes ordinaires (technique, pragmatique, moral courant). Un nouveau « principe ».

L'objet vocal ne donne aucune indication.

L'ouverture du champ de la liberté. Il faut le faire. Voilà la seule « synthèse » qui vaille ; elle est inventée dans l'autonomie du point de liberté de l'inconscient qui donne une autre forme.

BIBLIOGRAPHIE

Arjakovsky Philippe et France-Lanord Hadrien, notes de traduction dans Heidegger, *La dévastation et l'attente*, Paris, Gallimard, 2006.

Auffret Dominique, *Alexandre Kojève, la philosophie, l'État, la fin de l'Histoire*, Paris, Grasset, 1990.

Badiou Alain, *Le Séminaire, L'Un, Descartes, Platon, Kant 1983-1984*, Paris, Fayard, 2016.

Bataille Georges, *La part maudite*, précédé de *La notion de dépense*, Paris, Minuit, 1967.

La Bible, trad. Chouraqui André, Genève, Desclée de Brouwer, 2003.

Blanchot Maurice, *Lautréamont et Sade*, Paris, Minuit, 1963.

Derrida Jacques, *Séminaire La peine de mort, Volume* I (1999-2000), Paris, Galilée, 2012 et *Volume II (2000-2001)*, Paris, Galilée, 2015.

Descartes René, *Méditations métaphysiques*, Paris, PUF, « Quadrige », 2000.

Eisler Rudolf, *Kant-Lexikon*, Paris, Gallimard, « NRF », 1994.

Fierens Christian, *Lecture de l'Étourdit*, Paris, L'Harmattan, 2002.

Fierens Christian, *La relance du phallus*, Toulouse, Érès, 2005.

Fierens Christian, « Logique de la vérité et logique de l'errance chez Kant et chez Lacan », dans *The Issue with Kant*, Ljubljana, Filozofski vestnik, 2015. https://fi2.zrc-sazu.si/sites/default/files/fv_02_2015-web.pdf

Fierens Christian, *L'âme du narcissisme*, Toulouse, PUM, 2016.

Fierens Christian et Pierobon Frank, *Les pièges du réalisme*, Louvain-la-Neuve, EME, 2017.

Fierens Christian, *Lecture du sinthome*, Toulouse, Érès, 2018.

Freud Sigmund, « Projet d'une psychologie », dans *Lettres à Wilhelm Fliess 1887-1904*, Paris, PUF, 2006.

Freud Sigmund, *L'interprétation du rêve*, dans Œuvres complètes IV, Paris, PUF, 2003.

Freud Sigmund, « Pour introduire le narcissisme », dans *Œuvres complètes* XII, Paris, PUF, 2005.

Freud Sigmund, *Leçons d'introduction à la psychanalyse*, 1915-1917, dans Œuvres complètes XIV, Paris, PUF, 2000.

Freud Sigmund, « Le moi et le ça », dans *Œuvres complètes* XVI, Paris, PUF, 1991.

Freud Sigmund, « Le malaise dans la culture », dans *Œuvres complètes* XVIII, Paris, PUF, 1994.

Horkheimer Max et Adorno Theodor W., *La dialectique de la Raison, fragments philosophiques*, Paris, Gallimard, « TEL », 2004.

Grimal Pierre, *Dictionnaire de la mythologie grecque et romaine*, Paris, PUF, 1994.

Kant Emmanuel, *Critique de la raison pure*, Préface à la 2e édition, dans Œuvres philosophiques, Paris, Gallimard, « Bibliothèque de la Pléiade », T I, 1980.

Kant Emmanuel, *Fondements de la métaphysique des mœurs*, dans Œuvres philosophiques, t. II, Gallimard, « Bibliothèque de la Pléiade », 1985.

Kant Immanuel, *Grundlegung zur Metaphysik der Sitten*, in *Werkausgabe Band VII*, Frankfurt am Main, Suhrkamp Taschenbuch, 1974.

Kant Emmanuel, *Critique de la raison pratique*, dans Œuvres philosophiques, t. II, Gallimard, « Bibliothèque de la Pléiade », 1985.

Kant Immanuel, *Kritik der praktischen Vernunft*, in *Werkausgabe Band VII*, Frankfurt am Main, Suhrkam Taschenbuch, 1974.

Kant Emmanuel, *La religion et les limites de la simple raison* (1792) dans Œuvres philosophiques III, Paris, Gallimard, « Bibliothèque de la Pléiade », 1986.

Kant Emmanuel, *Critique de la faculté de juger*, dans Œuvres philosophiques, t. III, Paris, Gallimard, « Bibliothèque de la Pléiade », 1986.

Kant Emmanuel, *D'un prétendu droit de mentir par humanité*, dans Œuvres Philosophiques, t. III, Paris, Gallimard, « Bibliothèque de la Pléiade », 1986.

Klossowski Pierre, *Sade mon prochain* précédé de *Le philosophe scélérat*, Paris, Seuil, 1967.

Lacôte Christiane, « Jouissance », dans *Dictionnaire de la psychanalyse*, Roland Chemama (dir.), Paris, Larousse, 1993.

Lacan Jacques, « D'une question préliminaire à tout traitement de la psychose », dans *Écrits*, Paris, Seuil, 1966.

Lacan Jacques, « Kant avec Sade », dans *Écrits*, Paris, Seuil, 1966.

Lacan Jacques, « Subversion du sujet et dialectique du désir », dans *Écrits*, Paris, Seuil.

Lacan Jacques, « L'Étourdit », dans *Autre Écrits*, Paris, Seuil, 2000.

Lacan Jacques, *Télévision*, dans *Autres Écrits*, Paris, Seuil, 2000.

Lacan Jacques, *Le séminaire, Livre III, Les psychoses*, Paris, Seuil, 1975.

Lacan Jacques, *Le séminaire, Livre VII, L'Éthique de la psychanalyse*, Paris, Seuil, 1986.

Lacan Jacques, *Le séminaire, Livre VIII, Le transfert*, Paris, Seuil, 1991.

Lacan Jacques, *Le séminaire, Livre XI, Les quatre concepts fondamentaux de la psychanalyse*, Paris, Seuil, 1973.

Lacan Jacques, *Le séminaire, Livre XX, Encore*, Paris, Seuil, 1975.

Lacan Jacques, *Le séminaire, Livre* XXIV, *L'insu que sait de l'une bévue s'aile à mourre*, leçon du 11 janvier 1977, inédit, ALI, 2005.

Le Brun Annie, *Soudain un bloc d'abîme*, Sade, Paris, Gallimard, « Folio », 2014.

Le Brun Jacques, *Le pur amour de Platon à Lacan*, Paris, Seuil, 2002.

Marty Éric, *Pourquoi le XX*[e] siècle *a-t-il pris Sade au sérieux ?*, Paris, Seuil, 2011.

Plastow Michael, « L'émergence de la pulsion de mort chez Sabina Spielrein », dans *Essaim*, Toulouse, Érès, 2019/2, n° 14.

Sade Donatien de-, *La Philosophie dans le boudoir*, Paris, Gallimard, « Folio », 1976.

Sade Donatien de-, *Histoire de Juliette ou Les prospérités du vice*, dans Œuvres complètes, Éditions Têtes de Feuilles, 1973, t. VIII.

Spinoza Baruch, *L'Éthique*, trad. Pautrat, Paris, Seuil, 1988.

Trichet Yohan, Marion Élisabeth, « Ce que nous apprend *El* de Bunuel sur l'économie de la jouissance dans la paranoïa », dans *Cliniques méditerranéennes*, Toulouse, Érès, 2012/2, n° 86.

Weil Éric, « Le mal radical, la religion et la morale » dans *Problèmes kantiens*, Paris, Vrin, 1998.

Zupancic Alenka, *L'éthique du réel, Kant avec Lacan*, Caen, Nous, 2009.

TABLE DES MATIÈRES

DEUXIÈME SECTION

LECTURE DE LACAN

PREMIÈRE PARTIE

L'éthique de la psychanalyse (1959-1960)

Le Réel

DEUXIÈME PARTIE

Parus dans la collection « Lire en psychanalyse »

Pierre-Christophe Cathelineau, *L'économie de la jouissance*, ISBN : 978-2-8066-3659-1 • 2019 • 228 pages.

Elie Doumit, *Le Réel en psychanalyse. Entre épreuve et preuve*, ISBN : 978-2-8066-3674-4 • 2019 • 229 pages.

Hubert Ricard, *Du symbolique au réel. Éthique et politique*, ISBN : 978-2-8066-3654-6 • 2018 • 190 pages.

Christian Fierens, Frank Pierobon, *Les pièges du réalisme. Kant et Lacan*, ISBN : 978-2-8066-3607-2 • 2017 • 322 pages.

Hubert Ricard, *De Platon à Wittgenstein. Lectures lacaniennes*, ISBN : 978-2-8066-3596-9 • 2017 • 318 pages.

Élie Doumit, *Lacan ou le pas de Freud*, ISBN : 978-2-8066-3597-6 • 2017 • 198 pages.

Le questionnement psychanalytique, *Trente ans de questionnements*, ISBN : 978-2-8066-3567-9 • 2016 • 88 pages.

Hubert Ricard, *De Spinoza à Lacan. Autre chose et la mystique*, ISBN : 978-2-8066-3383-5 • 2015 • 248 pages.

Fierens Christian, *Lecture d'un discours qui ne serait pas du semblant, Le séminaire XVIII de Lacan*, ISBN : 978-2-8066-1085-0 • 2013 • 227 pages.

Moroncini Bruno, *Sur l'amour. Jacques Lacan et Le* Banquet *de Platon*, ISBN : 978-2-8066-2860-2 • 2013 • 215 pages.

Nassif Jacques, *Le livre des poupées qui parlent*, ISBN : 978-2-8066-0740-9 • 2012 • 170 pages.

Claudine Hunault, *Des choses absolument folles. Une lecture du roman* Le Très-Haut *de Maurice Blanchot*, ISBN : 978-2-8066-0715-7 • 2011 • 159 pages.

Centner Christian, Darmon Marc, Fierens Christian, Veken Cyril, *La parole et la topologie. Pourquoi et comment la parole implique-t-elle la topologie ?*, ISBN : 978-2-8066-0725-6 • 2011 • 180 pages.